生态文化视角下景区运营与管理模式研究

傅清媛　著

九州出版社
JIUZHOUPRESS

图书在版编目（CIP）数据

生态文化视角下景区运营与管理模式研究 / 傅清媛著 . -- 北京 : 九州出版社 , 2020.6
ISBN 978-7-5108-9241-7

Ⅰ . ①生… Ⅱ . ①傅… Ⅲ . ①旅游区－运营管理－管理模式－研究 Ⅳ . ① F590.6

中国版本图书馆 CIP 数据核字 (2020) 第 114475 号

生态文化视角下景区运营与管理模式研究

作　　者　傅清媛　著
出版发行　九州出版社
地　　址　北京市西城区阜外大街甲 35 号（100037）
发行电话　（010）68992190/3/5/6
网　　址　www.jiuzhoupress.com
电子信箱　jiuzhou@jiuzhoupress.com
印　　刷　涿州军迪印刷有限公司
开　　本　710 毫米 ×1000 毫米　16 开
印　　张　15
字　　数　252 千字
版　　次　2020 年 8 月第 1 版
印　　次　2022 年 8 月第 2 次印刷
书　　号　ISBN 978-7-5108-9241-7
定　　价　60.00 元

前言

随着全球经济社会以及高新技术的发展，旅游业迅速成长为一个充满活力和不断升级的新兴产业，为当今世界最大的朝阳产业之一。伴随我国居民生活水平的不断提升，居民参与旅游活动的欲望及支付能力均不断增强，而“带薪休假”以及“黄金周”长假等政策尤为居民提供了更多的闲暇时间，加上便利的交通设施，潜在的旅游需求正不断地转化为现实的、有效的旅游需求。旅游景区是旅游核心吸引物和目的地，是展示旅游业整体形象的重要窗口，是监测旅游经济发展状况的风向标和晴雨表，在旅游业及经济社会发展中具有举足轻重的作用。旅游景区通过开发管理创造再生力是旅游系统自我控制的体现，标志着人类文明的巨大进步。景区运营管理是兼具理性思考与艺术灵感的创作，是融科学性、前瞻性、可操作性、创新性于一体的课程。随着大众旅游到来，景区发展迎来新机遇，但也出现新问题，景区建设尤为必要与紧迫，景区的运营与管理也需要与时俱进，突出实用性。

本书围绕“生态文化视角下景区运营与管理模式研究”，在内容编排上共设置七章，分别是生态文化与旅游景区、景区与景区运营、景区运营的管理特征、景区运营管理、景区保护管理、景区营销管理、国内外发展趋势及案例分析。

本书结构严谨，具有启迪性和可操作性，不仅注重构建较为科学、完善的知识结构，重点研究和探讨景区运营与管理模式的相关内容，立足于旅游景区管理的全过程，以此为主线进行章节的编排，使旅游景区管理的过程更加明朗和清晰。同时，在内容处理上，概念清楚、重点突出、理论联系实际、力求分析全面，并且结合相关景区管理案例，突出创新性管理，使得内容更具前沿性和针对性，也使读者对每个问题的认识都能达到一定的深度，从而为在实践中灵活应用打下扎实的基础。

本书的撰写得到了许多专家学者的帮助和指导，在此表示诚挚谢意。由于笔者水平有限，加之时间仓促，书中所涉及的内容难免有疏漏与不够严谨之处，希望各位读者多提宝贵意见，以待进一步修改，使之更加完善。

作者
2019年6月

目录

第一章　生态文化与旅游景区

第二章　景区与景区运营

第三章　景区运营的管理特征

第四章　景区运营管理

第五章　景区保护管理

第六章　景区营销管理

第七章　国内外发展趋势及案例分析

参考文献

第一章

生态文化与旅游景区

生态文化隶属于人类新文化运动范畴，是在人类思想理念层面的一场重大的革命，是对传统工业文明的二次思考及超越，是较高层面对自然规律的一种尊敬。因此，将生态文化与旅游景区运营管理相结合至关重要。本章探讨生态文化及其价值的实现、生态文化旅游景区管理及其创新价值以及生态文化与旅游可持续发展。

第一节　生态文化及其价值的实现

生态文化是一种新的文化，从发展进程来看，也是对古代文化、近现代文化的辩证发展的，从生存方式来看可以将其定义为一种全新的人类生存模式，人和自然和平共处、健康可持续发展的生存模式是其追求目标。借助生态文化能够促使人和自然、人和人之间的和平相处，构建文化的可持续发展，挖掘培养人类的环保意识及觉悟，对人类的心灵进行洗礼，使人来形成较高的环境修养，环境及经济可持续发展的社会大环境及优秀文化是其核心理念。

一、生态文化的构成

生态文化的构成既有广义的解析，也有狭义的解析。广义的生态文化，主要由生态物质文化、生态精神文化和生态制度文化构成，主要表现在精神层面的生态化、物质层面的生态化以及制度层面的生态化；狭义的生态文化，主要是指人们生态意识、生态道德、生态习俗等精神层面的生态化元素。

（一）生态物质文化

生态文化中的物质文化是指在生态观念或价值观的指导下，在物质利用和创造层次上采用的是生态化选择过程，人类的生产方式与生活方式均与生态化相关。也就是说，生态化的物质文化应该是在人类的生产发展过程中主动排除掠夺式、高污染的方式和方法，选择有利于自然生态保护、有利于人类可持续发展的方式和技术，产业形态或业态构成主要为生态产业。通过生态化的生产以及简朴的生活方式，遵守人与其他生命以及自然界和谐共处的原则，达到人与自然协调共赢发展的目标。生态文化中的物质文化应该包含以下部分：

（1）人类在生产和生活活动中，能够主动学习自然界的智慧，发现和发明各种生态技术和环境技术应用到生产和生活中，如利用太阳能、使用开发洁净能源和再生能源，设计和优化节能系统工程，形成生态技术、生态产业、生态社区等一系列具有生态意义的生产和生活系统。

（2）有形的各种器物物件、外形、基础设施等，即人类生产的各种产品、建筑、公共设施以及各种设施的空间布局、景观设计等，均以生态学原则作为约束条件和审美原则。

（3）代表现代生态文化中物质文化构成要素的一个重要组成部分，是社会经济的相对繁荣（人类社会的可持续发展）和人类生活的相对富足（不存在浪费），可以借助如经济收入、就业状况等统计指标作为该组成部分的重要衡量指标。

总之，倡导绿色生产、绿色包装、绿色消费，尽量减少生产生活中对环境的污染等方面，物质文化生态化水平的提高，既是生态文化的基本要求，也是生态文化成为促进人类社会进入生态文明时代的重要标志。

（二）生态精神文化

一般情况下，精神层面的生态文化意即生态精神文化，为狭义的文化，包含生态观念、生态价值观、生态理论和生态道德的文化综合，主要包括个人和社会群体的全部精神活动以及精神成果，在高级层次上，包括以下多项要素：

1. 科学知识生态化

科学知识的生态化总和，也可称之为生态科学知识文化，内容主要通过科学家对自然现象进行不断的科学研究，获得对自然生态系统的深入认知，从而形成人与自然环境之间和谐相处的行为标准，以规范人类的行为，限制人类对自然的主观能动性和主观改造，实现有利于人类发展、生态和谐以及人与自然可持续发展的知识系统。因此，科学知识生态化，来自科学家对生态现象与人以及自然之间相互关系的不断研究发现和改进的认知总和。

作为一种文化成果，生态科学知识文化的内容不仅包括以生态学为基础的学科理论群和技术应用群以及可持续发展理论等，而且在科学研究中所体现出来的生态意识、生态思维和科学精神也是其重要的组成部分。其中，生态意识，是指在人类与自然相处的过程中，能够实现和谐和可持续发展的理论、观点以及行为动机等；生态思维则要求在人类生产发展活动中能够主动融入生态学思维方式。因此，科学知识生态化，构成了生态文化丰富和发展的必要条件。

2. 伦理生态化

对生态环境问题的探讨中，涉及一个挑战传统伦理学的问题，即人类如何看待其他物种的生存权或者存在价值问题。这是在自然环境问题日益恶化的形势下以及生态学理念的影响下所产生的生态伦理观。现代的生态伦理学或环境伦理学，主要研究三个方面的内容：①价值范式的转向——自然价值和权利以及人在自然中的地位的探索；②自然与文化辩证互补的生态伦理学或环境伦理学构建；③对西方现代伦理的反思即人对自然道德原则的确立与道德行为规范的研究。其中，研究的核心内容是自然的价值和权利。

相对于传统的人际伦理学科来说，生态伦理学或环境伦理学扩展了道德视域范围，将其同样融入人类与自然之间的共处关系中，相对于其他西方环境伦理思潮来说，不仅给予生命个体以道德关怀，更确立了整个自然生态系统的道德地位。生态文化中所关注的和谐、秩序、多样化、适应等要素，也不断融入社会的价值和伦理体系，并逐渐沉淀下来，成为伦理文化的有机组成要素。

3. 哲学生态化

基于对近现代工业文化带来环境问题的哲学反思，形成了现代哲学的生态化，即产生了生态哲学学科。生态哲学，主张用一种整体论的观点来考察自然，用生态学的观点来观察现实事物，解释现实世界，认识和解决现实问题。生态哲学主张一种自然观，把人作为地球生物物种的一员，把过去人类作为征服者的角色，转变为社会系统中的普通一员，强调所有的个体都是生态系统中不可或缺的一部分，人类和大自然其他构成者拥有同等的存在权利和生存权利，在生态价值上是具有同等重要的地位。生态哲学提供人类进行生态思辨的逻辑思维路径，告知人类不仅要尊重生态系统中的其他生物成员，而且要维护系统的可持续发展。

人类在任何时候，都不能损害生命共同体的整体利益，有利于维护系统和谐、稳定和美丽的行为，才是合乎自然规律的行为选择。不同于以笛卡尔为代表的机械论哲学思想，现代生态哲学从整体观上提供了一种全新的哲学思考范式，不仅有利于实现人类生存发展的新思维和新模式，而且还可以实现人类与自然和谐发展的新战略和新思想，进而促进生态文化在社会各领域内的生成、发展与繁荣。

4. 文学生态化

纵观现代生态文化的生成历程，就可发现生态文化具有里程碑意义的探索，生态问题不仅进入了文学创作者的视野，而且唤醒了哲学研究者、经济研究者等的生态意识，进而出现了生态经济、循环经济等具有生态思维和生态理论应用的经济研究。当然，更多的是唤醒了文学和文艺工作者的生态意识，由此而创作和记录了一大批的生态文学作品和文艺作品，包括电影、电视、小说、诗歌散文、绘画作品，在这些作品中，充满了对大自然的热爱。

面对大自然，人类不应有敌意，人类应该与它休戚相关，对它的赞美与敬畏，就是对人类自己生命的赞美与敬畏。因而，体现以“自然生态保护”或“环境保护”为题材的文艺作品，在当今已经较为普遍。以文学作品和艺术作品为媒介，提升人们对于大自然的依恋和敬畏，使人们觉醒，提高人们的环保意识和生态观念，其影响力较大，效果比较明显。

另外，生态文学及文艺作品，能够给人们一种潜移默化、润物无声的情感教育过程。这些众多的生态文学及文艺作品，通过其内容展现生态自然的内涵与文化，传播生态思想，从不同角度揭露现实生态问题，对于大众生态观念的形成，以及生态环保的关注和行为可以产生积极而深刻的影响。而且，还从或真或虚的角度为生态文化的多元化提供了丰富的土壤。

5. 教育生态化

教育生态化是指在学校教育、企事业职业教育、家庭教育、消费群体教育、媒体宣传等一系列具有导向和引导作用的宣传教育过程中，传授生态知识、增强生态意识、传递生态理念和生态价值观、训练生态思维、培养生态行为等，还包括生态科学研究和技能培训等一系列的生态化教育过程。生态教育的内容丰富而广泛：①可以通过不同的教育方式，如室外教育、媒体宣传等，向大众传授生态知识和生态技能；②通过丰富的教育资源引导大众的日常生活行为，培养大众环保意识，提升大众环保素养。

同时，在引导受教育者全面、科学地认识人与自然关系的基础上，树立生态意识，养成勤俭节约、不浪费资源的好习惯，善待生命和野生动植物，爱护和保护自然环境，具有积极主动参与生态建设的愿望和行动。生态教育文化的内容应涵盖所有生态知识的传授和普及，如生态技能教育、生态知识教育、生态法律教育、生态美学教育、生态法学教育和生态行为教育等。

概言之，除上述生态科学知识、生态伦理、生态哲学、生态教育、生态文学之外，还有生态信仰和信念、生态审美、生态宗教、传统生态习俗以及社区和谐文化等与上述文化形态一起，构成了精神文化的主体内容。该主体内容的特点就是在价值观、信念、道德信仰等方面都带上了强烈的生态观，这些融入了生态观意蕴的知识、伦理、哲学、教育、文学等，则形成了“生态文化”的内核或深层结构组成要素。

总体而言，具有生态观的精神文化与狭义的生态文化概念内涵相一致，是相对于蕴含生态化的物质文化和制度文化的生态精神文明总和。生态文化中的精神文化与其他文化一样，一部分为有形文化，另一部分为无形文化。精神文化的有形文化是通过某些物质载体如印刷媒体、电子媒体以及其他有形物质媒体得以记录、表现、保存、传递的文化；精神文化的无形文化则以人类的思想观念、心理状态、行为习惯等形式存在，这一部分可以通过一个地方或者行业的群体精神风貌和道德水平表现出来，这部分的精神文化也就可作为人们判断生态文化水平的重要标准要素。

（三）生态制度文化

生态文化中的制度文化是指人类在实现精神文化和物质文化的过程中，对生态价值观的形成、生态意识的提高、生态心理及行为习惯的养成等，所制定的强化、约束、规范、法律等制度体系，实际上也包括传统的生态习俗和乡规条约以及现代的生态管理机制。

根据社会交往层次和范围的不同，生态文化的制度层次与文化制度层次一样，可分为三个次级层次：总的生态社会制度、特定的生态社会制度和生态社会规范。这三个层级制度的完善性和机制的有效性，对于生态文化中的精神文化和物质文化的健康发展具有很好的促进作用。因此，要使生态文化健康、繁荣地发展下去，生态制度文化不可漏缺。

生态制度文化要求在彻底转变高污染、高能耗、不可持续的生产发展方式的基础上，重新建立人与人、人与自然友好和谐的社会制度，进而实现环境保护制度化、规范化和常规化。生态文化中的制度文化不仅包含了社会经济制度、企业制度、教育制度和公共管理制度等的生态化过程，还包含了这些制度实施机制的生态化。因此，要从制度上保障生态管理机制、经济发展机制、社区参与机制、承载力预警机制、环评规划项目评审机制等的正常运转，形成对各种法律法规生态化过程和生态化实现产生有效的约束力和强制力，让国家政府与民众由被动转为主动而内化为自觉行为，积极努力地去保护人类赖以生存的家园——地球，进而使生态文化成为社会的主流文化，最终实现人类必然的文明时代——生态文明时代。

二、生态文化的价值

（一）有利于生态人格的塑造

人格主要是从人的身心和社会关系这几方面体现着人与非人、人与其他人之间的差异。不同的社会历史文化背景，对人格具有不同的时代要求。时下，生态人格的出现则体现了全球性生态危机背景下人们对生态价值的重视和对生态精神的渴望。目前，人们养成的生态人格为：重新思考农业时代的依附人格及工业时代的物化人格，塑造培养一种全新的、适合生态文明时代需求的人格。要想成功地塑造培养生态人格，就一定要始终不渝的秉持对大自然的感谢之情、忏悔之心、敬畏之情、谦逊之心及真爱之心。

生态人格主要体现在人与人、人与自然、人与社会之间的关系方面，对生态人格的塑造也就要求树立人与自然之间和谐相处的关系。

生态文化是社会先进文化，其内容包括环境保护的生态意识、理念及观点等等，内容广泛繁多。所谓的生态文化是指借助人民的环境保护理念，使用文化力量潜移默化的制约影响人民大众的生产及生活，同时进一步塑造并培育人们形成生态人格。在实践生活中，生态文化以生态体验的方法为中介，激发起人们学习生态知识的兴趣，唤醒人们对生态美的追求。另外，学校通过学校教育引导学生主动地体验生态图景，进一步加深对自然万物的理解，以此产生移情与共鸣，更好地对生态人格的塑造起着推动作用。生态文化价值的实现更好地体现了尊重生命，对大自然怀有敬畏之心，蕴含生态意识和生态智慧的生态人格的塑造。

（二）有利于生态消费观的转变

人民大众的消费活动受到消费理念的规范引导，其规范着人民大众如何消费、消费什么等一系列的消费活动，消费理念隶属于观念形态模式，其一定会受到社会生产以及社会经济发展情况等的制约影响。时代不同，消费价值理念也各不相同，更有甚者，同时代也因为不同的经济发展状况而产生不同的消费观。生态消费观，是人民大众为解决环境污染及生态危机等问题，追求人类全面可持续发展而构建出的一种全新的消费理念。生态消费理念的核心理念为适宜的、全面的、绿色健康的、可持续发展的一种消费，完美诠释人和人、人和自然、人和社会之间的一种和平共处、和谐发展的关系。[①]

人在对其和自然之间关系进行认知、完善的进程中逐渐形成了生态文化，其对人们的社会行为进行规范、制约及指导。在生态文化价值的实现过程中，生态文化的价值取向提倡的是人与自然和谐相处的交往模式。价值取向不同决定了主体的行为选择模式的差异性。生态文化所提倡的是适度的、绿色的生态理念，这与生态消费观中的适度原则和绿色原则相统一。对“度”的把握，不同于传统消费观的认识。传统消费观中对“度”的把握在于节俭，而生态文化价值实现中对生态消费观的转变影响下，对“度”的把握更多在适度原则。即不超过生态环境所能承载的范围，要求人们理性地对待“度”的把握。

就资源及环境可承受力而言，合理消费的上限必须在资源及生态的可承受范畴之内，个人消费一定要在此范畴中，不可越界。如果，社会正常消费的最低水平能够满足消费者的基本生活，最高水平又在此范畴之内，这个水平就被称为适宜的，相反的，社会高水平消费能够满足消费者的需求，但是其越过了此范畴，超过了资源及大自然的可承受范畴，则就算个人消费水平在此社会消费范畴之内，其也不能说其是适宜的消费。

生态消费观所提倡的适度，是具体的、生动的，随着社会历史发展水平而不断发展并调整的。因此，生态文化价值的实现中，要求生态消费的行为也是在一个合理的区间，既不要求过于节俭，也不赞同过于欲求，这对生态消费观的转变有着重要的影响。生态文化的价值在于为人们提供了节约模式进行生产、以保护

① 费毛毛．生态文明视角下中华文化旅游的品牌再造 [J]. 社会科学家，2019，（6）：83–89.

环境理念进行生活，养成全新的生态消费理念，使其在一定程度上真正转变传统的消费理念，构建起人与自然和谐发展为特征的生态消费观。

（三）有利于为社会可持续发展注入活力

社会经济发展和生态危机是一个矛盾结合体，并不利于社会的可持续健康发展。人类在实现传统文化向生态文化转型的同时，还需要探讨出一种新的发展模式——即可持续发展模式。经济社会的可持续发展需要文化的支撑，生态文化价值能够为社会的健康可持续发展提供源源不断的新动力。

可持续健康发展能够不断促进人类文化的发展变革，形成全新的生态文化理念。与此同时，由于“化人”是文化的一项基本功能，所以其一定会促进社会朝着健康可持续的方向发展进步。构建及实现生态文化能够对人类的思想、理念、情感及行为活动等产生一定的制约影响，积聚精神力量，对人类的心灵进行洗礼净化，教育人、激励人、塑造人的可持续健康发展的理念意识，帮助人们改变已有理念，促使人们积极主动的参与健康的可持续发展的行为活动。

可持续健康发展涉及人、大自然及社会，是一个较为繁复的体系系统，要想其能够顺利实现就必须号召全社会人员积极主动协助并参与其中。唯有人类从文化理念上完全接受可持续健康发展，可持续健康发展才会彻底地深植于心。生态文化的内涵与传统文化一样，坚持科学的文明的可持续发展。即杜绝以牺牲资源、破坏环境为代价的粗放式发展，而是坚持节能减排，绿色循环的可持续发展。可持续发展所包含的是一个复杂的系统，包括人与人、人与自然、人与社会的相互作用影响，必须在全体公众的广泛参与下才能得到实施。

目前，社会公众的可持续发展意识依旧比较淡薄，参与人数太少，参与程度也低，可持续发展还没有成为一项大众化的活动，而主要仍然是以国家政府主导的一种活动。可持续健康发展是人的可持续健康发展，是社会的可持续健康发展，实现可持续健康发展的核心在于人们文化素质的不断提升。所以，必须从文化角度来认知可持续健康发展，集中精力发展生态技术，传扬生态文化，促使人们对可持续健康发展形成共识，只有这样才能够确保实现可持续健康发展。

人们在文化层次上接受并认可可持续健康发展的观念，唯有这样才能使其根植于社会及人民中，促使人们不遗余力地坚持可持续健康发展并始终秉持可持续健康发展理念。所以，不遗余力地弘扬发展生态文化，借助其“化人”来教养人民大众，培养人民大众的可持续健康发展的理念及意识，生态文化的价值有助于为社会的可持续发展注入活力。

（四）有利于为生态文明建设提供精神动力

生态文明建设需要制度的支持，需要建立包括源头保护制度、损害赔偿制度、责任追究制度、生态修复制度等多种制度，而生态文化价值的实现有助于减少这些制度体系的实施成本。生态文化注重和谐统一资源开发及使用、生态环境的破坏、生态收益和经济发展、社会及人的发展同社会经济可持续健康发展，并将其列入社会可持续健康发展评判机制中，人和自然和平共处、可持续健康发展是生态文化的核心理念，要想更好更快地实现这一理念，就一定要加速进行生态制度文明的构建。

生态价值理念是生态文化这一社会意识的指导思想，在构架生态文明的进程中，其供给生态世界观、价值观及理论观，指导生态文明顺利建设完成。生态文明的顺利建成离不开生态文化的建设。单纯的借助科技、经济、司法及政府行政力量是无法彻底的清楚生态难题，实现生态系统可持续健康发展的，还必须借助道德力量。生态文化强调尊重大自然、顺从大自然，倡导人和自然和平共处、可持续健康发展，不断完善人类的伦理道德体系，开拓人类的道德视线范畴，将其拓展到全世界，唤醒人类自主保护大自然的道德潜意识及历史使命感责任心，确保生态文明的顺利建设。

构建并不断完善生态文明，在一定程度上可以将生态文明界定为某种比较先进的文明模式，在其建设完善进程中是离不开先进文化的扶持的，更离不开科学化的理论价值指导、人民大众的参加及强有力的制度保障的。应不断加大力度宣扬生态文明，培养并挖掘人民大众的节约潜意识、环保理念、生态理念等，帮助其养成良好的、科学的消费理念，创造环保意识较强的氛围。人类在适应大自然的进程中，不断构建新的文化理念来使自己更好地适应大自然，借助文化手段来改善外界生存环境。因此，生态文化的价值有助于为生态文明建设提供精神动力。

（五）有利于社会生活方式的生态化变革

既然生态文化是一种文化现象，也就代表了整个社会的价值观、思维模式和行为方式，仅强调生产方式生态化，是不可能达成生态文化最高阶段目标的实现，需要全体公民均能够认同和履行生态行为，才能形成整个社会的生态文化氛围。因此，很明显真正的生态文化是能够促进社会生活方式的生态化变革。

1. 促进社会消费观与行为生态化的改进

人类的生存发展始终要以消费物质产品为基础，但这种消费应该是适度合理的。根据消费心理学，现代市场经济中的生产是受消费影响的，生产结构、生产方式和生产理念是受消费结构、消费行为和消费观念所引导的。生态文化的当代价值之一，人类必须转变消费模式，倡导以物质消费为主的消费方式逐渐转向精神消费的发展。要求以生态学为指导的消费主张引领公民生态消费方式，然后通过这种消费方式的变革形成消费结构、消费行为、消费理念的生态化，促进资源节约型用品、耐用品、大众用品、环保与健康产品、精神文化产品的大幅度需求。因此，真正的生态文化能够促进社会消费观和行为生态化改进。

2. 促进公正民主的生态和谐社会的形成

我国生态文化建设的宗旨就是构建社会主义和谐社会，本质上不仅要实现人与人、人与社会相和谐，还需要实现人与自然的和谐。这两种和谐关系的基础都是以人为本，关注人在促进社会与自然发展中的作用，更加科学地推动社会各方的共同发展。它的建立离不开公平、公正、民主这一前提，因为社会的发展进步、生态的保护、环境的治理都需要人们的共同行动与参与。公平原则是生态文化建设的最高要求，包括代内的横向公平、代际间的纵向公平、人与自然之间的公平和有限资源在国家和地区之间的分配公平，尤其是在发达国家和发展中国家之间公平分配。①

人类进行的社会生产不再局限于满足物质需求，而是追求对物质财富的最大化生产。这种超出社会承载范围的生产方式使得贫富差距拉大、产生两极分化，从而引发社会矛盾，不利于人类社会自身的和谐要求。那么，为了阻止社会矛盾的进一步发展，达成人与人之间的和谐目标，这就需要应用生态科学的原理，制定相应的制度，约束两极分化程度的扩大。这就需要站在公正的立场上，采用民主的方法，兼顾各方利益，引导富裕阶层主动回馈社会，达成调控国家、省市之间的经济发展速度和资源利用速度。通过这样公正、民主的生态化方式调节，不仅可以解决当代人之间的利益分配问题，还能够缓解代际之间的资源利用以及利益分配问题，社会矛盾随之也会得到缓解，人与人之间的关系也会非常融洽，从而逐渐自觉地采取维护公正民主的行动。

① 刘亚萍，李银昌. 生态文化新论 [M]. 北京：中国环境出版社，2016.

同时，还可以通过各种生态教育方式引导人们改变生活方式，通过建立一系列自上而下的体系，监督、抑制不规范行为和决策，培养公民的民主意识，增强公民政治参与的能力，使人类社会发展按照自然的客观规律前行，促使全体公民养成维护社会和谐的自觉行为。

（六）有助于科学技术的生态化转向

1. 科学技术生态化是社会发展的要求

科学技术生态化是指将生态学、生态经济学、生态管理学等生态科学、系统科学的原理渗透人类的科学技术活动中，用人、社会、自然协调发展的观点去思考、认识、指导、实践科学技术活动，实现地理的最优化。

（1）社会需求是科学技术生态化转向的动力之源。科学技术的发展最终是社会需要所推动的。每一项科学技术的产生都源于人们对某种价值的追求，它是人们解决问题和实现目标的一种方式。任何一种生产技术的产生和变革，都是为了得到能够满足人们生产生活需要的技术产品。在技术的应用过程中，人和整个社会乃至自然界都会受其影响。所以，人类在开发先进技术的过程中，不仅要考虑它是否能够实现预期的价值目标，还要考虑合理协调技术之间的关系，如社会技术、思维技术与自然技术之间的关系，更要考虑促进人类社会与自然界的长久和谐。

在生产技术更新变革、产品生产的过程中，除了社会和经济的价值需要考虑之外，还需要考虑生态价值，力求最大限度地提高自然资源的利用率，避免给自然界带来不良的影响。现阶段人类社会的发展有着不同于工业化生产方式的要求，正是这种要求使得科学技术的研究和发展不断向生态化转变了。

（2）技术的应用体现社会发展的目标。科学技术总是为实现社会的发展目标而进步，其技术应用的终极目标就是为了满足人和社会的价值目标追求。过去的社会发展目标比较单一，主要是满足人们对生存基本条件的需要，工业革命以后，人类社会的发展目标有所改变，最开始是为了不断增长对物质占有欲望的需要，后来发现这种社会发展目标存在很大问题，给人类赖以生存的地球生态系统带来无法弥补的灾难性后果。

因此，国际上有识之士开始了对人类的社会发展目标进行了检讨。时至今日，形成世界范围内的共识，认为人类的社会发展目标应该是在公平、公正、民主的基础上，共享自然资源和科学技术成果，实现人与人、人与自然的和谐相处，应持有不违背自然生态系统的价值观和伦理观。

因此，一项技术如果违背了公认的价值观和伦理观，其发展和应用就会受到极大的限制，如克隆技术。而一些顺应社会发展，能够解决社会环境问题的技术则会受到大力支持，如开发和利用太阳能的光热、电热技术能缓解资源枯竭、能源短缺和环境污染等问题，是值得人类社会欢迎的科学技术，也得到了世界各国政府的鼓励和支持，得到了人类社会的共同认可。由此看来，生产和社会发展的要求和技术之间的影响作用是相互的，生产和社会发展需要技术推动，同时也会对技术的发展有所限制。

2. 科学技术生态化是协调人与自然关系的手段

科学技术解放了人类的物质与精神，是协调人与自然之间关系的有效方法。传统的科学技术观念以人类为中心，以征服自然为目的，认为自然界应该受人类的主宰，虽然给生产力的发展做出了巨大贡献，但也破坏了人与自然的和谐。要改变破坏自然界的科学技术旧模式，就应该探索不破坏环境的新的生态科技之路，这也是形成适宜人类发展的生态社会环境的长远之计。

（1）生态科技能够推动社会的持续发展。传统生产方式以最大化创造财富为目的，追求经济的高速发展，强调财富创造力。生态科技将人类社会的发展和自然的发展放在了同等重要的高度，认为自然是人类社会的组成部分，向自然界排放污染物最终受损的是人类社会自身，生态科技所推崇的是对自然界低污染甚至无污染的技术发明与创造。自然、社会的和谐共生是科技生态化的目的所在，人、社会、自然三者的共同发展是科技生态化的价值追求，秉承的是可持续发展的理念。有了正确信念的传导，社会经济可实现快速平稳的发展，环境生态也能保持在良好的水平，人类社会也能保持人与人以及人与自然和谐共生的安稳局面，从而推动社会的可持续发展。

（2）生态科技可以促进社会全面进步。传统生产力代表着工业文明的发展，在那个时代，工业得到高速发展，物质财富迅速增加，社会经济迅速膨胀。生态科技指导下的生态生产力代表着生态文明时代的先进性，注重社会的全面进步。它不仅仅强调人类社会的发展，还重视人、自然、社会三者之间的共同发展，并且将自然环境的保护作为人类文明进步的标准。在这样的社会里，科技文明成果不会得到滥用，也不会出现违反自然规律、违背人类伦理的创造发明，因为这些不属于生态科技的内容。而且人类会不断反思加强自身的发展，包括学习能力、适应能力、创造能力等，在促进人自身全面发展的同时，实现人—社会—生态系统的持续发展，推动社会的全面进步。

（3）生态科技能够提高人民生活水平。传统的生产力虽然也带来了巨大的物质财富，提高了人们的物质生活。但由于环境的污染、自然生态破坏等因素，人类生活质量其实一直在下降。生态科技倡导人们要以“绿色技术”为主，强调人类最少地干涉自然，允许生物按照自然的原有规律自行生长。这样生产出来的生态产品，对人们生活水平及生活质量的提尚具有极大的促进作用，可以减少疾病，提尚生活品质和幸福感。目前，有七个重点领域推进科技生态化：①智能化微制造技术；②生态化农业技术；③生物工程技术；④循环经济技术；⑤清洁化的新能源技术；⑥新材料技术；⑦健康与环保技术。

三、生态文化价值的实现机制

实现生态文化的价值能够帮助生态文化迅速化转型与发展，有助于摆脱生态危机、实现社会和谐与稳定，有助于构建人与自然和谐发展、实现社会的可持续发展。因此，如何构建生态文化价值的实现，发挥其应有的价值显得至关重要。通过对生态文化价值实现中的现状分析，可以从建立健全生态文化价值实现中各主体的公众参与机制、社会评价机制，以及运用各种手段对生态文化实现中的生态行为实施生态奖惩机制等，能够更好地实现生态文化的价值，从而真正建设美丽中国。

（一）建立生态文化价值实现中主体的参与机制

1. 明确主体职责，发挥积极作用

生态文化的实现涉及包括政府、民间环保组织、公众等各种利益相关的主体，并且每一个个体的具体行为以及与其之间的相互关系，都将影响生态文化价值的实现状况。

政府作为生态文化建设的主体，同样也对生态文化价值得到实现起着重要的主导作用。生态文化价值的实现是一项复杂的系统工程，需要制定和及时完善相关政策法规，确定相关政策实施的近期目标与长远目标，应遵循的基本原则和根本原则，应采取的措施等。当其内容、目标、原则确立后，相关部门应有效协调经济社会发展的现实利益与长远利益、社会的局部利益和整体利益，统筹社会的物质生产和精神生产，统筹经济效益、社会效益和生态效益，确保生态文化的价值能够高效率的实现。

西方发达国家已经进入了后工业化发展阶段，人们对生活质量的要求已经不仅仅局限于物质层面，越来越多的人开始关注生态环境，各种形式的民间环保组织纷纷涌现，民众的环保参与热情高涨，通过集会、游行等活动推动环保事业的发展。我国近些年来快速发展的工业化使人与自然之间、经济社会与生态之间积累的矛盾越来越深，大力推进生态文明建设需要最广大人民群众的参与，包括民间环保组织。要通过各种途径和方法积极鼓励、引导加入公民环保组织，积极参与对生态环保的事业中去，积极引导并传播生态文化的价值方向。

随着环境对社会发展的影响日益密切，人们对环境问题的关注也日益加深，公众对生态文化的参与热情愈加高涨。从各种激进的上访、告状，寻求力量支持的做法来看，人们参与要求不是太低，而是足够强烈。真正缺乏的是引导他们组织起来，以正式的方式参与。公众的参与状况直接影响着生态文化的实现状况。从实际出发，任何一个环境政策或是规划，能否达到预期目标，从很大一部分程度来看取决于公众的理解力以及支持度。公众的广泛参与，是环境治理和生态文化的实现的关键，唯有公众积极参与，才能为构建美丽中国贡献力量。但个体存在差异性，不同个体的文化素质，环境理念及立场可能存在冲突与对立，对生态文化的实现也有不同的影响。

因此，应构建一个引导公众参与生态文化的平台，在此平台上使各主体围绕着环境与发展等主题展开积极地交流与合作，形成良好的氛围，进而在相互促进中实现生态文化与公众生活的紧密联系，促进人们生态理念的成长，进而加深对生态文化的认同与接纳。

2. 加强生态教育，树立生态文明意识

政府、民间环保组织和公众，以教育为媒介，不断深入的认识启发各主体主动参与对生态文明意识的建立。

（1）明确政府是生态教育的主体。教育作为是一项投资大、见效慢的系统工程。从生态教育的发展过程来看，包括家庭教育、小学教育、中学教育、大学教育、社会教育，每个阶段的生态教育都需要耗费相当一部分的人力、财力、物力，所有阶段的生态教育所需要的投资较大，除政府以外的其他社会主体都没有足够的经济实力做到。从我国社会发展的角度来看，树立生态文明意识有利于形成促进经济社会全面、协调、可持续发展的强大精神动力，有利于生态文明建设战略目标的稳步实施，是关乎国计民生、关乎中华民族能否永续的大事情。如此重要的事情，只能由政府主导、政府投资，从而给予生态教育最充分的资金保障。

（2）中国环保民间组织应积极推动国家通过立法形式，使生态教育贯穿于始终，积极地实施环保终身教育。另外，学生的资金筹措能力还有待加强，可借助民间环保组织积极地推动建立和完善青少年生态社团的扶助基金，辅助青少年生态社团发展。由于学生对环保活动热情，而且具有持续性，是未来环保社会组织成员的主要培养对象，当学生毕业进入社会，他们的社团意识及参与社会环境保护活动能量，必将对生态文化建设产生积极和深远的影响，也将是生态文明意识得到树立的主要参与者。

（3）生态教育最早产生于20世纪中叶，不论是生态意识的代际之间的继承还是国际间的连接糅合，都需要靠教育为其提供必然条件，生态教育质量越来越成为衡量一个国家文明发展程度的重要标志。我国政府应将生态教育纳入国民教育体系，应面向所有社会成员，将生态教育渗透于学校教育、家庭教育、企业教育、职业教育等各个方面。通过课堂教育、案例示范、公众参与等灵活多样的形式，传播生态知识和生态文化，提高人们的生态意识。

（4）创新教学方法，采用情景教学的方式对儿童进行生态教育。教学上可多运用丰富的活动和情境再现，给幼儿介绍大自然，运用各种感官认识大自然，使其了解大自然的千变万化，激发其对大自然的好奇与探索心，从娃娃起尽早培养对大自然的热爱与保护的习惯。在引导学生学习具体的自然知识、感受自然世界的同时，更多地要通过课外教学引导学生认识和关注自然界的变化，丰富感性认识，积累感性经验，促使学生树立科学的自然观。

此外，还应大力加强校园生态文化建设，如邀请在生态文化、生态文明研究领域具有突出成就的专家和学者开设讲座，组织生态文明建设学术沙龙，举办以生态环境保护为主题的科普展览，以此树立人们的生态意识。

3. 丰富生态文化主体，重视公民参与

增加宣传的力度，扩大宣传的范围，从社会整体上家中对于生态文化建设工作的重视程度。先可以使用相关媒体例如报纸、广播以及互联网、电视、收集等，并且，将大量的公益广告牌、宣传展览栏等投放到各个公共场所，从各方面深度植入生态文化的思想，并且使普通群众能够了解到生态文化更为深入具体的内在含义，从而推动生态文化建设动作的进行，并且使群众重视到生态文化建设工作对于整个社会的发展有着至关重要的作用，不断地将生态哲学、伦理、道德、艺术及生态美学的观念深入到普通群众的内心深处。尤其对于互联网等新兴媒体的利用，这些新兴媒体的主要客户是年轻的群体，所以加大网络宣传教育的力度，使生态文化理念在更多的年轻人心目中埋下种子。

其次，重视社会团体在编制印刷关于生态文化科普读物活动当中发挥的作用，同一些公益性较强的节日相结合，例如“植树节”“世界环境日”“世界水日、“世界地球人”以及“全国土地日”等，逐渐形成多彩的传播系统，将生态文化的思想和观念依托更为灵活的方式，转变成全社会能够认同和积极参与的活动，这样能够有效推动生态文化建设社会氛围的形成。

以社区群众普通的生活作为背景，将普通群众的日常生活作为主要内容，体现他们同生态文化的紧密联系，并进行官方的宣传。主要针对生态居民生活环境、适度消费理念以及休闲文化等相关内容作为重点，结合生态文明建设的观念，以日常生活的细节入手，渗入生态文化的理念，从而潜移默化的强化居民对于生态环境的忧患意识，增强其对于生态文化问题的关注以及保护生态环境的责任感，从而建设成人和自然协调共存、和谐发展的适当的消费、生产以及生活方式。例如，在社区内部安放能够便于群众将垃圾进行分类的垃圾桶以及举行家电以旧换新等活动，积极提倡绿色消费的思想和行为，逐渐形成能够符合人和社会可持续发展路径的绿色消费、适当消费的新型生活习惯。

公民参与生态文化的实现也主要有两种方式：团体或个人参与。两种方式对比来看，以团体形式来参与能够起到更好的效果，因为将群众的力量汇集起来能够获得更好的效果。但从参与体制自身来看，按照发起人的不同，能够将其划分成政府作为主导方以及民间群体作为主导方两种合作方式。例如，参与由政府协调组织的投票或听证会属于合作式参与，但是通过非政府的机构单独发起的由公众参与的属于独立式参与。所以，可以得知由民间主导的独立式参与通常情况下能够更加代表普通群众的意愿，注重整个社会的公共权益最大化问题，而且他们通常更容易获得相关信息以及各领域专家学者的大力支持，同时能够对于公众的权利利益事件更为关注，能够快速准确地发现相关问题，及时采取有效措施解决问题。要想达到群众广泛参与的目的，就应当采取将两种方式有效结合的措施，各取所长，优势互补，能够取得更好效果。

在扩展对于生态文化建设的参与度工作当中，民间的环保组织能发挥关键作用。从当前的情况来看，西方的某些发达国家已经买入了后工业化发展时期，群众越来越难以满足于物质层次的生活质量，更多的群众加入到了对于生态环境的保护等问题进行关注的队伍当中，因此出现了大量的民间环保组织，群众对于环境保护工作的热情及支持度日益增强，并且以游行和集会等方式，加快了环保事业的发展速度。

从我国的发展来看，工业化速度不断加快，人和自然以及经济发展和生态环境之间的矛盾日益激烈，广大的人民群众已经逐渐意识到了生态文明建设的重要性，民间环境保护组织成为重要的力量。应当以各种方式努力推动、鼓励群众对于民间环境保护组织的重视程度，增加群众作为环境保护志愿者的热情，从而在推动我国生态文化建设的过程中贡献力量。

（二）建立生态文化价值的社会评价机制

1. 构建社会评价机制

对人们的思想观念及其行为进行某种评价统称为社会评价。在进行社会评价之后，能够突出符合价值标准的具体行为，并将其进行重点的宣传表扬，同时对于在日常生活当中出现的某些同标准要求相悖的行为进行贬低遏制。所以，社会评价不只是针对某些特殊的文化行为进行评判，还对于整个社会的文化行为规范及示范等方面有重要作用，从而对于整个社会价值观的形成以及整个社会风气氛围的建设发挥积极效用。

对于社会当中的个体而言，进行文化选择以及行为认同等工作不能分裂来看，应当受到会与其产生关系的其他个体以及行为的作用。若对于个体而言，其具体行为没有得到认同，因此，在社会的实践过程当中，其就难以进行。若某种文化价值没有获得社会评价的认可，则其就几乎不会受到社会更多大众的认可和模仿。所以，社会评价对文化具有直接的影响。

对于生态文化而言，其具体执行情况怎样，对于个体而言，其行为能够以生态文化价值观的需求进行，这些问题都需要通过社会评价体系的判断和监管。建设成更加公平合理的生态文化行为评价系统能够有效推动我国生态文化目标的达成。在这些工作当中，有关生态文化内容、建设情况和相关观念，能够准确定位生态文化的具体发展过程中，现实与理想之间的差距，从而在更广泛的方面发挥生态文化价值的影响。

2. 确立合理的评价原则

文化评价是一个系统的全部，文化评价和经济、政治和社会发展评价共同形成了生态文明建设的评价系统，每方面的评价各自属于一个具体的单位，因此，要更加全面地对系统整体进行设置，使其能够系统的体现出生态文化的特征，并且将各个子系统之间的关联点和产生发展变动的情况留下可能。所以，要坚持整体性和系统性相结合的原则。需要对整个体系的层级递进关系进行关注，将低层次的指标共同结合形成高层次的指标，低层次指标是基本元素，高层次指标是其综合反映，能够对低层次指标的设置形成指挥作用。但是无论是哪层的指标，其最终目标不变，并且是统一的，那就是为生态文化的建设而服务。

实现生态文化的价值是一个具有前瞻性、导向性以及全局性的系统性工程，不仅可以被视为一个过程，同时也是最终目的。因此要坚持导向性和综合性相结合的原则。在设置指标系统的过程当中，需要考虑不同评价主体的个别性，把专家、上级与群众评价同自我评价相协调统一，从而消除因为单一主体评价的片面性带来的评价结果不准确情况。在实践过程当中，要学会针对具体问题采取具体的分析方案的方法，这样才可以建设成更加合理完善的评价系统。

另外，应以公平、动态为原则进行评价。除了对其某种行为产生的结果进行评价，还应当对其行为的整个过程进行评价。与此同时，要坚持评价过程的公开透明，还要及时向群众公开评价结果，并且虚心接受大众的监督及产生的意见。这样，在生态文化建设过程中，各社会主体的行为能够被及时地体现出来，同时受到整个社会的评价判断，并且对相应的后果承担责任。

3. 完善评价指标体系

设置生态文化评价指标系统的过程还要注重以较为完善的理论为基础，重点关注在各指标间存在的关联，选择的子系统应当可以更加公平、客观、科学和全面的体现生态文化的根本热证，同时可以更好地衡量进行生态文化建设具体工作完成的程度。通过科学理论的方法合理确定权重的大小，根据综合性的数据，设置更加简便易懂的专业词汇，便于普通百姓理解和掌握这些数据体现出的具体内涵；与此同时，着重关注获取资料以及数据具有较强的可量化水平、可比性以及扩展空间。

内容上，评价指标系统的覆盖面应当尽可能广泛，比如生态行为评价、到的评价、环境保护水平以及信用等评价，特别是要不断对环保信用评价进行重点完善。整个生态文化评价系统是相当复杂的，涉及多个主体，而在实际生活当中，人们是属于某些特定的社会群体的，所以产生的行为及观念有所不同，也相应地担负着不同的社会责任，对于评价指标体系的确立也有不同的看法。

（三）建立生态文化价值的生态奖惩机制

1. 生态文化价值的生态奖惩内容

奖惩就是根据已经存在的某些标准，对相关人员或组织机构的某些社会形成进行评价，以判断其应受到奖励或是惩罚，最后，达成规范和指导相同类型的行为的目标。一个奖惩体系是否有效，并且可以发挥激励、引导等作用，关键在于其可以通过奖惩体系完成一个人对于利益的追求以及其心理的预想，这一体系能够产生对于社会个体或是组织的行为进行规范、引导的作用，推动社会进步。如果希望提倡或是遏制某项行为，应当以奖惩措施为重要手段。因为从整体上看，人们的需求有精神需求和物质需求两种类型，所以奖惩的内容也应当包括精神奖惩以及物质奖惩两大部分。

国家政府引导生态奖惩机制，以确保生态文明能针对人们的社会经济活动，尤其是和生态保护有关的行为活动能够高效率的对环境进行治理，对国民的社会经济活动，尤其是和保护生态环境有关的行为活动构建相应的奖惩模式、标准及管理体系的总和。构建生态奖罚体系的宗旨并非是奖赏及惩处，而是借助此体系来促使国民不断增强其保护生态环境的意识及理念，提高个人对生态理念的认知和集体认同感，创造一个具有较好氛围的生态文明环境，培养国民自主养成保护生态的好行为习惯。

2. 运用各种手段对行为进行生态奖惩

在生态文化价值实现中，可以运用各种手段对行为进行生态奖惩。主要有经济手段和教育手段。始终秉持公平性准则，借助经济方式来提高生态奖罚的效力。

（1）对生态工程的绩效考评进行修补完善，推行“以奖代补”的政策方针。在环保工作的实施进程中，国家政府始终占据核心重要位置，国家政府要最大限度地发挥其奖赏激励、指导及支持政策方针的效用。

（2）利用价格的市场调节职能，彻底认知并吃透资源性产品的价格及税收方针政策。国家政府机构要编制实施一些能够扶持生态环境发展的财税、经济奖罚等政策方针，在经济领域实施高效率的生态补偿方针政策。

在当前线性、不循环的体系中，责任界定比较模糊，有时无法找到责任界定。

借助谁制造问题谁负责处理并承担相应的一切费用的手段模式，促使企业重新思索其进程，促使其积极主动的思考。所以能够借助价格来高效率的推动环保工作的顺利进行。诸如：向污水排放者征收一定费用，以确保城镇污水处理的能够顺利进行；增加燃煤机组脱硫的税收，促使其进行设备更新；向制造垃圾的人员及团体收缴一定的税收等等。

除此之外，鼓励帮助资源性产品进行价格变革，构建能够体现资源稀缺性的价格体系，确保科学合理的开发资源、节约使用资源及高效率的使用资源。同时也要研究探索制定那些能够激励生产、节约能源水源的产品、节省占地及能源的建筑物等的税收方针政策，从而在生态文化的价值实现中，进一步运用生态思维方式使经济发展方式得到转变。

（3）确定循环经济的发展宗旨，最大限度地体现奖罚措施的指导性。中国要不断推进经济试点，借助奖罚措施来构建循环经济制度，提升起源使用率，减少经济发展对环境的破坏程度。探索研发那些能够节约资源、节省投资的高效措施政策，以最快速度形成能够和经济社会可持续发展相适应的资源节约能力。国家政府扶持那些能够节省资源的重大工程及技术的研发和具有产业示范性的项目，扶持措施有：资金补贴、贷款贴息等，最大限度地体现国家政府对社会投资的指导性职能。

中国要增大力度调整产业结构，鼓励耗能低、污染轻的产业优先发展，积极主动的促进第三产业的发展变革，以增大耗能小的高技术产业及装备制造产业在社会经济中的占比，从根本上减少能源消耗量、减少污染排放。同时更要完善资源二次使用、可再生资源的研发、垃圾无污染处理及严控过度包装等政策方针，不断增强社会预防治理环境污染的能力。

运用一系列的经济手段，对生态文化行为进行生态奖惩，从而更好地推动中国生态文化的实现，早日实现资源节约型，环境友好型的“两型”社会。另外，可以运用教育的手段，对生态文化行为进行生态奖惩。《21世纪议程》是由全球环境和发展大会颁布实施的，根据其内容可知：不断提升人类处理环境难题的能力及实现可持续健康发展的核心教育培训。要想改变人类的态度理念，教育培训不可或缺，同时其对环保意识理念的培养、可持续发展的价值观念、国民积极高效参与决策的态度、技术及活动行为都是不可或缺的。借助教育培训来指导和培养国民的生态价值理念是非常必要和可行的，其能够促使国民更精准的、深层次的认知生态、社会及经济系统间的关系，进一步加深对生态文化所提倡的生态理念有所了解。主要可以从以下方面着手：

首先，对在校生开展生态教育培训。借助生态教育培训来影响学生，借助学生来影响家长、借助家长来影响社会，进而拓展生态教育培训的影响范畴。中国所有的教育机构尤其是中小学校，一定要全面性的实施构建绿色校园活动，通过学校教育培训来普及生态教育培训，逐步教育及指导学生形成科学、正确的生态观，形成爱护大自然的好习惯，树立“保护环境荣耀，破坏环境可耻”的思想理念。

其次，拓宽国民生态教育培训的范畴，增强国民生态奖罚意识理念。国民生态教育培训是能够覆盖全社会的一种系统性工程，其能够促使国民最大限度地了解认知生态问题和国民权利的关联性。借助体统的生态教育培训及生态共识创造出较好的生态文化气氛，鼓励国民节约能源、爱护大自然，逐渐养成有利于生态平衡的行为习惯及消费理念，积极主动的肩负生态职责，促使个人通过实践活动自主地投身到社会生态可持续健康发展的历史浪潮中。

最后，注重对生态责任义务的教育培训，组建对恪守自责的人员进行奖励、对不尽责人员进行惩处的长期有效机制。重视对生态理论的实践的建设完善，挖掘并培养国民自主承担生态职责的精神。通常情况下，唯有国民参与公共实践，才能不断增强自主肩负生态职责意识，积极主动的履行社会职责。构建奖罚清晰、公平合理的环保机制，以确保能够培养国民环保职责理论精神。借助透明化的生态追责体系，将构建生态责任理念和构建民主法制联合成一个整体，不断促使国民积极主动的履行自己的生态职责。

所以，可以借助制度规范性及国家政策的激励性对国民的生态职责担当意识进行培养塑造，不仅使国民在自主性履行生态保护职责后能够获得相应的奖赏及鼓励；还借助追责机制严惩及规避破坏生态环境的行为活动，进一步达到实现生态文化价值的目的。

第二节　生态文化旅游景区管理及其创新价值

一、生态文化旅游的认知

生态文化旅游是在生态旅游基础上衍生出来的，指的是通过游客对自然景观的观赏体验，达到传播地域民俗文化目的的旅游随着现代信息技术的发展，文化逐步朝着市场化、产业化的发展方向迈进，文化可谓无处不在无时不有，游客在旅游过程中通过视听、品尝、身体感知、购买产品等多种方式，会在脑海中形成对地方独特的感觉和认知，这种能够烙在记忆深处的印象已经已经完成了文化和社会价值的传播。

在市场经济发展进程中，多领域跨学科的产业发展越来越成为一种趋势。在全球范围内亦是如此，旅游已经不仅仅是单纯意义上的游玩观赏，更需要刻上民族、文化、地域风俗等烙印，这样的旅游才更具人文关怀和艺术韵味，才更为旅游本身赋予更多更深层次的内涵和广阔的外延。生态文化旅游将生态环保、文化延展、品牌培养、民俗风情等多种元素融合进来，从多个层面打造出的立体式旅游将为消费者提供更为优质和卓越的服务，从而在给人以美的心理感受之外，提升人们对生态、文化等的关注关怀，进而从现实层面上实现可持续发展战略。

二、生态文化旅游的特性

（一）本土性

生态文化旅游必须以生态系统的完整性为基础，即生态系统本身应不受到自然灾害和人为破坏。生态系统的组成因素较多，包括土壤、光照、水分、气候、湿度、植被覆盖、动物等，这些因素之间的平衡和谐，是生态系统完整并能够维持可持续发展的前提要素。要保持生态系统的本土性，就要尽可能慎用或禁止引进外来物种，防止环境退化、恶化等现象，重视植被的有效覆盖，对生物进行有计划的保护和管理，对于濒危动植物要做到严格保护。

运用现代科技手段强化生态系统中资源的合理开发利用。当然这种开发保护和利用，既能为科研人员提供良好的调查、记录平台，又能够为游客提供健康有序的观赏环境。适时修建人工观赏长廊，在施工和观赏过程中对动植物的休养生息不能进行人为的打扰甚至损害，包括光线、噪声等的惊扰，即除了必要的人为改造建设，应力求维持生态系统的原始与本土特性。

（二）丰富性

只有丰富的旅游资源才能吸引更多的游客前来观赏，这就要求旅游资源的结构配置力求科学合理，丰富多样。这里的丰富性包括山川河流等原生态的自然景观、丰富的植被覆盖率、动物种类新奇多样，力求使游客能观赏到更多原生态的自然景观、景物等。①

（三）独特性

旅游区内的景观应具有与众不同的观赏价值、科研价值、美学价值以及由此传递出来的人文情怀等，如果所有旅游资源都按照同一模式构建，则会让游客失去兴趣，旅游资源最大限度地开发利用，也都在追求生态旅游资源独特性的这一特点。从本质上说景区内主要以自然生态资源为主，具有明显的地域性差别，每个已经被人们所认可的旅游资源景区都更具有典型和代表性。也正是因为各个旅游景区资源的独特性，才能产生更多的社会和经济价值。

（四）传播性

文化能够被认可和传承正是由于广泛的传播性，游客置身于广阔的自然生态景观当中，获得身心不一样的愉悦感受，在心中留下更加长久的记忆和印象，这些已经远远超过观赏、视听、购买等观感的短暂感受。不同地域的民俗文化，也往往以这种口口相传的形式传播开来。

三、生态文化旅游建设的重要意义

（1）提升国民对生态环境的关注度。目前国际组织、各国政府都在致力于强化对生态文化旅游的建设，主观上能够从根本上遏制生态的进一步恶化，客观上也提升了宣传广度，在客观上无形中提升了民众对生态环境的关注程度，这也是提高国民素质的一种有效手段。

---

① 李业超．根河市生态文化旅游及其管理创新思路 [D]. 哈尔滨：黑龙江大学 ,2018：9–14.

（2）促进新的增持增收模式实现。生态文化旅游强调以保护地方自然生态环境为前提，原生态的自然环境本身就是造福地方百姓和子孙后世的最大财富，另外通过生态文化旅游所产生出来的经济效益，越来越受到地方政府的重视，很多旅游资源相对丰富的地区会以此作为经济发展的支柱性产业，从而提高地区国民生产指标。

（3）带动地方产业结构调整。改革开放40年以来，我国经济发展主要以第一、二产业为主。第三产业在经济发展速率更高的今天，逐步占到主体地位。旅游行业也是在满足人们基本物质需求之后蓬勃发展起来的，而将生态和文化等因素融入旅游中来，既是旅游行业发展的内在需要，也是为适应我国创新协调绿色可持续发展战略而进行的调整。

（4）实现地域民俗文化的传播。地域文化由于受到自然、环境、交通等条件的制约，带有特色的地域民族文化在传播上还面临着诸多问题，生态文化旅游将很多文化因素寓于其中，让游客在游玩时也获得了难得的文化享受，既是一次生态景观的旅游，又是一次体味地方独特魅力的文化旅行，进而在最大程度上将不同的民俗文化进行传播、发扬。

四、生态文化旅游与景区管理

生态文化旅游景区管理指的是从生态和文化的角度出发，对旅游景区以及由此产生的旅游市场、旅游消费者、旅游企业等进行全面的科学化管理方式。从根本上说是通过这种现代化的管理手段介入，为游客提供更加完备的配套服务设施、生态文化产品和相关服务，同时还要对旅游区域的生态环境等进行全方位的保护，即在开发更加丰富的旅游资源同时还要运用科学手段对生态系统进行可持续发展的保护利用。

生态文化旅游管理的对象是具有旅游资源的自然生态系统，对其进行管理的主要任务概括而言，以国家法律法规规定、生态环境建设、动植物保护、资源开发利用为依据，运用可持续发展的方针政策，对人与自然、环境等的矛盾和冲突给予有效解决，进而制定出更加科学规范的政策措施，促进生态系统平衡协调发展，为地域文化的传播发挥更大的社会价值。

生态文化旅游管理的内容是多方面的，具体如下：

（1）对游客的管理。游客对生态环境和旅游资源的影响最大，由于游客个人素质水平参差不齐，造成的破坏程度等甚至是无可挽回的，因此需要对游客进行必要的行为规范管理。这种管理的目的也是在保护生态环境，比如控制景区人数、科学分流疏导等。

（2）对旅游景区及其周边社区的生态管理。旅游景区管理主要包括生态环境维护、人文建筑合理配置等，旅游社区管理主要包括当地的社区居民以及从事旅游行业的员工。政府部门通过法律政策、行政手段等提升社区居民的基本素质，有计划的改善社区局面的生产生活环境，从而实现社会、经济和环境效益的全面提升。

（3）对旅游企业的管理。对旅游企业的管理主要包含旅游公司、旅行社、餐饮服务单位、零售商、交通文化企业等。

（4）旅游市场的管理。生态文化旅游是新兴的旅游行业，发展速度较快，作为一种外向型经济产业，必须遵循市场规律，政府则进行宏观调控，从而促进旅游市场良性发展。

五、生态文化旅游景区管理创新的价值

对生态文化旅游景区进行创新式管理，具有积极的理论和现实意义，主要表现在两个方面：一方面，从理论上说能够有效提升旅游资源集中区域及周边地区的生态系统管理水平，最直接的表现是青山绿水、动植物多样化、人与自然和谐相处等，从可持续发展的宏观战略上看，在管理手段和方式上的创新，将为人类提供更为适合居住、修养的场所，在无形中也促进居民生产生活质量的提升。对于外来的游客也会感受到由于良好生态系统所带来的身心愉悦感受，这本身就是最好的旅游城市名片，彰显出更突出的社会品牌价值。另一方面，从现实上看良好的生态资源环境加之优秀的文化传承，无疑更能吸引游客观光，旅游资源丰富并且进行合理开发利用，将促进经济的快速发展，这则成为经济价值的集中体现。

第三节　生态文化与旅游可持续发展研究

一、旅游生态文化与旅游可持续发展

（1）旅游可持续发展需要文化公平性。地域文化（或称之为地方文化）是

一定自然环境、社会环境和制度环境下的产物，其作为文化生命体是生态文化系统的有机组成，每一种文化都有其自身发生发展的演化规律，也是维持全球、国家和地方生态文化系统平衡的有机组成。所以，从旅游文化可持续发展的角度分析，各种文化生命体都有存在的合理性。

（2）旅游可持续发展需要文化多样性。生态文化系统类似于生物生态系统，文化生命体越丰富，文化链所构成的文化网络就越复杂，生态文化系统就越能求得动态的平衡。当前，我国很多景区并未从深层次挖掘文化内涵去开发旅游产品，而是局限在文化表现形式上的雷同，结果导致地方文化匮乏，缺乏地域特质，也就难以对游客形成有效的文化旅游的需求。

（3）旅游可持续发展需要文化可持续利用。文化可持续发展要求旅游目的地摒弃急功近利的做法，着眼于未来，从生态文化的角度深挖文化潜质，铸就文化旅游产品。即当代人有效开发文化旅游产品，又不对后代人发展旅游业构成威胁。所以，盲目进行景区城市化建设和非物质文化的泛化演绎违背旅游区文化的可持续利用的原则。

二、中国旅游文化可持续发展的对策

（一）在旅游文化建设中发挥政策引领作用

主导文化引领精英文化和大众文化，所以作为政府应该在宏观文化政策上鼓励精英文化的发展，为精英文化提供生存的空间和土壤。如，景区文化建设，要摒弃媚俗商业化的气息，弘扬中国文化的精粹部分。文化产品本身是作为政府公共物品建设的有机部分，所以，对旅游城市可以尝试开放公园式的旅游景区、景点，为主导文化和精英文化接近大众拆除障碍。例如，杭州市在重大节日期间，西湖对游客的免费开放就是一个有益的尝试。①

（二）景区非物质文化演绎应真实再现

各地方政府和景区管理部门为充实旅游项目、延长游客滞留时间，采取多种方法演绎非物质文化。非物质文化遗产是一个地方宝贵的精神财富。旅游业发展功利性驱使下，各种珍贵的地方非物质文化遗产纷纷重现历史舞台。但是更多的

① 赵建春.山东传统文化与生态旅游耦合发展研究[J].安徽农业科学，2019，47（18）：132-134.

非物质文化遗产的演绎往往以市场为导向，没有时间空间的限制，无条件肆意进行演出或制作工艺、或对外传授。

我国作为世界四大文明古国之一，文化的独特性与多样性为世界之最，非物质文化遗产蕴藏量之丰富，更为世界所瞩目。而如何保护好人类共有的文化遗产，更成为自身不容回避的一项历史重任。而中国民族民间文化保护工程，将确保使那些濒临灭绝的“文化物种”纳入非物质文化保护体系，并早日形成资源共享的优势和格局。再者，通过抢救、保护以及科学利用这些非物质文化遗产，将其转化成文化产业，就会为其注入新的生机和活力，从而形成多种文化共生的另一种“生态平衡”。

旅游具有承载文化、展示文化、传播文化的功能。我国某些城市或者风景区把商业性很强的通俗文化、快餐式文化展示给游客，使游客获得短暂的感官刺激，应予注意防止。而应努力使旅游成为展示中华优秀文化的平台和窗口，应当是文化工作者和旅游工作者共同努力的目标，而文化工作者无疑担负着特殊的责任。

非物质文化在展示演绎要做到：合乎历史真实的再现；依据客观的历史时空条件演绎非物质文化遗产；对具有保护、保密的非物质文化遗产不能以市场作为唯一的考量标准。

一些地方已经进行了有益的探索，比如丽江、桂林等地，利用历史或民族文化资源，制作了民族风韵、雅俗共赏的演艺节目，让游客在领略中国的山水风光的同时，也欣赏到带有中国民族特色的、中国品牌的文化。政府和旅游企业不能简单地迎合旅游，迎合外国人。高品位的文化与旅游相结合，有着广阔的发展潜力。因此，充分发掘我国丰富的文化资源，提炼民族文化精华，生产雅俗共赏的文艺产品，满足广大人民群众的需求，同时，也满足旅游市场的需要。让旅游成为展示、传播中华民族优秀文化艺术和高雅艺术的舞台和窗口。

（三）景区物质文化的载体应以中国文化元素为核心

旅游景区的规划建设要体现出旅游区原生活力。从人文主义视野来反思现代城市规划技术，在技术设计中关注人性需求和生态伦理，使技术得到妥善而恰当地运用。人文主义和生态伦理要求旅游景区的规划建设不能游离于地域背景，脱离地方文化本质。

改革开放 40 多年以来，外来文化元素不断涌入中国。旅游目的地是我国对外交流重要的基地（除对外经济开发城市、对外开放地区、经济特区等），在世界一体化浪潮中，以美国为首的西方文化，正在通过主流文化、精英文化和大众文化侵入中国，蔓延至旅游旅游目的地。所以，景区的物质文化规划建设以尊重地方和中国文化元素为要，展示中国文化最优秀和核心的部分。如，建筑物的外部形态、体量、色彩；景区的视觉廊道、天际线；饭店宾馆的内部设施等，皆要以地方和中国文化至上进行规划建设。

（四）营造中国生态文化社会大环境

主流文化和精英文化更多地与政治联系，而大众文化多与市场经济有关。国际政府间、组织间的正式非正式交流，为主流文化、精英文化的渗透提供了平台。一方面促进了中国政治民主化进程和经济飞速发展；另一方面西方主流文化和精英文化通过外交、学术会议、论坛等多种途径渗透到中国的文化体系内，打破了中国既有的生态文化平衡。所以，相关部门在政策制定时应捍卫中国优良的本土主导文化和精英文化。如国家的宏观旅游政策的制定，要立足中国国情，与国际接轨，并不代表一切向西方文化看齐。景区的文化标识应该以中国文化元素为主流；景区文化活动的内容要体现中国文化、中国地方文化的内涵。

第二章

景区与景区运营

景区作为旅游业的重要组成部分，是旅游业发展的基础，是激励游客出游的重要因素。同时，生态文化思想是景区运营的基础，是景区遵循人与自然和谐发展规律，对景区运营管理至关重要。本章探讨景区含义与特征，分析景区分类与景区产品构成，研究景区运营管理内容，并对景区质量等级进行评定。

第一节 景区含义与特征

一、景区的含义

景区，全称旅游景区。目前，国际上关于景区的定义还存在争议，尚无统一认识。国外大多使用“tourism destination”“visitor attractions”“tourist attractions”。中国也同样有许多相近的叫法，如“景区”“风景区”“旅游景区”“旅游风景区”“旅游区”等，很多场合下相互混用。

本书所说的“景区”，依据中华人民共和国国家标准《旅游景区质量等级的划分与评定》（GBTl7775—2003）（简称《标准》）进行界定，指以旅游及其相关活动为主要功能的空间或地域，具有参观游览、休闲度假、康乐健身等功能，具备相应旅游服务设施并提供相应旅游服务的独立管理区。该管理区应有统一的经营管理机构和明确的地域范围。包括风景区、文博院馆、寺庙观堂、旅游度假区、自然保护区、主题公园、森林公园、地质公园、游乐园、动物园、植物园及工业、农业、经贸、科教、军事、体育、文化艺术等各类旅游景区。①

① 邹统钎．旅游景区开发与管理[M]. 北京：清华大学出版社，2017.

根据《标准》的界定，可以发现，景区实际上包括以下几个含义：

（1）有明确的地域范围。景区规模差别很大，但无论大小都有一个相对明确的划定地域范围。任何景区的开发都是在确定的地域范围内进行规划、设计、建设、经营和管理的。

（2）具有旅游吸引物。旅游吸引物是景区核心价值的体现，是景区的核心内容。无论哪种类型的景区，必定有不同于其他景区的吸引物，形成该景区的特色。

（3）提供旅游休闲活动。景区与景观最大的区别在于景区不仅拥有独特的旅游资源，并且在旅游资源的基础上进行开发建设，有相应的基础设施和服务设施，提供综合性的旅游服务以满足游客的各种需求。只有拥有可进入性和旅游服务，才能被称为景区。

（4）有统一的管理机构。从经济的角度看，景区为了完成既定的目标和效益，由专门的管理主体进行资源开发、经营管理。每一个景区有且只有一个管理主体，它是景区经营的主体、服务的供应方，这个主题可能是政府机构，可能是具有部分政府职能的事业单位，也可能是法人企业。

当前，中国A级景区数量已突破一万家，成为中国旅游业的“中流砥柱”。5A级景区更是人们度假的首选。

二、景区的特征

（1）综合性。景区由多种要素构成，这些要素在政治、经济、文化的背景下相互组合构成不同类型的景区。一般情况下，景区包括吃、住、行、游、购、娱等要素，规模小的景区至少包括“游”一个要素，旅游活动综合性越高，景区规模越大。综合性越强，市场竞争表现越好。

（2）地域性。景区是一个独立的地域空间，无论规模大小都有清晰明确的边界。地域性还表现在旅游资源的差异上，景区内的旅游资源受到当地自然、历史、社会环境的影响，表现出不同地域的资源差异，具有不同的地域特色。

（3）服务性。旅游吸引物、旅游服务设施是景区价值表现的载体。旅游吸引物吸引力再高，也需要根据游客的需求建设旅游服务设施，提供优质的管理与服务，营造良好的体验环境，满足游客的愉悦体验。景区中的一切活动与服务息息相关。

（4）功能性。景区的功能是吸引游客前往的动力，是景区价值的基础。不同类型的景区有不同的功能，如观光游览、民俗体验、休闲康乐、考察探险等。但不管哪种类型的景区都应当能使游客从旅游活动中获得愉悦感。

（5）持续性。景区的持续性是指景区的开发不是一蹴而就、一成不变的。景区可以根据市场的需求，在依托原有自然和人文资源的前提下，通过设计，不断进行景区建设和原有景区景点改造，不断发展。同时，对于旅游资源匮乏的地区，为了增强旅游吸引力或塑造地方形象标志而建设再建型的景区时应注意景区的可持续性，如深圳欢乐谷、东方明珠电视塔等。

第二节　景区分类与景区产品构成

对景区分类是可以更好地管理景区，明确景区未来的发展方向。景区的分类和景区的概念很难统一。景区类型有很多，根据不同的分类标准，可以分成多种类型。

一、景区分类界定

国际上不同专家学者对景区分类有不同界定，大致包括二分法、三分法、四分法、五分法等集中代表性观点。

1. 二分法

二分法将景区分为短时巡视型和长时巡视型两种。短时巡视型为旅游团服务的景点；长时巡视型为游客逗留时间较长的旅游目的地的景区。此分类方法是以两种不同旅游形式为基础的。按照目前旅游发展新形势，该分类的景区类型界限已不再清晰。

2. 三分法

采取三分法可以把景区分为：①以自然为基础的自然景区；②以人类活动为基础的人文景区；③人造景区。三分法尽管从理论上比较容易区别，但实际上很多景区同时具备自然景区和人文景区两种特点，导致实际操作困难。[①]

3. 四分法

采用四分法可以把景区分为：①有特定的自然环境；②最初目的并非为吸引游客而建的房屋和场所，如罗浮宫，现在却吸引众多游客参观；③专门为吸引游客而建的房屋和场所，如迪士尼乐园；④特殊活动，如体育赛事、节庆活动、民俗活动等。其中，前三类景区具有长久性，而第四类景区则是暂时的、存在时间限制。

4. 五分法

五分法将景区分为文化、自然、节庆、休憩和娱乐五大类，见表2–1。[②]

表 2–1 景区五分法

旅游景区	文化景区	历史遗址、考古遗址、工业遗址、建筑物、风味菜系、纪念碑、博物馆、民俗、音乐会、剧场
	自然景区	地貌风景、海景、公园、山地、动物群、植物群、海岸、岛屿
	节庆景区	超大型活动、社会活动、节事庆典、运动赛事、专业展览、企业活动
	休憩景区	观光、高尔夫、游泳、网球、远足、自行车游、雪地运动
	娱乐景区	主题公园、游乐场、赌场、电影院、购物设施、表演中心、运动设施

二、常见的景区分类

景区划分标准不同，得到的分类类型不同。常见的景区分类标准有活动功能、表现形式、资源性质以及景区质量等级等。

（一）按景区的旅游活动功能分类

按景区的旅游活动功能分类，可以分为七种类型：

（1）自然观光型景区。这类景区具备独特的自然景观，有较高的美学观赏价值，主要以山川、林木、熔岩、瀑布、江河、气象气候等为主要景观。包括国

① 窦银娣，刘云鹏，李伯华等 . 旅游风景区旅游交通系统碳足迹评估——以南岳衡山为例 [J]. 生态学报，2012，32（17）：5532–5541.

② 周书云，胡秋红，杨丽春 . 旅游景区运营管理 [M]. 广州：广东高等教育出版社，2017.

家公园、森林公园、地质公园、自然保护区、野生动物园等。如中国的桂林山水、昆明石林、四川九寨沟、厦门鼓浪屿、湖南张家界等，以及美国的黄石公园和日本的富士山等。其中，桂林自古就有“桂林山水甲天下”的说法，拥有世界上规模最大、风景最优美的喀斯特地貌景区；九寨沟位于四川西北部，具有群湖、溪流、瀑群、林莽、雪峰等多种元素，被誉为“美丽的童话世界”。

（2）人文景观型景区。遗址、遗迹、遗物是人类文明的传承，历史古迹直观地记录了人类的文明。包括早期人类遗址、文博院馆、古建筑、古园林、名人遗迹等。其中，最为著名的是故宫，旧称紫禁城，被誉为世界五大宫之首，是世界上现存规模最大、保存最完整的木质结构的宫殿型建筑。

（3）民俗体验型景区。此类景区是指以少数民族集聚地的独特生活习俗（包括服饰、民居、饮食、婚恋、丧葬、娱乐、节庆、礼仪、交通等），结合当地的自然景观，形成别具一格的人文景观区域。游客多数通过参加各项民族活动，体验独特的民族文化。其中，云南丽江古城，又名“大研古镇”，坐落在云南省丽江市大研镇，是一座风景秀丽、历史悠久和文化灿烂的名城，也是中国罕见的、保存完好的少数民族古镇；湖南凤凰古城，位于湖南省湘西土家族苗族自治州西南部，曾被新西兰著名作家路易·艾黎称赞为“中国最美丽的小城”，与云南丽江古城、山西平遥古城媲美，享有“北平遥，南凤凰”之美誉。

（4）艺术欣赏型景区。这类景区以文化为中心为游客创造一定的艺术氛围，让游客在旅游途中增长学识和提高艺术修养，如奥地利维也纳、法国罗浮宫、美国好莱坞、中国无锡影视城等等。

（5）休闲康乐型景区。休闲康乐型景区以优美的度假环境为主，根据其地理位置及旅游资源进行开发。包括：康体疗养型景区，主要依托宜人的气候环境及特殊的康体疗养资源的地域，如陕西骊山温泉、河北承德、海南三亚；运动健身型景区，如广州白云山、海南亚龙湾等；娱乐休闲型景区，以人造景观为背景进行建设，如上海迪士尼乐园、深圳欢乐谷、环球嘉年华等。

（6）探险科考型景区。此类景区以科学考察和科学普及类旅游资源为主，具有较高的科学价值和观赏性的景区。如各类地质公园，西藏雅鲁藏布大峡谷，三星堆古文化遗址等。

（7）综合型景区。此类景区不仅有优美的风景，还拥有大量名胜古迹，是自然与人文资源的有机结合，每年吸引大量游客前往游览。如北京八达岭长城。

（二）按景区的表现形式分类

按景区的表现形式分类，可以分为七种类型：

（1）风景名胜区。2006年开始施行的《风景名胜区条例》规定，风景名胜区是指具有观赏、文化或者科学价值，自然景观、人文景观比较集中，环境优美，可供人们游览或者进行科学、文化活动的区域。风景名胜包括具有观赏、文化或科学价值的山河、湖海、地貌、森林、动植物、化石、特殊地质、天文气象等自然景物和文物古迹，革命纪念地、历史遗址、园林、建筑、工程设施等人文景物和它们所处的环境以及风土人情等。风景名胜区划分为国家级风景名胜区和省级风景名胜区。国家级风景名胜区由国务院批准公布。自1982年11月起至2017年3月，国务院共公布了9批、244处国家级风景名胜区。省级风景名胜区由省、自治区、直辖市人民政府批准公布。具有区域代表性的风景名胜区可以申请设立省级风景名胜区。

（2）旅游度假区。旅游度假区是为满足休闲康体度假者健身、疗养、娱乐等需求，在环境质量好、区域条件优越的地区兴建度假住宅以及体育、娱乐、文化设施，并提供高质量服务的综合性景区。国家级旅游度假区，是指符合国际度假旅游要求、以接待海内外游客为主的综合性旅游区，它有明确的地域界限，适于集中设置配套旅游设施，所在地区旅游度假资源丰富，客源基础较好，交通便捷，对外开放工作已有较好基础。与国家级风景名胜区等自然保护区域不同的是，国家级旅游度假区属国家级开发区，它的主要特征是：对环境质量要求高，区位条件好，服务档次高，有明显的休闲康体特征。

1992年，全国认定12个国家级旅游度假区。2015年，国家级旅游度假区重新进行评定，吉林省长白山旅游度假区等17家旅游度假区被评为首批国家级旅游度假区。2018年，国家旅游局公布了第二批国家级旅游度假区名单，海南省三亚市亚龙湾旅游度假区、浙江省湖州市安吉灵峰旅游度假区等9个度假区上榜。至此，全国的国家级旅游度假区由之前的17个增至26个。国家级旅游度假区带动了一大批地方级旅游度假区和度假村的建设。中国的旅游度假区基本形成金字塔式的产品链条，以国家级旅游度假区为核心，100多家省级旅游度假区为基础，1000多个不同类型的度假村为补充。

（3）森林公园。森林公园是以大面积人工林或天然林为主体建设的，集自然景观和人文景观一体，具有一定规模的场所。森林公园是一个综合体，它具有建筑、疗养、林木经营等多种功能，也是一种以保护为前提，利用森林的多种功能为人们提供各种形式的旅游服务的、可进行科学文化活动的经营管理区域。森林公园的管理方式是：保护为主，适度开发，对公众开放。森林公园根据其观赏、科学、文化价值，可以分为国家级、省级和市县级。1982年9月，中国首个国家森林公园在湖南张家界挂牌成立。截至2016年底，全国森林公园、湿地公园及林业系统自然保护区总数达7181处。其中，国家森林公园828处，国家湿地公园数量达836处，林业系统国家自然保护区数量359处。全国国家沙漠公园总数达60处。

（4）自然保护区。自然保护区是指对有代表性的自然生态系统、珍稀濒危野生动植物物种的天然集中分布、有特殊意义的自然遗迹等保护对象所在的陆地、陆地水域或海域，依法划出一定面积予以特殊保护和管理的区域。

自然保护区分国家级自然保护区和地方级自然保护区，地方级又包括省、市、县二级自然保护区。由于建立的目的、要求和本身所具备的条件不同，而有多种类型。按照保护的主要对象来划分，自然保护区可以分为生态系统类型保护区、生物物种保护区和自然遗迹保护区3类，其总体要求是以保护为主，在不影响保护的前提下，有机结合科学研究、教育、生产和旅游等活动，使它的生态、社会和经济效益都得到充分

（5）水利风景区。水利风景区，是指以水域（水体）或水利工程为依托，具有一定规模和质量的风景资源与环境条件，可以开展观光、娱乐、休闲、度假或科学、文化、教育活动的区域。20世纪80年代初，一些单位尝试依托水利工程，发挥水土资源优势，统筹开发、利用和保护水利风景资源，将文化、景观元素融入水利工程，积极发展水利旅游。

为科学合理地开发利用和保护水利风景资源，水利部于2001年7月成立了水利部水利风景区评审委员会，办公室设在水利部综合事业局。截至2016年，先后有16批水利风景区成为国家级水利风景区，全国共有778家国家级水利风景区、1000多家省级水利风景区。

（6）地质公园。地质公园是以具有特殊地质科学意义，稀有的自然属性、较高的美学观赏价值，具有一定规模和分布范围的地质遗迹景观为主体，并融合其他自然景观与人文景观而构成的一种独特的自然区域。既为人们提供具有较高科学品位的观光旅游、度假休闲、保健疗养、文化娱乐的场所，又是地质遗迹景

观和生态环境的重点保护区、地质科学研究与普及的基地。建立地质公园的主要目的有三个：保护地质遗迹，普及地学知识，开展旅游促进地方经济发展。地质公园分四级：县市地质公园、省地质公园、国家地质公园、世界地质公园。到2018年5月，全球已经建立了140个世界地质公园，其中中国有37个。

（7）主题公园。主题公园是根据某个特定的主题，采用现代科学技术和多层次活动设置方式，集诸多娱乐活动、休闲要素和服务接待设施于一体的现代旅游目的地。主题公园是为了满足游客多样化休闲娱乐需求和选择而建造的一种具有创意性活动方式的现代旅游场所。它是根据特定的主题创意，主要以文化复制、文化移植、文化陈列以及高新技术等手段、以虚拟环境塑造与园林环境为载体来迎合消费者的好奇心、以主题情节贯穿整个游乐项目的休闲娱乐活动空间。

从1989年第一家主题公园锦绣中华诞生，到如今的上海迪士尼乐园开业，中国主题公园建设从自创品牌到引进品牌，经过了30年的发展。1955年，美国人沃尔特·迪士尼在美国创造了一个愉悦的世界——迪士尼乐园。迪士尼乐园开创了主题公园先河。目前，中国建成的主题公园按照其主题内容可分为：以历史文化、民俗风情为主题，如清明上河园、宋城；以科幻、童话为主题；以生态环境、动植物观赏为主题；以文学、影视为主题，如北京大观园、无锡影视城。

（三）按旅游资源性质分类

按旅游资源性质分类，可以分为3种类型

根据2003年国家颁布的标准《旅游资源分类、调查与评价》（GB/T18972—2003），景区分为三类，即自然类景区、人文类景区、复合型景区，见表2–2。①

表 2–2 按旅游资源性质划分的景区类型

景区类型	主要旅游资源
自然类景区	地文景观、水域风光、生物景观、天象与气候
人文类景区	遗址遗迹、建筑与设施、旅游商品、人文活动
复合型景区	融合自然资源与人文资源

① 周书云，胡秋红，杨丽春．旅游景区运营管理[M]. 广州：广东高等教育出版社，2017.

（四）按景区质量等级分类

按景区质量等级分类，可以分为五种类型：

《旅游景区质量等级的划分与评定》（GB/T17775—2003）是景区质量等级划分的依据，该标准将景区质量等级划分为五级，从高到低依次为AAAAA、AAAA、AAA、AA、A级景区。景区质量等级的标牌、证书由全国景区质量等级评定机构统一规定。

三、景区产品的构成要素

一个景区的存在是有条件的，一个景区产品由多个要素组成，这些要素有机地组合在一起，才形成景区。景区产品至少由下列要素组成：

（1）旅游吸引物。旅游吸引物是指能对游客产生吸引力，满足游客旅游体验需求的各种要素，是吸引游客前往的基础。旅游吸引物可以是物质的，也可以是非物质的。旅游资源包括自然资源和人文资源，需要注意的是旅游吸引物是在旅游资源的基础上经过一定程度的开发建设后，成为景区产品，供游客进行消费的。如到上海世博会游玩，这个旅游活动中的旅游吸引物是世界博览会这一事件以及世博园内各种展馆设施和开展的各项活动，是物质和非物质的结合。旅游吸引物是吸引游客前往某一景区的最根本因素，是游客旅游活动的直接指向。

（2）旅游服务设施。旅游服务设施是游客能够在景区开展旅游活动的媒介，是实现旅游活动的基本条件之一，也是景区存在的基础，通常包括基础设施和服务设施。

旅游设施的规模、质量、风格对景区的经营产生深远影响。任何一个景区，只有旅游吸引物而没有良好的旅游设施，是无法开展安全有序的旅游经营活动的。同时，旅游设施和旅游吸引物在实际经营中不能绝对分开，在某些情况下旅游服务设施同时也是旅游吸引物，如景区内的漂流竹筏，它既是旅游吸引物又是旅游服务设施，既具有设施功能，又具有吸引物功能。

（3）管理和服务人员。景区和其他机构组织一样，必须配备一定的管理和服务人员，包括中高层管理人员、基层管理人员和一线服务人员。一线服务人员分为三类，技术人员，如设备维修人员、工程师；服务人员，如售票员、讲解员；其他人员，如保安、医务人员。景区管理和服务人员凭借旅游吸引物和旅游服务设施为游客提供体验服务，树立良好的景区形象、服务形象，使景区更富吸引力。优质高效的管理服务本身也可以成为景区的旅游吸引物。

第三节　景区运营管理内容

一、景区常见的业态

业态就是指商品卖给谁、卖什么和如何卖的具体经营形式。景区业态指针对特定消费者的特定需求，按照一定的战略目标，有选择地运用景区经营结构、景区位置、规模、价格政策、销售方式、销售服务等经营手段，提供景区销售和服务的类型化服务形态。景区常见的业态主要有主题公园、旅游度假区、遗产旅游地、工农业旅游区等。景区业态的细分，一方面是为了开拓市场，另一方面是为了满足不同需求客人的需要。

二、景区服务的主要内容

景区提供的产品有很强的综合性，由多种服务构成。不同类型的景区其服务也各具特色。基于一般景区所提供的服务，将景区服务内容归纳如下：

（1）景区接待服务。景区接待服务工作主要包括票务服务、排队服务、咨询服务和投诉服务等。

第一，票务服务。票务是景区服务的第一窗口，主要是售票和验票服务两部分构成。票务服务要求一线服务人员具备熟练回答客人对票价的询问、点票、收款找零、检票等技能。

第二，排队服务。排队服务是游客验票进入景区之前或参加某项活动时等候的环节，尤其是在旅游旺季，更是一个关键环节。主要工作是队形队列的设计安排和服务人员的引导性服务，重点是游客的疏导工作。①

第三，咨询服务。游客尤其是散客往往通过咨询获取游览景区的详细信息，以便做出充足、正确的安排。游客咨询的方式也多种多样，如电话咨询、网络平

① 蒋尚坤 . 景区依托型新城产城融合的发展策略研究 [J]. 中国商论，2019，（5）：219-220.

台咨询或面对面向景区服务人员咨询。

第四，投诉服务。游客在进行景区游览时，往往有预先期望值。而游客的期望是难以控制的，景区服务的任何一个环节都有可能出现不足，从而导致游客的投诉。游客的投诉有可能是直接投诉，也有可能是事后投诉。不管是何种情况，作为管理和服务人员都应认真对待，慎重处理。

第五，其他接待服务。规模越大的景区提供产品的综合性越强，提供优质服务的景区，应把服务做到全面。如在食宿环节中，提供宴会、寄存、休憩等服务。

（2）景区引导服务。引导服务是让游客获得旅游体验、增强兴趣的关键性服务，也属于核心服务。引导包括解说服务和文明引导服务，也可以被称为服务人员引导或标示引导，即向导式引导和自导式引导。不同景区的引导服务存在差别，采取的方式和设备也各不相同。如有的景区提供导游讲解服务，有的景区则是电子导游。

（3）景区的商业服务。包括接待设施服务、交通服务、商品服务、旅游纪念服务（摄像、照相设备）、生活服务（餐饮服务、零售服务）、游客设施设备维修服务等。

（4）景区的基础服务。基础服务包括景区的环境卫生、安全行为和良好秩序等方面。景区环境卫生服务的主要内容是保持景区环境卫生的整洁，设立足够的设施，配备足够的保洁人员。安全服务的主要内容是确保一切设施的安全可靠，性能良好，如交通设施、娱乐设施。维护景区治安，保证游客的人身和财产安全，良好的秩序是必不可少的。

三、景区运营管理

景区的运营管理是为了使景区的运营更加高效有序地进行。景区是多部门综合而成的整体，各部门业务各不相同，景区的运营管理是一项复杂的系统工程，包括以下内容：

（1）安全管理。景区安全管理对于景区的发展有着重要的作用。忽视景区安全管理，会给景区带来致命的影响。没有安全就没有旅游，旅游安全事故不仅给游客带来伤害，也会给旅游目的地、景区、旅游业带来损失，破坏景区形象。

景区应做好安全管理工作，主要包括：设置健全的安全管理机构，建立景区安全保障体系，培训各类安全员，培养员工安全意识，完善旅游安全标识，依法处理安全事故。做好安全防护工作，能有效减少安全事故发生。

（2）环境管理。景区的环境也是吸引游客的卖点之一，景区环境管理的工作有：景区内部自然环境的管理和社会人文环境的管理。内部自然环境的管理包括景区环境容量的确定与实施，景区环境质量标准的确定，景区内部卫生管理、绿化管理、生物保护、环境压力与经济效益之间的矛盾等。社会人文环境管理主要指景区员工与当地居民的环保意识、服务意识等。

（3）服务质量管理。景区主要推出的是服务类产品，因此，服务质量是决定景区营销效果和经济效益的最重要因素，是构成景区竞争力的关键内容。景区管理部门应根据景区服务的特点，采取有效措施，引入质量管理的标准和评价体系，对景区质量进行有效控制，提高顾客满意度，获得最佳效益。

（4）相关人员管理。景区内的相关人员包括三类：一是景区内的管理与服务人员，二是景区内的游客，三是景区内的社区居民。

第一，对于景区内的管理与服务人员，人力资源管理是景区管理的基本内容，牢固树立“以人为本”的观念，管理内容包括：制定完善员工管理制度；景区人力资源的配置、管理、培训；建立旅游服务质量管理与监督体系。其基本目的是吸引、保留、激励与开发景区所需要的人力资源，充分发挥景区员工积极性。

第二，游客是景区的上帝，但游客素质也参差不齐，这是导致旅游资源、环境被破坏的情况屡屡发生的原因。做好游客的服务与管理是景区的核心工作之一。游客管理中主要包括：正确引导游客行为；加强与游客的沟通，建立良好的沟通机制；通过合理的管理方式和技术手段加强对游客的管理。

第三，景区内的社区居民是景区当之无愧的主人。他们常年生活在这里，对当地的状况十分了解。当地居民对旅游的态度和对游客的态度直接影响到景区的发展。对当地居民的管理包括：处理好当地居民与外来游客的关系；处理好利益分配的关系；处理好景区管理者与当地居民的关系。

（5）营销管理。景区要完成既定目标，需要进行市场营销，即激发游客的旅游动机，更好的吸引游客前来景区参观游览。在景区竞争日益激烈、游客日渐成熟的情况下，营销更是关系到景区的生存与发展。市场营销管理的主要任务是：在对旅游市场进行调研的基础上，确定景区的目标市场，进行有效的营销设计（产品设计、经营决策、营销组合策略、促销、信息反馈）。

第四节　景区质量等级评定

1999年6月，为了规范和加强对景区的管理，国家质量监督检验检疫总局出台《旅游景区质量等级的划分与评定》（GB/T17775—1999），该标准于1999年10月1日起施行。2003年，在上述标准的基础上进行修订并发布《旅游景区质量等级的划分与评定》（GB/T17775—2003）。2003版的标准修改如下：增加了5A级景区；增加了人性服务标准要求；细化了资源和市场的影响力。2016年初，对标准再次进行修订。修订后的标准突出游览服务、综合服务、特色文化和信息化，强化了对环境质量的整体评价和对景区整体环境氛围的要求，凸显了景区生态化的发展导向。

标准的制定、修订与实施有利于加强对景区的管理，提高景区服务质量，维护景区和游客的合法权益，促进中国旅游资源的开发、利用和环境保护。

一、景区质量等级及标注方式

凡在中华人民共和国境内正式开业1年以上的景区，均可申请质量等级。景区质量等级划分为五个等级，从低到高依次为1A、2A、3A、4A、5A级景区，景区质量等级的标牌、证书由全国景区质量等级评定委员会统一制作，由相应评定机构颁发。景区在对外宣传资料中应正确标明其等级。景区质量等级标牌，必须置于景区主要入口显著位置。

二、景区质量等级的划分依据与方式

景区质量等级的划分应按照《旅游景区服务质量与环境质量评分细则》和《景观质量评分细则》的评价得分，并结合《游客意见评分细则》的得分综合进行。

经评定合格的各质量等级景区，由全国景区质量等级评定机构向社会统一公告。

（一）景区质量等级评定的申请工作

为加强景区质量等级的评定和管理，提升景区服务质量和管理水平，树立景

区行业良好形象，促进旅游业可持续发展，依据国家有关法律、法规和中华人民共和国国家标准《旅游景区质量等级的划分与评定》及相关评定细则，有关部门制定了《旅游景区质量等级管理办法》，该办法2012年5月1日施行。该办法中，对于A级景区的申请与评定程序做了明确的规定：

3A级及以下等级景区由全国景区质量等级评定委员会授权各省级景区质量等级评定委员会负责评定，省级景区评定委员会可向条件成熟的地市级景区评定委员会再行授权。

4A级景区由省级景区质量等级评定委员会推荐，全国景区质量等级评定委员会组织评定。

5A级景区从4A级景区中产生。被公告为4A级三年以上的景区可申报5A级景区。[①]

5A级景区由省级景区质量等级评定委员会推荐，全国景区质量等级评定委员会组织评定。

申报3A级及以下等级的景区，由所在地景区评定机构逐级提交评定申请报告、《景区质量等级评定报告书》和创建资料，创建资料包括景区创建工作汇报、服务质量和环境质量具体达标说明和图片、景区资源价值和市场价值具体达标说明和图片。省级或经授权的地市级景区评定机构组织评定完成后，应及时对达标景区进行直接对外公告，颁发证书和标牌，并报全国景区质量等级评定委员会备案。

申报4A级景区，由所在地景区评定机构逐级提交申请报告、《景区质量等级评定报告书》和创建资料，省级景区评定机构组织初评。初评合格的景区，由省级景区评定机构向全国景区质量等级评定委员会提交推荐意见，全国景区质量等级评定委员会通过明查、暗访等方式进行检查，对达标景区对外公告，颁发证书和标牌。

申报5A级景区，由所在地景区评定机构逐级提交申请报告、《景区质量等级评定报告书》和创建资料（含电子版），省级景区评定机构组织初评。初评合格的景区，由省级景区评定机构向全国景区质量等级评定委员会提交推荐意见。

---

① 李绍芃，于斌．文旅融合下的泰山文化遗产景区自导式解说系统优化研究 [J]. 山东农业大学学报（自然科学版），2019，50（2）：342-345.

（二）5A级景区质量等级评定步骤

全国景区质量等级评定委员会对申报5A级景区的评定步骤如下：

第一步，资料审核。全国景区质量等级评定委员会依据景区评定标准和细则规定，对景区申报资料进行全面审核，审核内容包括景区名称、范围、管理机构、规章制度及发展状况等。通过审核的景区，进入景观价值评估步骤，未通过审核的景区，一年后方可再次申请重审。

第二步，景观价值评价。全国景区质量等级评定委员会组建由相关方面专家组成的评议组，听取申报景区的陈述，采取差额投票方式，对景区资源吸引力和市场影响力进行评价，评价内容包括景区观赏游憩价值、历史文化科学价值、知名度、美誉度与市场辐射力等。通过景观评价的景区，进入现场检查环节；未通过景观评价的景区，必须两年后方可再次申请重审。

第三步，现场检查。全国景区质量等级评定委员会组织国家级检查员成立评定小组，采取暗访方式对景区服务质量与环境质量进行现场检查。检查内容包括景区交通等基础服务设施，安全、卫生等公共服务设施，导游导览、购物等游览服务设施，电子商务等网络服务体系，涉及对历史文化、自然环境保护状况，引导游客文明旅游等方面。现场检查达标的景区，进入社会公示程序，未达标的景区，必须一年后方可再次申请现场检查。

第四步，公示。全国景区质量等级评定委员会对达到标准的申报景区，在中国旅游网上进行七个工作日的社会公示。公示阶段无重大异议或重大投诉的景区则通过公示；若出现重大异议或重大投诉的情况，应由全国景区质量等级评定委员会进行核实和调查，做出相应决定。

第五步，发布公告。经公示无重大异议或重大投诉的景区，由全国景区质量等级评定委员会发布质量等级认定公告，颁发证书和标牌。

（三）景区质量等级的动态管理

景区质量等级评定不是终身制，而是实行动态管理，对已获评但一段时间后未达到相应档次的景区实行整改与摘牌措施。2015年4月，国家旅游局通报，2014年第四季度到2015年第一季度期间，山西忻州五台山、南京夫子庙秦淮观光带等9家5A景区存在问题，给予警告并限期整改，否则可能面临摘牌或降级。44家A级景区被摘牌，包括邢台临城丰乐园景区、南昌宝葫芦农庄两家4A级景区，南通城隍庙等20家3A景区。沈阳植物园景区受严重警告处分。

第三章

景区运营的管理特征

旅游景区是目前旅游业中争议最多的领域，也是旅游产业中最活跃的领域，因此，景区的运营应把握其主要特征，结合生态文化思想，积极开展种类多样的生态文化活动，增强生态意识，促进景区的发展。本章论述旅游景区的特征、评价与开发，分别对人文古迹类景区、自然风景类景区和人造景区的运营管理特征进行探究。

第一节　旅游景区的特征、评价与开发

所有存在于自然界和人类社会中，能对景区游客产生吸引力，激发景区游客的旅游动机，具备一定旅游功能和价值，可以为旅游业开发利用，并能产生经济效益、社会效益和环境效益的事和物都可以被称为旅游资源。旅游资源是一个内涵非常广泛的集合概念，在表现形式上丰富多彩，可以是自然的、人文的、人造的，亦可以是历史的、现代的。中国国土面积广大，从南到北、从西到东跨度大，地形结构复杂，形成了在种类、形式、组合等方面十分丰富的旅游资源。

一、中国旅游资源的基本特征

（一）多样性

中国是世界上旅游资源最丰富的国家之一，资源种类繁多，类型多样。以自然资源为例，我国所拥有的类型多样、富有美感性的、不同尺度的风景地貌景观在世界上是独一无二的，这也为旅游景区的运营奠定了丰厚的物质基础。中国不

仅有纬向地带性的多样气候带变化，还有鲜明的立体气候效应，尤其在横断山脉地区。中国不论南北东西都有繁花似锦的美景，不仅有类型多样的海滨、山地、高原、高纬度地区的避暑胜地，还有银装素裹的冰雪世界，以及避寒休闲度假胜地海南岛。多样的风景地貌和多功能的气候资源，为生物界提供了优越的生存栖息环境，使自然景观更加多姿多彩。此外，中国还是世界文明的发祥地之一，曾创造出辉煌灿烂的文化，遗存下来众多的人文旅游资源。不论是从旅游资源供给的角度还是从旅游消费的角度看，中国都拥有世界上种类齐全的旅游资源和要素，可以开发成为适合现代旅游发展趋势的各种旅游景区产品。①

（二）丰厚性

中国旅游资源不但种类多样，而且每种资源的积淀丰厚，拥有各种规模、年代、形态、规制、品类的资源特征。无论是古代建筑、古城遗址、帝都王陵、园林艺术、民俗风情，还是自然山水风景、海湖河流、山川原野，都多姿多彩，不可胜数，其资源之丰厚足以位于世界各国前列。以花岗岩山景为例，既有以奇峰怪石、辟天摩地的中生代花岗岩地貌而著称的黄山；也有因断层发育使巨大花岗岩体突兀凌空，以险称绝的华山；还有因花岗岩主峰特性而导致球状分化，从而形成的造型奇异的各种小尺度的风景地貌散落各地。

（三）古老性

中国是古人类的发源地之一，也是世界文明的发祥地之一，流传至今的宝贵遗产构成了极为珍贵的旅游资源，其中许多资源以历史久远、文化古老、底蕴深厚而著称。古老的华夏文明是中华民族各族人民共同的精神财富，既有各兄弟民族文化融合的结晶，又吸取了世界各民族文化之长。中华人民共和国成立以来发现的旧石器时代遗址数不胜数，遍及所有省、自治区、直辖市。在众多的古人类遗存中，以元谋人历史最早（距今170万年），周口店龙骨山的古人类遗物最丰富，龙潭洞猿人化石的一具头盖骨最完整。此外，远在数千年之前，中国的先人就开发和发明了一系列的工艺艺术、宏大建筑，在世界文明史上留下了辉煌的篇章。仰韶文化、半坡遗址、安阳殷墟、明清故宫、曲阜孔庙、万里长城、秦兵马俑坑等，无不以古称胜。

---

① 李晓琴．西部地区旅游景区低碳转型动力机制及驱动模式探讨 [J]. 西南民族大学学报（人文社科版），2013，（8）：128–131.

（四）奇特性

中国拥有数不尽的特有旅游资源，例如山水风光、飞禽走兽、花卉林木、古代建筑、文化艺术、工艺制品等，都拥有独特之处。在自然奇观方面，有一年一度的大理蝴蝶泉的蝴蝶盛会、洱源的万鸟朝山的鸟吊山奇景、能发出不同音符鸣叫的峨眉弹琴蛙、每年中秋的钱塘大潮、西藏高原上的周期性的水热爆炸泉、吉林松花江边的雾凇等。人文方面的奇景更是丰富多彩，秦始皇陵兵马俑坑和铜车马被誉为世界第八奇迹，已建成的兵马俑博物馆每年吸引上百万游人。长沙马王堆汉墓的完整女尸和大量帛书、神秘的三星堆遗址，满城陵山汉墓的金缕玉衣、丝绸之路上的楼兰古城和众多古迹、南昌西汉海昏侯墓，这些墓葬地和出土文物珍品成了吸引景区游客回溯历史的最佳场所。

异彩纷呈的旅游资源也得到了世界的认可。中国自1985年12月12日成为《保护世界文化与自然遗产公约》的缔约国行列以来，截至2018年，经联合国教科文组织审核被批准列入《世界遗产名录》的中国世界遗产共有53项（包括自然遗产13项，文化遗产31项，自然与文化遗产4项文化景观遗产5项），含跨国项目1项（丝绸之路：长安—天山廊道路网）。在数量上居世界第二位，仅次于意大利。

但是，中国旅游资源的真实存续状态并不乐观，很多旅游资源说起来很好、看起来很差、利用起来很难，其中尤其以人文旅游资源为代表。多样、丰厚、古老、奇特的人文资源，一方面由于战乱频仍、自然毁坏而残缺不全，另一方面由于人为有意无意地破坏而消失殆尽。其中后者对人文资源的摧残范围广、“力度”大。

二、旅游资源评价方式

旅游资源评价是从合理开发利用和保护旅游资源的角度出发，选择某些评价因子，运用科学的评价方法，对一定区域内的旅游资源价值以及外部开发条件等相关方面进行综合评判和鉴定的工作程序。其目的在于确定旅游资源的开发价值和开发顺序，明确建设方向，是旅游资源开发规划的重要内容，也是旅游景区运营管理前期的重点工作。评价的依据是由国家质量监督检验检疫总局发布的《旅游资源分类、调查与评价》（GB/T18972—2003）（以下简称国标）。

第一，将待评价的旅游资源进行归类。国标将旅游资源分为主类、亚类、基本类型三个层次。每个层次的旅游资源类型有相应的汉语拼音代号。

第二，展开旅游资源调查。旅游资源调查分为“旅游资源详查”和“旅游资源概查”两个档次。其调查方式和精度要求不同。“旅游资源详查”适用于了解和掌握整个区域旅游资源全面情况的旅游资源调查。要求对全部旅游资源单体进行调查，提交所有的“旅游资源单体调查表”。相比之下，“旅游资源概查”适用于了解和掌握特定区域或专门类型的旅游资源调查，只要求对涉及的旅游资源单体进行调查。相比较而言，前者的要求高，而且必须成立由环境保护、地学、生物学、建筑园林、历史文化、旅游管理等方面的专业人员参与的调查组。

第三，对旅游资源进行评价赋分。国标依据“旅游资源共有因子综合评价系统”赋分。系统设“评价项目”和“评价因子”两个档次。评价项目为“资源要素价值”“资源影响力”“附加值”。其中：“资源要素价值”项目中含“观赏游憩使用价值”“历史文化科学艺术价值”“珍稀奇特程度”“规模、丰度与几率”“完整性”五项评价因子。“资源影响力”项目中含“知名度和影响力”“适游期或使用范围”两项评价因子。“附加值”含“环境保护与环境安全”一项评价因子。

评价项目和评价因子用量值表示。资源要素价值和资源影响力总分值为100分，其中：“资源要素价值”为85分，具体分配包括：“观赏游憩使用价值”30分、“历史科学文化艺术价值”25分、“珍稀或奇特程度”15分、“规模、丰度与几率”10分、“完整性”5分。“资源影响力”为15分，其中：“知名度和影响力”10分、“适游期或使用范围”5分。“附加值”中“环境保护与环境安全”，分正分和负分。每一评价因子分为四个档次，其因子分值相应分为四档。

第四，计分与等级划分。根据对旅游资源单体的评价，得出该单体旅游资源共有综合因子评价赋分值。依据旅游资源单体评价总分，将其分为五级，从高级到低级为：五级旅游资源，得分值域>90分。四级旅游资源，得分值域为75至89分。三级旅游资源，得分值域为60至74分。二级旅游资源，得分值域为45至59分。一级旅游资源，得分值域为30至44分。此外还有：未获等级旅游资源，得分<29分。其中：五级旅游资源称为“特品级旅游资源”；五级、四级、三级旅游资源被通称为“优良级旅游资源”；二级、一级旅游资源被通称为“普通级旅游资源”。

三、旅游资源的开发基本原则

旅游资源开发的目标应该是基于可持续发展（sustainable development）理念，发挥、改善和提高旅游资源的吸引力，建设旅游景区，发展旅游业，同时推动目的地的社会、经济的发展。为了保证旅游资源开发的科学化、有序化，旅游资源的开发和建设过程应遵循以下四个基本原则。

（一）突出独特性原则

旅游资源贵在稀有，其禀赋高低在很大程度上取决于与众不同的独特性。这是它们能够对景区游客产生吸引力的根本原因。因此，突出旅游资源本身原有的特征，有意识地保存和增强这些特征具有十分重要的意义。在景区运营建设的前期，这一原则又具体体现在以下几个方面：

（1）尽可能保护自然和历史形成的原始风貌。任何过分修饰和毁旧翻新的做法都是不可取的。特别是对于自然旅游资源和历史旅游资源来说，这种做法只能削弱它们对景区游客的吸引力。在这个问题上，开发者必须要从景区游客深度体验的角度看待资源开发后的吸引力问题，不能凭自己的观念意识主观地决定。当然，对于那些虽有记载或传说，但实物遗迹“灰飞烟灭”的历史人文资源，可以根据史料或传说在原址重新或复建。即使如此，也要注意尽量反映其历史风貌，而不能生搬硬套、粗制滥造。

（2）尽量挖掘当地特有的旅游资源，以突出自己的独特性。不论是借用或开发自然和历史遗产，还是新创当代人造旅游资源，都要通过恰当的开发措施强化旅游资源的独特性。常见的手段包括强化或突出某项旅游资源在一定地理范围内最高、最大、最古、最奇、最全等，从而确保旅游景区未来的吸引力和竞争力。也可以用占位营销的思维宣传景区资源“最”的特色，例如，成都宽窄巷子宣传的“宽窄巷子最成都”（占概念）、商洛市宣传的“秦岭最美是商洛”（占资源）等。

（3）扎根当地“文脉”，反映当地的地理、文化特点。旅游的本质是一种经历，是在寻找差异，是从自己长期生活的地方到别人长期生活的地方的一种经历。景区游客前来访问的重要目的之一就是要观新赏异，体验异乡风情。如果开发后的旅游景区环境同客源地的情况无大差别，那么游客是不大愿意前来访问的。即使来过一次，以后也难再返故地重游。历史形成的街道、胡同、牌坊等城市形态作为完整表达建筑和城市意象的文脉，被成片、成街、成坊地拆除，“拆旧建新”的行为几乎每天都在上演。其实，“立新”不必“破旧”，尊重历史传统并不等于食古不化、拘泥于传统。相反，有意识地保留这些传统文脉，将使得这个城市更富有地方风味。但这并不是说一切只能“土”而不能“洋”，更不是说一切只能“旧”而不能“新”，要努力做到修旧，如旧，保留原貌，防止建设性破坏。旅游开发中应突出的民族文化和地方文化，尤其是在环境外观上要使其有民族和地方的特点。对于旅游服务设施的内部环境和设施非但不宜“旧”，反而必须要以符合游客的生活习惯并使其具有熟悉感为原则。

（二）经济效益、社会效益和环境效益相统一原则

旅游资源开发的目的是建设旅游景区，发展旅游业，拉动地方经济、解决就业等目的，实现一定的经济效益。因此，旅游资源开发当然首先要考虑当地社会经济发展的需要，实现经济效益。投资主体肯定会对开发项目的投资规模、建设周期、景区吸引力、回收期限及经济效益等方面进行投入—产出分析。但是，应该强调的是，经济效益不应该是旅游资源开发追求的唯一目标，必须强调经济效益与社会效益、环境效益相统一。在讲求经济效益的同时还要考虑开发活动要保持甚至促进社会效益和环境效益，否则，就会出现资源破坏、环境质量下降、社会治安混乱等负面影响，不但不利于当地旅游业的持续发展，反过来会毁了旅游业。因此，旅游资源在开发时必须满足八个条件。

（1）经济贡献。旅游资源开发会带来经济价值和就业机会的增加。

（2）环境因素。旅游资源开发在环境保护法律和法规允许的范围内。

（3）社会文化因素。旅游资源的开发没有危及当地居民的道德和社会生活。

（4）竞争影响。旅游资源的开发与现有的旅游业形成互补的形势，而非形成同类旅游资源开发恶性竞争的局面。

（5）可行性。旅游资源开发的具体项目必须在经济上可行。

（6）遵循地方政策和发展战略。旅游资源的开发必须遵循旅游目的地的政策、法规及规划的要求。

（7）旅游影响。旅游资源开发增加旅游目的地的旅游吸引力，改善游客量及其他有益于旅游业发展的条件，增加旅游业发展的潜力。

（8）开发和经营者的能力。旅游资源的经营者具备一定的开发经营实力。

（三）综合开发原则

综合开发对不同概念的旅游目的地有不同的意义。对于一个旅游接待国或者地域较大的旅游地区来说，通常存在有多种不同类型的旅游资源。综合开发通常是指在做好代表自己形象的重点旅游资源的同时，对其他各类旅游资源也要根据情况逐步进行开发。

通过综合开发，使吸引力各异的不同旅游资源结成一个吸引群体，使游客可以从多个方面发现其价值。对于一个地域较小的旅游目的地来说，综合开发则多指在开发其旅游资源的同时，从吃、住、行、游、购、娱等多方面考虑景区游客的需要，做好有关的设施配套和供应工作。

（四）生态保护的原则

开发旅游资源的目的是为了利用。然而，在某种意义上，对某些旅游资源，特别是对自然旅游资源和历史旅游资源来说，开发的本身就意味着一定程度的干扰或者破坏。因此，在开发旅游资源的同时，要注意着眼于对旅游资源的保护，不能单纯地片面强调开发而不顾对环境的破坏问题，即要秉持可持续发展的理念。不过，如果处理得当，开发未必会破坏，反而能起到保护这些资源的作用。因此，关键问题是如何设计、规划、建设，如果能巧妙地处理资源开发与生态环境之间的关系，就可以建立起良性循环的关系。

四、旅游资源的开发方式

旅游资源的性质、价值、区位条件、规模、组合、结构，以及区域经济发达程度、文化背景、法律法规、社会制度、技术条件等方面因素的不同，加之旅游资源开发的深度和广度不一，使得旅游资源开发的方式也趋于多元化。根据不同的影响因素和划分标准，旅游资源开发的模式可归纳为不同的类型。

（一）按资源类型划分的旅游资源开发方法

1.自然类旅游资源开发方法

自然类旅游资源是指由地质、地貌、水体、气象气候和生物等自然地理要素所构成的，具有观赏、文化和科学考察价值，能吸引人们前往进行旅游活动的自然景物和环境。自然类旅游资源以其特有的天然风貌和纯朴本色，对游客特别是来自城市的游客产生强烈的吸引力。它可供游客开展游览、度假、休憩、避暑、避寒、疗养、学习、漂流、划船、垂钓、狩猎、冲浪、滑雪、登山、探险、野营、考察等旅游和娱乐活动。有些自然类旅游资源不经过开发，仅靠原汁原味就可吸引游客开展旅游活动，但绝大多数自然旅游资源都要经过开发建设，才能方便普通游客进行旅游活动。旅游资源开发建设的主要内容是交通线路布设、协调配套的旅游设施，包括各种基础设施和旅游专用设施等。但是在建设的过程中，又要力求保持自然景观的原始状态，尽量减少人为因素的干扰和破坏。

自然类旅游资源一般具有观光游览、休闲体验、度假享乐、康体健身、科学考察以及各种专题性旅游等功能。一般来说，观光旅游为基本功能。此外，地质地貌类旅游资源还具有康体健身、登山探险、运动休闲、科考教育等功能；水体类旅游资源兼具有康体健身、漂流（潜水）探险等功能；气象气候与生物类旅游资源则具有休闲体验、度假享乐、科考教育等功能。

自然类旅游资源的开发一般要尽量突出资源的本色特点，在保障游客可进入以及环境保护设施达到要求的前提下，尽量减少和避免人为的干扰性建设以及资源地的城市化倾向，使之源于自然，体现自然。对于自然、人文相互交融的旅游资源，由于人类对大自然的长期作用，往往在资源地打上了深深的烙印，这类旅游资源的开发应在突出自然美的基础上，深入挖掘其文化底蕴，做到情景交融，自然美和人文美交相辉映、相得益彰。

2.文物古迹类旅游资源开发方法

中国是世界历史文明古国，文物古迹类旅游资源极为丰富。这类旅游资源是中国发展旅游业的优势所在，从某种程度来说代表了中国作为中华文明古国在世界上的旅游形象，其开发意义和价值巨大。

文物古迹类旅游资源具有观光游览、考古寻迹、修学教育、学习考察、访古探幽、文化娱乐等多种旅游功能。既可供游人参观瞻仰，又可进行考古研究和历史教育，同时还可以深入挖掘其历史文化内涵，开展形式多样、参与性强的文化娱乐活动，如文物复制、古陶器制作、古乐器演奏等。文物古迹类旅游资源一般都和历史文化名城相伴而生，并以历史文化名城作为依托。因此，对文物类旅游资源进行开发的时候，要着眼于历史文物古迹的修缮、整理、保护，并向游人说明和展示其历史价值之所在。此外，文物古迹类旅游资源的开发还要与城市的总体发展规划结合起来.使历史文化名城既保持其历史性和文化性，又能满足现代社会的需要。

文物古迹类旅游资源的魅力在于其历史性、民族性、文化性和科学艺术性，其开发应从展现旅游资源的历史价值、科学价值、艺术价值、民族文化价值、美学价值、稀缺性价值等方面入手，着重反映和展示旅游资源所代表的历史时期的政治、经济、文化、社会、文学艺术等的发展水平及其历史意义，着力打造特色鲜明、主题突出的文物古迹类旅游产品。文物古迹类旅游资源是在漫长的历史长河中逐渐形成的，具有不可再生性。一旦受到破坏.就会永远消失，因此在开发中一定要坚持“保护第一，可持续利用第一，在开发中保护，在保护中开发”的原则。

3.社会风情类旅游资源开发方法

异国风情、他乡风俗习惯也可以成为吸引游客的重要因素，中国的56个民族是社会风情类旅游资源最广泛的基础。该类旅游资源主要是以人为载体的，通过人的生产劳动、日常生活、婚丧嫁娶以及人际交往关系等行为方式表现出来。因此，参与性是其第一大旅游功能，动态性强是其第一大特点。社会风情类旅游资源往往具有表演性、活动性和精神指向性，体现当地独特的、不为人知的、差异性极强的民风民俗和人文特征。

与其他旅游资源地开发方式不同，社会风情类旅游资源的开发利用更强调参与性、动态性和体验性.要尽可能地使游客参与到旅游地的社会活动和民俗仪式中去，让他们对当地的社会风情、民族习惯有一个切身的体验。具体可以通过举办各种富有当地特色的旅游活动来吸引游客。不过，对这类旅游资源的开发一定要保持当地风情的原汁原味，不能单纯为了商用目的而改变或同化了当地民风民情的特色。

4.现代人工吸引物类旅游资源开发方法

近几十年来，中国的经济得到了持续较快的发展，随着交通条件的改善和各种基础设施的不断完善，各种现代人工吸引物大量涌现，成为一种新兴的旅游资源。这些资源主要可分为观光型和游乐型两大类。前者一般是节事活动、城乡风貌、城市功能性建筑或遗迹等，由于“新奇特”或“古旧少”而成为旅游吸引物。如上海的东方明珠电视塔，北京的鸟巢、水立方，南京1912等；后者一般是在市场成熟或资源贫乏地区专门为吸引游客而建造的主题公园，如深圳世界之窗、开封清明上河园、上海的迪士尼等。现代人工旅游吸引物一般具有参与性娱乐、演艺体验、观光游览、休闲游乐等旅游功能。但是建造人工旅游吸引物投资大、周期长，且要和周围的环境、已有建筑物相互协调，是一种难度较大的旅游资源开发模式。建造旅游吸引物需要在地点选择、产品定位、市场定位、规模体量、整体设计等方面都进行认真细致的调研，并要特色突出、个性鲜明，并在某一方面具有垄断性，注意大众化、娱乐性和参与性。

（二）按地域划分的旅游资源开发方法

1.东部地区的精品开发方法

中国东部地区的社会经济发展水平高，对外交往联系密切，市场范围广阔，高素质人才集中，已形成了环渤海、长江三角洲和珠江三角洲三个旅游发达区域，具有发展旅游业的综合优势。

东部地区旅游资源开发，应着眼于努力提升旅游产品层次和提高旅游资源开发水平。在原来旅游资源开发的基础上，着重突出构建旅游产品的精品项目，使低层次资源开发完全转变为高层次资源开发，为景区游客提供全面的、高质量的旅游产品和服务。在继续开发建设好观光游览旅游产品的同时，重点开发建设休闲度假、会展商贸旅游产品，根据国际上的中国旅游市场的需求，不断满足不同类别的旅游群体的需求。

2.中部地区的特品开发方法

从地理位置看，中国中部地区位于从沿海向大陆内部经济梯级发展的中间过渡地带，有着承东启西、延承旅游业发展、转送旅游客流的区位条件。在旅游资源开发时，中部地区应根据自身所处的区位位置，积极开展“联东启西”，把东部的旅游业发达优势和西部的旅游资源优势结合在一起，建立起传承旅游的独特优势。

中部地区的旅游资源开发，一方面应着眼于旅游设施相对落后的现状，努力加强基础设施建设，改善发展旅游的条件；另一方面要面对和东部旅游产品竞争所处的相对劣势，大幅度提高旅游资源开发和利用的水平，重点开发建设特色旅游产品的特品项目，即发展专题旅游，以便能够和东、西部旅游产品形成优势互补，来吸引从东部入境的海外游客和东部客源市场的游客。

3.西部地区的极品开发方法

中国西部地区地域辽阔，是中国地形最复杂、类型最多样的旅游景观区域，自然、人文、社会风情旅游资源极为丰富，正处在旅游资源待开发的旅游业发展期。其资源优势突出，但由于经济发展水平低，旅游观念、意识相对较为落后，绝大部分旅游资源正处于尚待开发状态。西部发展旅游业存在两大制约条件：一是生态环境脆弱；二是基础设施落后，旅游资源地可进入性较差。因此，西部地区发展旅游业的首要任务就是加快基础设施、服务设施和生态环境的建设，特别是旅游交通的开发建设。

西部地区的旅游资源不但数量多，而且种类丰富。很多旅游资源在全国甚至世界具有唯一性和垄断性。西部地区旅游资源开发，要充分利用这一重要优势，在大力发展旅游基础设施建设的同时，全力打造旅游资源开发的“极品”工程。一方面继续努力开发观光旅游产品，另一方面重点开发旅游极品产品项目，即开发具有不可替代性的专项旅游资源项目，面对和东、中部地区旅游产品的竞争劣势，能够以旅游产品的独有性和不可替代性来吸引境外及中国游客。如丝绸之路旅游产品、陕西历史文化旅游产品、云南风光及少数民族风情旅游产品等。此外，西部的沙漠风光、草原风光和高原风光等旅游产品，也非常具有市场竞争力。

（三）按资源、区位和经济条件综合划分的旅游资源开发方法

1.价位高，区位优，经济条件好：全方位开发方法

这类旅游资源地，旅游资源自身价值高，地理区位优越，且拥有良好的发展旅游业的经济社会条件，资源、区位、经济发展水平优势明显，因此，可以进行旅游资源的全方位开发。开发时要重视充分有效地利用各类旅游资源，开展丰富多彩的各种旅游活动，完善旅游活动行为所需的各类层次结构，从吃、住、行、游、购、娱六个方面，满足景区游客的需求。特别要重视开发购物场所和娱乐设施，提供专项特色服务，提高旅游服务档次，增加旅游收入中弹性收入部分的比例。

2.价值高，区位一般，经济条件差：重点开发方法

这类旅游资源地的资源很丰富，且价值高，对游客的吸引力强，但地理区位一般，经济发展水平较差。由于地方经济条件的限制，往往缺乏发展旅游业所必需的开发资金，因此，这类旅游地的开发要积极争取国家或上级政府的扶持资金；或转让资源开发经营权，多方争取区外、境外的旅游资源开发资金，有选择、有重点地开发一些受市场欢迎的旅游资源项目；同时进一步改善交通条件，提升旅游目的地的可进入性，并完善旅游服务配套设施的建设，提高旅游服务质量，促进地方旅游业的快速发展。

3.价值高、区位、经济条件差：特色开发方法

这类旅游资源地的资源价值高，而且往往带有很强的神秘色彩，对游客有很强的吸引力，但其地理位置偏僻、交通条件差、游客的可进入性差，加之地方经济落后，导致旅游资源开发成本加大。这类旅游资源大多处于未开发或初步开发状态。其开发的关键在于改善进出交通条件，因此，应当将改善区域交通条件作为突破口，同时，应有选择地开发一些高品位、有特色的旅游资源，开展一些市场针对性强的特种旅游活动，并逐步配备相应的服务接待设施，进而培育和改善旅游业发展的环境和条件。

4.价值低，区位好，经济条件好：参与性游乐开发方法

这类旅游资源地由于区位条件和区域旅游经济发展水平较高，因此具有发展旅游业的社会经济基础，但缺少高品位的旅游资源。旅游资源开发时要充分利用区位优势和经济优势去弥补旅游资源贫乏的劣势。在注重利用现有旅游资源的基础上，可开发建设娱乐型、享受型、高消费型的旅游开发项目。如参与性较强的主题公园类等人工旅游景区点，像游乐园、娱乐天堂、欢乐谷等。同时，还应看到当地经济发展水平高、居民消费能力强，旅游资源开发要注意完善旅游活动所需的各种配套设施，满足不同层次游客的需要。

5.价值、区位、经济条件都一般：稀有性开发方法

这类旅游资源地无明显优势，旅游资源价值、地理区位、当地经济发展水平都属于中间状态。旅游资源开发时，要注意对旅游资源进行分级评价，重点开发周边市场缺少、但又有可能受游客欢迎的旅游资源项目，创造区域内的重点旅游产品，还要进一步改善区位交通条件，提高旅游服务质量，赢得市场赞誉.同时加强对外宣传和促销，逐步树立鲜明的旅游形象。

第二节　人文古迹类景区的运营管理特征

人文古迹属于文化遗产范畴。人文古迹类景区是对历史古迹资源进行挖掘、整理、规划、开发等工作，从而建设成能够满足游客旅游需求或承担教育功能和经济发展使命的经营性或公益性景区。通常，人文古迹类景区包括文化遗产景

区、历史文化名城、古镇、历史街区、古村落、古遗址、古墓葬群等。

一、人文古迹类景区的特性

（1）公共物品性。因为人文古迹类资源属于文化遗产，因此为全民共有，它的所有权不归属于任何单位、团体和个人。公共物品具有非排他性和非竞争性。当人文古迹类资源被开发为旅游景区后，公共物品的属性并没有变化，只是增加了运营管理的成本，所以人文古迹类景区的门票价格应该约等于运营管理成本，而不能随意涨价，在国家财政能够支撑运营管理成本的情况下更应该免票。这是欧美旅游发达国家此类景区通行的做法，中国的一些遗址类、博物馆类旅游景区也已经向国际看齐。①

（2）不可再生性。作为历史留给人类的遗产，文化遗产是不可再生、不可复制的。一旦人文古迹类资源遭到破坏，它的文化价值、历史价值、艺术价值将随之受损，甚至消失。鉴于此类资源的不可再生性，应该在景区开发和管理中注重对它们的保护，这也是实现文化遗产代际公平、可持续发展的体现。

（3）文化多元性。由于人文古迹类景区是依托于不同历史时期的文物遗存开发建设而成的，因此此类景区的文化多元性体现得十分明显。皇宫殿宇、先人祠堂、名人故居、石刻壁画等都是不同文化符号的物质载体。这些文化符号就是景区运营管理的“基因”，应该保护和强化这些“基因”，形成差异性明显的吸引力。

（4）经营垄断性。人文古迹资源的个体唯一性决定了这类景区天然的垄断性。人文古迹资源巨大的文化差异性造成了以此为基础的旅游景区的垄断性。莫高窟、故宫、长城、秦兵马俑等景区都是一个个独立的垄断性景区，独此一家别无分店。由于资源的独立性，人文古迹类景区容易形成自然垄断经营。因此，政府必须对这类景区从票价、设施到人员服务等方面实行全面严格的监管和控制。

人文古迹类景区中具有突出普遍价值的景区被纳入世界文化遗产主要包括文物、建筑群、遗址。

二、人文古迹类景区的管理体制

中国文化遗产包括物质文化遗产（文物）和非物质文化遗产，其中人文古迹

① 刘耕，王晓明，张均强等．基于信令数据的旅游景区智能管控研究 [J]. 电子科技大学学报，2015，（5）：769–777.

类景区主要由物质文化遗产开发而成。物质文化遗产又分成两个子类：可移动文物和不可移动文物。前者一般依托博物馆保护和利用，后者一般通过成立文物保护单位来保护和利用，博物馆和文物保护单位就是常说的文博单位，从而形成了人文古迹类景区的主体。

（1）所有权属于国家。《中华人民共和国文物保护法》第五条规定：中华人民共和国境内地下、内水和领海中遗存的一切文物，属于国家所有。古文化遗址、古墓葬、石窟寺属于国家所有。国家指定保护的纪念建筑物、古建筑、石刻、壁画、近代现代代表性建筑等不可移动文物，除国家另有规定的以外，属于国家所有。国有不可移动文物的所有权不因其所依附的土地所有权或者使用权的改变而改变。因此，绝大多数不可移动文物的所有权属于国家，对其进行的管理应在公有制体系内。

（2）管理权要分级属地化。中国文化遗产的管理体系可以概括为“条块结合，以块为主，多级委托”。纵向多层级管理，主要是中央政府、地方各级政府以及各文物管理部门的管理；横向多部门管理主要由文化部、住房和城乡建设部、水利部、国家文物局、国家档案局、国家旅游局等国务院有关职能部门负责。各级地方政府把各类文化遗产交由各个部门管理，如文化、文物、建设、档案、旅游等部门。除了文物部门负责全面的执法及业务指导外，其他相关部门负责其日常业务管理。事实上，这又形成了一级委托代理关系。无论哪个部门，都从属于地方政府，从而形成了文化遗产管理中“块”状的分部门管理结构。而每一个地方管理部门又都有其上级的业务指导部门，从而形成了“条”状的分级管理格局。它们共同构成了文化遗产管理中横向分部门管理与纵向分级管理相交叉的格局。

因此，文化遗产的管理特征可以概括为：公有制基础上的部门与层级相结合（所谓条块结合）的、非营利性的委托代理管理。

三、人文古迹类景区的运营管理重点

（一）文物安全是运营管理的命脉

人文古迹类景区内部文物众多，这些文物既是景区吸引力的来源，也是景区运营“安全隐患”的主要来源。文物安全与游客安全一样是景区运营管理的头等大事。文物承载灿烂文明，传承历史文化，维系民族精神，是老祖宗留给的宝贵遗产。保护文物功在当代、利在千秋，文物保护的工作方针是“保护为主、抢救第一、合理利用、加强管理”。保护的同时，还要加强研究和利用，让历史说话，让文物说话。在传承祖先的成就和光荣、增强民族自尊和自信的同时，谨记历史的挫折和教训，以少走弯路、更好前进。

“文物安全”被称为旅游资源开发和运营管理的“高压线”，也就是景区运营管理的命脉。只要文物安全面临威胁或者出现问题，各种与文物有关的旅游活动肯定要被叫停。文物保护是一面镜子，折射出一个社会的文明程度。但是在实际工作中，由于文物管理部门强调“安全”，景区运营管理部门偏重“效益”，目标上的差异导致文物部门经常用或真或假的“苳物安全”来“说事”，所有权和经营权能否分离是矛盾的焦点。因此，有些地方将文物管理部门与旅游管理部门合并为文物旅游局或者成立较高级别的旅游管理委员会，来协调两者的矛盾与冲突。

（二）文化呈现是运营管理的亮点

文物的存续状态是“死”的，文物背后的文化是“活”的。景区运营过程中应该用各种手段让文物“说话”，将其背后厚重的文化“亮”起来。文字表述、图片展示、口语讲解等手段已经无法满足游客深度体验的要求。

自然风景类景区可以通过时下流行的实景演出来呈现景区背后的文化，凭借大投入、大场面、震撼的试听效果赢得游客的认可，同时赢得市场。以文物为主体构成的人文古迹类景区由于受到诸多“安全”限制，文化呈现的方式和手段有限。近几年，通过全息技术、360度环幕、五感体验、球幕电影等手段来再现文物及文物背后的文化内涵已经成为一种潮流，提升了景区游客的体验，增加了旅游景区的吸引力。现在的问题是呈现文化的硬件技术手段日新月异，而文化的内涵挖掘、呈现方式、迭代升级等“软件”却成为运营的重点和难点。

（三）降低甚至免门票是运营管理的趋势

人文古迹景区（应该也包括自然风景类景区）应该回归公益，降低门票价格，从长远看甚至应该免费。文物作为国家甚至全世界的公共资源，通过低票价或者免票来彰显其资源属性是应有之义。

从近期来看，人文古迹景区首先应该降低甚至免门票。因为传承文物的“历史价值、艺术价值和科学价值”是此类景区运营的重要历史使命，让更多的人学习历史、体验历史、传承历史，欧美等国家的各类博物馆、展览馆、遗址公园等实行低价或免门票制度就是例证。当然，降低甚至免门票的前提是要有足额的公共财政支出来支撑景区的正常运营，基于中国经济发展的实际状况，还不可能实行“一刀切”式的低价或免门票。

实际上，从全域旅游的角度来看，降低甚至免门票反而可能做大市场的“蛋糕”，提高景区所在区域的经济总收益.聚集环境、经济、社会的三重财富。以全国第一个免费开放的5A级景区——西湖为例，自2002年10月1日起开始免费，看起来是少了2000多万元的门票收入，但西湖并没有因此而亏钱，反倒比以前赚得更多了。他们提出了著名的“241”算法，即只要每个游客在杭州多留24小时，杭州市的年旅游综合收入就会增加100亿元。“免费西湖”的品牌，降低了旅游成本，使更多人愿意来杭州。游客增加和逗留时间延长，使杭州市餐饮、旅馆、零售、交通等服务行业都获得了新的发展空间，为杭州创造了大量的就业岗位和经济效益，促进了城市的整体经济发展。近年来，一些人文古迹类景区宣布降低门票或免门票，例如，重庆华岩寺、厦门南普陀寺等。

第三节　自然风景类景区的运营管理特征

自然风景类景区几乎囊括了“部门划分法”中的所有类型景区：国家自然保护区、国家森林公园、国家地质公园、国家水利风景区以及一部分国家风景名胜区。当然也包括资源价值更高的世界自然遗产、世界地质公园。

一、自然保护区及其运营管理

自然保护区指对有代表性的自然生态系统、珍稀濒危野生动植物物种的天然集中分布、有特殊意义的自然遗迹等保护对象所在的陆地、陆地水域或海域，依法划出一定面积予以特殊保护和管理的区域。

（一）自然保护区的分类

中国的自然保护区可分为三大类：生态系统类、野生生物类和自然遗迹类。生态系统类保护的是典型地带的生态系统。例如，广东鼎湖山自然保护区，保护对象为亚热带常绿阔叶林；甘肃连古城自然保护区，保护对象为沙生植物群落。

野生生物类保护的是珍稀的野生动植物。例如，黑龙江扎龙自然保护区，保护以丹顶鹤为主的珍贵水禽；陕西洋县朱鹮自然保护区，保护世界最濒危的鸟类——朱鹮。自然遗迹类主要保护的是有科研、教育旅游价值的化石和孢粉产地、火山口、岩溶地貌、地质剖面等。例如，湖南张家界森林公园，保护对象是砂岩峰林风景区；黑龙江五大连池自然保护区，保护对象是火山地质地貌。大类自然保护区中很多又属于国家风景名胜区、国家森林公园，个别保护区还属于世界自然遗产。例如，湖南张家界森林公园既是中国第一个国家森林公园，又是国家级风景名胜区，还是世界自然遗产。无论保护区的类型如何，都要遵循以保护为主的基本原则，在不影响保护的前提下，把科学研究、教育、生产和旅游等活动有机地结合起来，使它的生态、社会和经济效益都得到充分展示。①

（二）自然保护区的管理模式

中国现阶段的自然保护区实行综合管理和分部门管理相结合的管理体制，即统一监督管理与分类管理并存的管理体制。国家环保部门负责全国自然保护区的综合管理，林业、农业、地矿、水利、海洋等有关行政主管部门在各自的职责范围内主管有关的自然保护区。

中国目前自然保护区的管理模式大致有以下几种。

（1）行政主管部门管辖。

第一，单一专门管理机构。全国大多数拥有多种自然资源的自然保护区由所辖资源对口部门进行建设和管理（国家级自然保护区也由所属主管部门委托地方所在下属单位进行建设和管理）。

第二，中央部门直辖管理。国家林业局直接投资进行建设和管理，如卧龙保护区、佛坪保护区、白水江保护区。

（2）政区和保护区合一。如四川卧龙保护区、安徽鹞落坪保护区。

（3）风景名胜区、自然保护区合一。如黑龙江五大连池、四川四姑娘山和九寨沟。

（4）风景名胜区、自然保护区、森林公园合一。如黑龙江镜泊湖、湖南张家界。

---

① 刘少和，桂拉旦．西部地区 5A 级景区旅游产业融合集聚研究 [J]. 甘肃社会科学，2018，（5）：213–219.

（5）学校、科研单位和地方政府共管。如广东鼎湖山（中科院）、黑龙江凉水（东北林业大学）。这种管理体制可以发挥各部门的积极性，让各级政府和相关部门出资筹建保护区，减轻国家的财政压力，同时，有限的部门更有利于协作，提高管理水平。其缺点在于：管理力量分散，效率较低；机构设置重叠.协调和沟通有一定难度。

二、森林公园及其运营管理

森林公园是指具有一定规模和质量的森林风景资源与环境条件，可以开展森林旅游，并按法定程序申报批准的森林地域（国标GB/T18005—1999）。

（一）森林公园的设立和分类

中国多数国家森林公园是在原有的国有林场基础上转轨和重建而成的。中国第一个森林公园是张家界国家森林公园。1992年中国原林业部（现国家林业局）成立了森林公园管理办公室，各省、直辖市也相继成立了管理结构；1994年林业部颁布了《森林公园管理办法》，并同时成立了中国森林风景资源质量评价委员会，规范了国家森林公园的审批程序，制定了森林公园风景资源质量评价标准，把中国的森林公园分为国家级森林公园、省级森林公园、市县级森林公园三级。

国家森林公园是指森林景观特别优美，人文景物比较集中，观赏、科学、文化价值高，地理位置特殊，具有一定的区域代表性，旅游服务设施齐全，有较高的知名度，可供人们游览、休息或进行科学、文化、教育活动的场所，由国家林业局做出准予设立的行政许可决定。为树立国家级森林公园形象，促进国家级森林公园规范化、标准化建设，国家林业局于2006年2月28日发出通知，决定自即日起启用“中国国家森林公园专用标志”，同时印发了《中国国家森林公园专用标志使用暂行办法》。

（二）森林公园的管理特征

森林公园的开发建设，可以由森林公园经营管理机构单独进行，也可以由森林公园经营管理机构联合相关单位或个人，以合资、合作方式联合经营，但不允许改变森林公园经营管理机构的隶属关系。1995年，林业部发布行业标准《森林公园总体设计规范》（LY/T5132—1995），为森林公园的总体设计提供了标准和规范。森林公园的设施和景点建设，必须按照总体规划设计进行。在珍贵景物、重要景点和景区核心区，除必要的保护和附属设施外，不得建设宾馆、招待所、疗养院和其他工程设施。禁止在森林公园毁林开垦和毁林采石、采砂、采土等毁林行为。

一般森林公园机构设置包括：①森林公园管理处，下设资源开发与保护中心和综合管理部。其中，开发保护中心分为保护部和开发部：保护部分为生态环境保护部、旅游资源保护部、科研办公室，开发部分为资源开发部和基础设施开发部。②综合管理部，下设人事管理部、财务管理部、安全管理部、公共关系部。大型的森林公园在以上组织的基础上，在森林公园管理处下设立旅游部。它是旅游经营管理的中心环节，独立经营管理旅游业务。涉及跨行政管理部门，跨省、自治区的森林公园，应当在综合管理部门下设协调关系的部门，其人员可以由森林公园所归属的各相关部门组成，从而有利于各种工作的开展。

中国森林公园现有的经营模式的弊端表现在：第一，经营权、所有权与监督权的统一，缺乏有效监督管理，有可能导致资源破坏或过度使用。第二，政出多门，缺乏权威，协调不力。目前在国家森林公园内，建设、林业、水利、环保、旅游、文物等部门均代表国家行使相关资源的所有权和管理权，在行政级别基本相同的情况下，包括旅游局在内的相关主体没有形成唯一权威主体，形成 政令不一、协调困难的局面。第三，森林公园投入不足，防护能力较弱，在国家“封山育林”的政策约束下，收入下降，林业事业费有限，从而使森林公园建设和森林旅游资源的维护资金投入严重不足。

（三）森林公园的运营管理目标

森林公园运营管理的目标是保护具有特色的自然景观，维持历史、文化遗迹的风貌；维持现有自然资源、生物群落及物种的自然状态；提供游憩、科普教育的机会。森林公园运营原则是保护为主、适度开发、适度开放。

为达到以上运营目标，森林公园必须要加强规划工作，做好森林公园的总体布局。森林公园规划要以森林风景资源为依托，坚持“严格保护、统一规划、合理开发、永续利用”的原则，做到“二优先”“三同步”和“二注意”。“二优先”即风景资源评价和公园总体设计优先。“三同步”是基础建设、景观建设与保护设施同步规划、同步实施、同步发展。“二注意”包括：一要注意在森林公园内进行保护区分级工作，建立重点或核心的森林风景保护区，加强经常性监督；二要注意建立森林公园设计方案会审制度，严把审批关，对森林公园内的宾馆建设、索道建设、大规模游乐设施建设等要慎重考虑和审批。

三、地质公园及其运营管理

地质公园（geopark）是以具有特殊地质科学意义，稀有的自然属性、较高的美学观赏价值，具有一定规模和分布范围的地质遗迹景观为主体，并融合其他自然景观与人文景观构成的一种独特的自然区域。地质公园既为人们提供具有较高科学品位的观光旅游、度假休闲、保健疗养、文化娱乐的场所，又是地质遗迹景观和生态环境的重点保护区，地质科学研究与普及的基地。自1985年建立第一个国家级地质自然保护区——“中上元古界地层剖面”后，地质遗迹保护区的建立得到较快的发展。原国土资源部成立以来又组织起草了有关地质遗迹管理办法，并召开相关会议，促进该项工作的进展。

（一）地质公园的分类

依据批准机构的级别可以分为世界地质公园、国家地质公园、省级地质公园、县（市）级地质公园四个等级。由联合国教科文组织组织专家实地考察，并经专家组评审通过，经联合国教科文组织批准的地质公园，称世界地质公园（global geopark network，GGN）。中国目前共有39个世界地质公园。国家地质公园（national geopark）是由所在国中央政府（中国由原国土资源部代表）批准和颁发证书。中国目前共有213个国家级地质公园。省级地质公园（state geopark）是由省政府（由省国土资源厅代表）批准和颁发证书。县（市）级地质公园（county geopark）由县（市）级政府批准和颁发证书。另外，还可以根据地质地貌景观（geolandscape，简称地景）将地质公园划分为四大类：地质构造类、古生物类、环境地质现象类、风景地貌类。

（二）地质公园的管理特征

中国对地质公园实施分级管理体制。原国土资源部对地质遗迹资源的保护、管理与监督负有主要职责。对具有国际、中国和区域性意义的地质遗迹，建立国家级、省级、县级地质公园，分别由相应各级国土资源主管部门管理，对上级国土资源主管部门负责，同时归同级人民政府领导。为配合世界地质公园的建立，原国土资源部于2000年8月成立了国家地质遗迹保护（地质公园）领导小组及国家地质遗迹（地质公园）评审委员会，制定了有关申报、评选办法。

国土资源行政主管部门负责组织编制地质遗迹保护和合理利用规划，经环境保护行政主管部门审查签署意见，由计划部门综合平衡后报批实施。国土资源行政主管部门要对执行情况进行监督管理，在行政上并无权直接领导地质公园。由于中国部分国家地质公园的前身属于自然保护区或者国家风景名胜区，而且很多地质公园跨行政区域，导致了造成了管理体制不顺、多头管理的现象难题。例如，翠华山国家地质公园由西安翠华山旅游公司负责运营，直属上级是由西旅集团、长安区政府等入股成立的秦岭终南山世界地质公园旅游发展公司，同时还要接受市国土资源局、水利局、旅游局、林业局等政府部门的业务管理。

（三）地质公园的运营管理的目标

此类景区运营管理的首要目标依然是保护，地质公园保护的是地质遗迹。国际上，对地球演化过程中形成的重要而独特的地质遗迹，通行的做法都是建立国家地质公园予以有效保护，美国国家公园就非常具有代表性。

在保护的大前提下，平衡并逐步理顺错综复杂的管理关系。通过科学合理的运营手段，拓展地质公园的科学内涵、提升科学品味、树立景区形象、打造旅游品牌，将地质公园的价值最大化地呈现给游客，满足他们科普教育、度假观光等需求的同时，获取保护资源必要的经营收入。

四、自然风景类景区的运营管理重点

（一）安全管理是运营管理的关键

一般的自然风景类景区都具有面积大、情况复杂、可变因素多的特点。景区游客安全和资源安全是运营管理的重点。此类景区一般都有山、有水、有树、有动物，这些愉悦游客身心的资源要素可能会由于管理不到位或者游客自身的行为不当产生安全事故。例如，陡峭山体上防护设施的缺失或者破损导致游客跌落受伤或死亡。不当的水体活动会导致游客溺亡、保护区猛兽攻击游客导致的伤亡事件。此外，资源安全是景区运营管理的“高压线”。任何人为因素导致的资源破坏都会使景区停业整顿。缺少环境评估和整体规划的炸山开路、建宾馆别墅、修索道缆车等行为都会导致自然资源的不可修复性（生态灾难）的破坏。人影应该本着敬畏自然和守护自然的心态运营各类自然风景区，这样资源安全才有根本的保障。

（二）保护资源是运营管理的任务

资源安全是关键是运营管理的底线，而保护资源进入良性循环则是运营管理的目标。根据国际自然及自然资源保护联盟（International Union for Conservation of

Natureand Natural ReSources，IUCN）的组织宗旨——保证陆地和海洋的动植物资源免遭损害，维护生态平衡，以适应人类目前和未来的需要；研究监测自然和自然资源保护工作中存在的问题，根据监测所取得的情报资料对自然及其资源采取保护措施；鼓励政府机构和民间组织关心自然及其资源的保护工作；帮助自然保护计划项目实施以及世界野生动植物基金组织的工作项目的开展。旅游景区运营的中心任务也应该同IUCN的宗旨相同。

经过一百多年的研究和发展，“国家公园”已经成为一项具有世界性和全人类性的自然文化保护运动，并形成了一系列逐步推进的保护思想和保护模式。国家公园的未来趋势是：一是保护对象从视觉景观保护走向生物多样性保护；二是保护方法从消极保护走向积极保护；三是保护力量从一方参与走向多方参与；四是保护空间从点状保护走向系统保护。

（三）经济经营是运营管理的补充

部分景区经营者的更多的在乎钱，对于自然资源保护、可持续发展、游客体验、公共物品等很少关注。各类收费的经营项目无所不在，而且经常是坐地起价。事实上，各类自然风景区一般都有各种专项经费支持，在此背景下的急功近利最终会吞下恶果。要么游客对这些景区望而却步，将旅游经费花在国外的青山绿水上面；要么这些景区会受到主管机构的警告或制裁。2013年，联合国教科文组织给湖南张家界、江西庐山和黑龙江五大连池亮黄牌就是眼前的例证。在游客中心的适度经营活动，不仅能加深游客对景区的理解（如相关书籍、纪念品等），而且能方便游客。

立足中国自然风景区的特点，借鉴美国国家公园体制的优点，政府进行顶层设计，克服现实发展中的实际问题，落实“绿水青山就是金山银山”的大观念是未来景区运营的关键环节。

第四节　人造景区的运营管理特征

人造景区指人工建造的景区，尤其专指现代人工建造的景区，以与人文古迹类景区相区别。人造景区重点包括三种类型：博物馆、主题公园和历史文化街区。它们都是现代城市旅游所依托的重要旅游吸引物，在城市旅游发展，丰富市民文化生活、展现城市文化和城市品位方面发挥着特殊作用。人造景区的主要特征表现在三个方面：引领潮流与时尚、经营主体以非国有为主、运营无明显的季节性。

一、博物馆的运营管理特征

美国《简明不列颠百科全书》指出：现代的博物馆是征集、保藏、陈列和研究代表自然和人类的实物，并为公众提供知识、教育和欣赏的文化教育机构。美国博物馆协会认为：博物馆是收集、保存最能有效地说明自然现象及人类生活的资料，并使之用于增进人们的知识和启蒙教育的机关。

（一）博物馆的分类

外国博物馆，主要指西方博物馆，一般分为艺术博物馆、历史博物馆、科学博物馆和特殊博物馆四类。艺术博物馆包括绘画、雕刻、装饰艺术、实用艺术和工业艺术博物馆，也有把古物、民俗和原始艺术的博物馆包括进去的，有些艺术馆还展示现代艺术，如电影、戏剧和音乐等。世界著名的艺术博物馆有罗浮宫博物馆、大都会艺术博物馆、国立艾尔米塔什博物馆等。历史博物馆包括国家历史、文化历史的博物馆，在考古遗址、历史名胜或古战场上修建起来的博物馆也属于这一类。墨西哥国立人类学博物馆、秘鲁国立人类考古学博物馆是著名的历史类博物馆。科学博物馆包括自然历史博物馆。内容涉及天体、植物、动物、矿物、自然科学，实用科学和技术科学的博物馆也属于这一类。英国自然历史博物馆、美国自然历史博物馆、巴黎发现宫等都属此类。特殊博物馆包括露天博物馆、儿童博物馆、乡土博物馆，后者的内容涉及这个地区的自然、历史和艺术。著名的有布鲁克林儿童博物馆、斯坎森露天博物馆等。①

中国博物馆被划分为专门性博物馆、纪念性博物馆和综合性博物馆三类，国家统计局按照这三类博物馆来分别统计公布发展数字。截至2018年年底，全国备案博物馆5354家。在现阶段，参照国际上一般使用的分类法，根据中国的实际情况，将中国博物馆划分为历史类、艺术类、科学与技术类、综合类这四种类型是比较合适的。

---

① 刘云 . 大城市近郊旅游地产运营模式实证分析 -- 以昆明市为例 [J]. 学术探索，2014，（6）：70–74.

（二）博物馆的管理特征

（1）计划性明显，经费来源有限。由于长期的经济管理特征，中国博物馆系统形成了计划管理体制，大多数博物馆隶属于中央和地方文物、文化主管部门.在管理体制上形成了分系统和分级别管理相结合的方法，博物馆被规定为文物的保藏、研究机构和宣传教育机构。从资金来源看，国外发达国家博物馆主要依靠基金、协会、个人捐赠为主，而中国国有博物馆则主要依靠政府的财政拨款，几乎没有基金组织、个人和社团捐赠。这与博物馆不断增加的运营和维护成本之间的矛盾越来越突出。

（2）公益性质显现，供不应求。博物馆的性质决定了博物馆具有公益性质的特点。近几年，中国绝大部分国有博物馆逐步实现了免费参观制度（领票+预约）。履行了国有博物馆作为非营利的永久性机构，对公众开放，为社会发展提供服务的社会责任。但是，很多知名博物馆又形成了预约困难、一票难求等供不应求的现象。

（3）重博物馆建设，轻运营管理。博物馆的建设一般都会得到各级政府、事业单位的大力支持，其“符号”和“政绩”效果明显。但是，设计考究、装修精致的博物馆一旦投入运行，后续的运营便无人重视。常见的现象是藏品被精简、陈列展示系统不完整、环境卫生差、服务设施缺失等，博物馆的形式大于内容。

（三）图书馆的运营管理目标

藏品安全是运营管理的基本前提。博物馆藏品是国家宝贵的科学、文化财富，是博物馆业务活动的物质基础。藏品一般分为一、二、三级。其中，一级藏品必须重点保管。一方面，文化部和文物局可以通过调拨或借用文物系统所属各博物馆的藏品来保障安全；另一方面，应该建立以防盗为核心的安保系统，其目的是预防犯罪的发生，并且能及时发现危险以便得到有效的处理。目前，中国一些博物馆安防系统长期缺少维护，安防系统功能部分瘫痪，这些问题都使得博物馆的安全防范工作存在着巨大隐患。

非营利性是国有博物馆运营管理的核心。旅游业是一项靠知名度、美誉度和市场认知度来吸引游客的特殊产业，只要善于利用博物馆的公益形象就会成为博物馆长远发展的独特优势。博物馆在旅游运作过程中，应该更加珍惜自己的公益形象，把握商业化运作的尺度，避免负面消息，更不要利用负面消息进行炒作。

丰富游客文化体验是运营管理的重点。博物馆的功能定位是为公众提供知识、教育和欣赏的文化教育机构.是为社会发展提供服务，以学习、教育、娱乐为目的。这些功能必须通过不断丰富游客的文化体验来实现。单纯的静态陈列藏品并不能丰富游客体验，也不能呈现其背后深厚的文化内涵。景区运营中，应该通过优化解说系统、注重游客参与、建设数字化博物馆等方式全方位丰富游客体验、展示藏品价值、树立品牌形象。

二、主题公园的运营管理特征

主题公园（themepark）是根据某个特定的主题，采用现代科学技术和多层次活动设置方式，集诸多娱乐活动、休闲要素和服务接待设施于一体的现代旅游目的地。

主题公园是为了满足游客多样化休闲娱乐需求和选择而建造的一种具有创意性活动方式的现代旅游场所。它是根据特定的主题创意，主要以文化复制、文化移植、文化陈列以及高新技术等手段，通过虚拟环境塑造与园林环境为载体来迎合消费者的好奇心，以主题情节贯穿整个游乐项目的休闲娱乐活动空间。[①]

主题公园起源于荷兰，兴盛于美国。荷兰的一对马都拉家族夫妇，兴建了一个微缩了荷兰120处风景名胜的公园。此公园开创了世界微缩景区的先河。1952年开业，随即轰动欧洲，成为主题公园的鼻祖。现代大型主题公园起源于华特·迪士尼在美国加利福尼亚州兴建的迪士尼乐园，该园于1955年7月17日正式开幕。它将迪士尼电影场景和动画技巧结合机械设备，将主题贯穿各个游戏项目。由于能够让游客有前所未有的体验，风靡整个美国，进而传到全世界各地。从2018年接待游客总数来看，迪士尼位列榜首，环球影城娱乐集团排名第二。

（一）主题公园的分类

目前，国际上对主题公园还没有标准分类体系。

根据旅游体验类型，主题公园可分为五大类，分别是：情景模拟、游乐、观光、主题和风情体验、4D体验。

根据功能和用途，主题公园可以分为五大类，分别是：微缩景观、影视城、活动参与、艺术表演、科幻探险。

---

① 清帅，赵高送．基于4I理论的重渡沟移动互联网营销策略研究[J].中国商论，2018，（28）：44-46.

根据主题内容，主题公园可以分为自然主题公园和人文主题公园。自然类又可细分为：生命类（以动植物为主题，例如各地的动物园和海洋馆）和非生命类（以模拟自然景观为主题，例如宜昌的“三峡集景”）。

（二）主题公园的运营特征

（1）投入高、占地规模大、建设过程复杂。真正具有吸引力的主题公园一般都具有建设规模大、游乐设施新奇、文化内涵丰富、高科技手段复杂等特点，所以，一座有市场前景的主题公园一般都有投入高、占地规模大的特点。例如，上海迪士尼乐园占地390公顷，投资341亿元人民币。它也是中国大陆目前购入最高、占地规模最大的主题公园。主题公园的建设是一个比博物馆、科技馆、规划馆还要复杂的课题，需要考虑方方面面的软环境设计和实施、人体工程学和人物心理学等环境学。

（2）高门票、高消费。与自然风景类和人文古迹类景区相比，人造景区的门票和景区内消费水平都显得比较高。中国主题公园门票的价格基本是以百元为计价单位，公园内的一些项目还要再次买票。公园内的餐饮、食宿、旅游纪念品的价格也都很高。高门票、高消费的特征也与主题公园投资量大、生命周期短、回收期短等因素有一定关系。因此，在主题公园设计选址时，应首先考虑支付能力较强的经济发达地区。

（3）依存于周边客源市场。一般来说，主题公园周围1小时车程内的地区是其主打市场区位，这些地区人口数至少要达到200万人；2—3小时车程内的地区为其次要市场区位，人口也要超过200万人。此外，第三市场区位和远距离游客则主要依赖主题公园的品牌影响力和便利快捷的交通系统来导入。除了考虑周边客源市场规模之外，还要避免主题公园“扎堆”现象。同一区域内相同主题的主题公园呈密集性分布，势必会引起客源不足，从而导致企业恶性竞争的局面。

（三）主题公园运营管理的关键

（1）“贵”在慎重选址。位置是主题公园成功与否的“先天”关键因素之一。主题公园园址的确定必须根植于对周边客源市场的详尽分析和实地考察基础上，绝对不能凭空想象，轻率拍板。建设一个好的主题公园，应充分重视市场定位和市场趋势分析，对文化内涵做出正确的商业价值判断，提高重游率和投资收益比，并通过旅游乘数效应带动当地其他行业的发展。除了考虑周边客源市场规模之外，还要避免主题公园“扎堆”现象。同一区域内相同主题的主题公园呈密集性分布，势必会引起客源不足，从而导致企业恶性竞争。此外，主题公园在选择园址时还需充分考虑园址所在地区的交通条件，方便游客的自由出入。

（2）“命”在创意设计。创意设计是主题公园成功与否的“先天”关键因素之二。主题公园设计的主题选择需要创新思维，主题公园的经营更需要不断推陈出新。只有这样，主题公园设计才能带给游客新鲜感，生命周期得以延长。在进行主题创意与策划时，要紧紧围绕“游客的需求”，突出休闲娱乐的特性，表现“旅游新形态”。因此，发展商在主题公园的景观设计、旅游产品后续更新方面必须走在市场前列。20世纪80年代至今的数千个主题公园，其中很大一部分就是因为创意失败而烟消云散或者还在苦苦挣扎。例如，20世纪末大量兴建的西游记宫、鬼怪公园等。

（3）“久”在强化体验和不断更新。“久”是指主题公园的生命周期长，是主题公园成功与否的“后天”关键因素之一。目前，中国主题公园运营的突出特征就是生命周期性很短。很多主题公园在开业前几年达到某一峰值后就很难再次超越，开始走下坡路。造成这一现象的重要原因就是目前中国主题公园大多是静态景观造成的，游客进行的是走马观花的纯观光型活动，参与性娱乐项目比较少，乏味单调导致重游率低、口碑差。延长主题公园生命周期的方法主要包括强化游客体验和项目更新。强化游客体验的手段主要是设计各类游客喜闻乐见的参与性项目或者具有全新体验感的演出活动。例如，华侨城股份公司在编排广场演出节目上就不断创新，推出的《绿宝石》《创世纪》《江海》等大型舞蹈表演美轮美奂，吸引了很多游客；项目更新主要包括分期开发的“更新”和项目淘汰补充的“更新”。以深圳欢乐谷等为例，在较长的时间内，欢乐谷滚动开发，通过“建不完的欢乐谷”来保持新产品次第问世，延长了生命周期。

（5）“赢”在品牌营销。品牌知名度是主题公园成功与否的“后天”关键因素之二。主题公园的成败，主要受景区知名度、交通便捷度和游客满意度三大关键因素的影响。因此，通过形式多样的整体营销建立景区品牌，提升知名度就是主题公园赢得市场的关键。品牌知名度可以让消费者找到熟悉的感觉，可以降低景区产品购买风险，促使人们做出购买决策。从品牌营销的策略来看，中国应该多借鉴学习国外主题公园品牌营销的经验。例如，品牌形象广告投入多，重视多元信息传达和情感性的表述方式，广告隐性品牌信息多，注重消费者公关、媒介公关和政府公关等。

（5）“新”在“旅游+”。与“互联网+”类似，“旅游+”在主题公园发展过程中成为一种主流新趋势。“主题公园产业化发展”是“旅游+”的基本概括：即打造主题公园产业链，把主题旅游与主题房地产结合起来，再加上主题商业，突破了单一的旅游或房地产的概念，把关联产业相联合，互为依托，相互促进。地产、商业和公园的景观可以互为借用，三者的规划互为呼应，成为一个融居住、娱乐、商业等要素于一体的比较完善的居住系统。

另外，成功的主题公园还表现在收入来源的多样性。成功主题公园的收入结构中，门票收入只占20%—30%，不再依靠门票经济，而是将主要盈利点放在娱乐、餐饮、住宿等设施项目上，门票收入只作为日常维护费用。此外，还可以通过出售具备知识产权特点的旅游纪念品获得二次盈利，而且旅游纪念品的发售可以进一步扩大品牌的影响力，具备一种顽强的生命力。

三、历史文化街区的运营管理特征

历史文化街区，是指经国务院、省、自治区、直辖市人民政府核定公布的保存文物特别丰富、历史建筑集中成片、能够较完整和真实地体现传统格局和历史风貌，并具有一定规模的区域（狭义）。另外，某些虽然没有被政府核定，但是可以利用现存古旧街区，或者改建、新建古旧街区，并且在这些区域能够为游客提供购物、娱乐、美食、休闲等服务的区域，也可以称为历史文化街区。

历史文化街区最初产生在20世纪的老牌工业化国家——英国，并快速波及整个欧美。在工业化空前繁荣以及汽车交通普及而出现的旧城空心化及城市郊区化现象的背景下，通过政府、团体或私人投资，用包括修建新建筑、旧建筑修复再利用、历史性保护及改进基础设施等各种手段，使不少城市成功地复兴了衰败的城市社区，为市民创造了优美的城市空间和社区环境，使城市得以可持续发展。

在中国旧城改造和休闲体验旅游兴起的大背景下，历史文化街区也逐渐成为旅游体验的新载体。

（一）历史文化街区的分类

（1）历史遗存型。狭义的历史文化街区都属于历史遗存型，即保存文物特别丰富、历史建筑集中成片、能够较完整和真实地体现传统格局和历史风貌，并具有一定规模的区域。历史上长期存在的街区、建筑群、小镇村落等是此类型历史文化街区的构成主体，历史、科学、艺术价值是它们的独特价值。例如，安徽省屯溪老街、天津市五大道、福建厦门市鼓浪屿、重庆市磁器口等。

（2）拆迁改造型。目前，国际上大多数的历史文化街区都属于拆迁改造型。此类型的历史文化街区是依据一定体量的历史遗存和文化背景，通过拆迁改造、修旧如旧的方式“复活”的。拆迁改造的重点是改善交通、生活旅游设施、复建古旧建筑等。中国最具代表性有成都宽窄巷子、上海新天地、南京1912、西安永兴坊等；国外最具代表性的有美国以“苏荷”（South of Houston Street）为中心的石径街、法国塞纳河左岸的奥赛美术馆、英国的罗斯蒙特三角地等。

（3）修新如旧型。修新如旧型其实就是“人造”的历史文化街区，是通过新建或改建外形具有一定历史文化内涵的街区，以集中特色美食、展示民俗文化的方式吸引游客。交通便利、特色突出、体量不大、门票免费是此类历史文化街区的主要特征。例如，被称为“关中印象体验地”的袁家村，原来一个非常贫穷的关中农村，通过改建成为一幅20世纪五六十年代农家生活的画卷：古朴的小巷、林立的店铺、油坊、醪糟坊、豆腐坊、醋坊等“老”作坊、仿古的青石板、雕梁画栋的修新如旧的明清式建筑.等等。这个以乡村风土民情为切入点的人造街区突然在陕西乃至全国火爆起来，随后，“袁家村”模式被快速复制，兴平马嵬驿、周至水街、蒲城的重泉古城、富平的和仙坊、敦煌的月牙古镇等“人造”历史文化街区先后开业。

（二）历史文化街区的运营特征

不同类型的历史文化街区运营特征差别较大。

历史遗存型街区的运营强调保护和原生态，保护是第一要义。中国在1986年就正式提出并逐步立法进行历史街区的保护，因而，此类街区所谓的“运营”更应该被理解为保护前提下的维护管理：保护街区中的文物建筑不受破坏，约束并引导原住民的生活行为，改善交通条件等基础设施、争取相关部门的资金支持等，核心目标是原真性保护和功能性恢复。英国、法国、日本、中国都曾出台相关法律保护此类历史文化街区。例如，最早立法保护的法国，于1962年颁布了《马尔罗法》，规定将有价值的历史街区划定为“历史保护区”，制定保护和继续使用的规划，纳入城市规划的管理。保护区内的建筑物不得任意拆除，符合要求的修整可以得到国家的资助，并享受若干减免税的优惠。

拆迁改造型街区的运营强调回复旧街区风貌的同时，实现购物、娱乐、美食、休闲功能的完备。一般的运营特征是政府主导规划和拆迁、房地产商参与建设、专业运营机构运营管理。运营目标是以历史文化底蕴为特色，将文化、历史和商业相结合，满足人们购物、娱乐、美食、休闲等多项需求。

修新如旧型的运营强调生存。由于是“人造”的历史文化街区，虽然建设时受文物保护、规划审批、社区关系等的羁绊较少，但建成后的生存压力很大。建设此类街区的根本动力就是提供休闲旅游产品，从而获取经济利益，因此，“活下去”始终是此类街区运营管理的唯一诉求。

（三）历史文化街区运营管理的关键

对历史遗存型街区来说，保护街区风貌是运营管理的关键。文物保护的“高压线”不能碰，街区风貌更是不能破坏。不但要保护构成历史风貌的文物古迹、历史建筑，还要保存构成整体风貌的所有要素，如道路、街巷、院墙、小桥、溪流、驳岸乃至古树等。此类型的历史文化街区一般都是一个成片的地区，而且有大量居民在其间生活，是活态的文化遗产，有其特有的社区文化，不能只保护那些历史建筑的躯壳，还应该保存它承载的文化，保护非物质形态的内容，保存文化多样性。

对拆迁改造型街区来说，尊重历史改善环境是运营管理的关键。保护外貌、整修内部，设施完备，适应现代生活的需要。历史街区的建筑不必像文物那样一切维持原状，可以进行室内的更新改造，对历史性建筑要按原样维修整饰，对那些改动不合理的地方，维修时可恢复其原貌或原来的风格，对有悖于历史风貌的新建建筑可以拆除或改造，恢复历史原来的风格。此外，应当采取逐步整治的方式，尊重居民的意愿，保护居民利益，做到“政府主导，居民参与，逐步整治，渐进改善”，做好街区的保护、整治工作。以英国为例，政府投入巨资进行老区的环境整治，改善交通环境，借助民间力量和市场化运作；强调高品质的城市开放空间和步行系统的营建，融入功能混合的设计理念，渐渐形成点线面的街区网络覆盖。

对修新如旧型街区来说，有特色有客流是运营管理的关键。“规划—建设—招商—开业”是该街区运营管理的常见模式，在这一过程中，规划阶段是重点也是难点，如何把金市场经济的“脉搏”，抓住消费需求的“痛点”，从而形成自身的特色是关键。形成特色的主要途径是从历史文化中挖掘特色，其中集中再现、历史穿越、功能混合等都是挖掘特色的具体手段。例如，袁象村将关中的各种地方小吃以怀旧的乡土性和原真性集中在修新如旧的狭小街区，时空穿越般的体验形成了不一般的特色。另外一个关键是区位选择和地块特征分析。区位方面首选一、二、三线城市核心商圈位置或一、二线城市区域副中心核心位置，其次为一、二、三线城市核心商圈3公里范围以内，或区域副中心与主城核心商圈交界处。这样的区位选择有利于保证一定的客流量，也有利于打造城市客厅的市场地位；地块特征方面，一般要求历史遗风深厚、项目规整、边界清晰、临主干道、有较长沿街展示面、交通便利，可建商业面积不少于5万平方米。由于其目的在于打造整体文化氛围，因此没有一定的体量，街区就会没有纵深，整体文化氛围就无法突出，时空变换般的独特文化感受效果就会降低。

近几年，修新如旧型街区的模仿和复制成为一种潮流，各种新建的古街、古镇、古村等人造历史文化街区扎堆开业、遍地开花。残酷的市场规律告诉.简单模仿失去特色的旅游产品只能是死路一条，历史和现实正在证明这一规律。

无论是哪种类型的旅游景区，可持续发展应该是运营管理的核心指导思想。1995年，联合国教科文组织、环境规划署和世界旅游组织等在西班牙召开的“可持续旅游发展世界会议”上通过的《可持续旅游发展宪章》指出：旅游具有双重性，一方面能够促进社会经济和文化的发展；同时.旅游业加剧了环境损耗和地区特色的消失；可持续旅游发展的实质，就是要求旅游与自然、文化和人类生存环境成为一体，自然、文化和人类生存环境之间的平衡关系使许多旅游目的地各具特色，旅游发展不能破坏这种脆弱的平衡关系。可见，对旅游资源及其生态环境的保护，对旅游业的可持续发展极其重要。一方面，旅游资源及其环境特色的存在，是旅游业存在和发展的基础。旅游资源是有限的，旅游活动造成的环境损耗和地方特色逐渐消失，实质上就是对旅游资源的消耗，因此旅游发展必须切实保护好旅游资源，使其可持续利用水平不断提高。另一方面，旅游资源可持续利用和良好的生态环境状况，又是旅游业可持续发展的重要基础。旅游资源的真正可持续利用是建立在生态环境承载量不断提高的基础之上的。因此，必须把旅游资源保护和利用提高到战略高度上来认识。

事实证明，旅游业发展到今天，人们不能再像以前那样无节制地利用和开发旅游资源，必须寻求一种有效的资源管理方式来保证旅游业的可持续发展，应当追求在保护旅游资源的前提下，实现旅游资源开发利用的最优化，既能保证游客的旅游质量，又能满足旅游开发者的利益要求，实现环境保护与旅游发展的双赢。

第四章

景区运营管理

景区运营是景区管理者通过对景区人力、物力、财力、信息等资源的有效合理运用，实现对景区服务、管理、开发、策划、营销等的全方位建设，达到景区经济、社会和环境效益最大化，从而实现景区持续发展的综合性活动。生态文化思想下的景区运营管理能够保护景区自然环境的完整性，追求自然生态价值和经济价值的平衡。本章分别对景区日常服务管理、环境容量管理、景区游客管理、景区标准化与质量管理、景区旅游安全管理以及景区资源管理进行探究。

第一节　日常服务管理

一、景区饮食服务设施的规划和管理

景区饮食服务设施属于商业性服务设施。在景区内设立能为游客提供食品和饮料的商业网点及设施是景区的重要任务也是景区赢利的来源之一。景区饮食服务在旅游供给中扮演着重要角色。合理的景区饮食服务设施规划和管理是景区提供优质餐饮服务的基础和保障。

（一）景区饮食服务设施的类别与特点

景区饮食服务作为景区游览的支持性服务，与其他的饮食服务相比，有其特殊要求。考虑景区饮食设施规划首先需要考虑景区的主要饮食服务类别。

1.景区饮食服务需求的分类

景区饮食服务需求大致有如下几种类型：

（1）团队用餐。旅游团队的用餐时间和地点都比较集中，因此景区要拥有足够的接待能力，包括场地、设施设备、服务人员和短时间提供大量优质饮食产品的能力。由于在旅游旺季中，游客数量的剧增加大了景区饮食服务的压力，因此卫生问题和用餐秩序问题将会比较突出。

（2）特色用餐。景区的饮食服务作为景区整体服务的一部分，其餐饮风味特色应与旅游地相一致。景区饮食的特色能增加景区的旅游吸引力，其本身也可能成为旅游吸引物的一部分。

（3）外卖和快餐服务。外卖和快餐服务可以满足部分节省时间游客的需求，还可以减少旅游旺季景区餐厅的压力。外卖和快餐都要求速度快、易携带和卫生。①

（4）休闲餐饮服务。休闲餐饮一般出现在景区的出入口，为游客提供环境优美的歇脚处。但有部分特殊的休闲餐饮已经形成其独特的休闲文化，自身也成为旅游吸引物。此外，该服务的消费者的文化和收入水平都比较高，消费能力强，对环境和服务的要求也比较高。

2.景区饮食服务设施常见类别

景区饮食服务设施常见类别包括酒吧/小酒馆、小餐馆/家庭旅馆、茶馆、快餐/外卖、民族厨艺、国际烹饪、野餐地、摊贩/自助式销售。

（1）酒吧/小酒馆。常见景区酒吧有三种类型：

第一，民族风情酒吧。主要分布在少数民族地区，酒吧里洋溢着浓郁的民族网情，使游客流连忘返。

第二，异国风情酒吧。一开始，景区异国风情酒吧的经营者通常为游客，他们旅游到该地，被当地美丽的自然风光和独特的民族风情所吸引而停下来。典型的异国风情酒吧分布在大理的洋人街、漓江和丽江等地。酒吧里融异国风情与少数民族风情于一体，常被人们戏称为“民族的异国风情”，是国际上青年游客经常逗留的地方。

第三，都市酒吧。都市酒吧文化常常能吸引很多外地游客甚至国际游客前来消费。酒吧一般不设在景区里，但却因独特的酒吧文化让自身成为游客到该城市

---

① 孙健慧，张海波.旅游景区低碳运营过程和影响因素探析[J].企业经济，2019，（2）：13–19.

必去的游览目的地之一，如北京的三里屯酒吧，对于外来人而言，其品牌知名度是非常高的。据说在三里屯周边三公里的范围内拥有全北京40%以上的酒吧，这意味着约200家的规模。在旅行社介绍的北京常规旅游线路中也都会将莓作为卖点之一。

（2）小餐馆/家庭旅馆。在景区中小餐馆极为常见。由于经营成本低，几乎不存在进入壁垒，因此其档次参差不齐，管理难度大。但很多游客喜欢的特色小吃却正是产自这种家庭作坊式的小餐馆。家庭旅馆和小餐馆一样，也会提供一些简单但是很有特色的饮食服务，颇受游客的喜爱。家庭旅馆在中国虽然数量不多，但作为新兴事物需要积极引导和合理管理。

（3）茶馆。中国的景区内常常可以看见茶馆的身影，它的繁荣与中国历史悠久的茶文化是分不开的。茶馆原为解渴而设，后来也开始供应点心和餐点，并提供一些当地的传统文艺小品表演，逐渐成为人们喜爱的休憩地之一。许多茶馆正因其独特的餐点和表演而闻名遐迩。此外，名人的茶馆“情结”为茶馆增添了不少色彩。茶馆常在景区中见缝插针，可现身于少数民族的风雨桥上，也可现身于景区入口处。后者常与茶叶的销售结为一体。茶馆对环境、选址和服务的要求都比较高，装修风格和文化渲染常与景区的氛围一致，这不仅有助于茶馆格调的攀升，也能为景区增添色彩。

（4）快餐/外卖。其特点在于便利性和快速服务，让消费者不必排队等候很久，就可以迅速取得食物。很多景区内的快餐和外卖不仅有类似麦当劳、肯德基这样的速食连锁店，很多中餐的快餐和外卖也日益红火起来，从而满足游客的更多需求。

（5）民族厨艺。地方政府通常会引导富有民族特色的地方饮食业形成地方饮食品牌。这种特色地方饮食可以在固定场所也可以在每年的固定时间成为景区的特色饮食产品，并成为景区吸引游客的吸引物。

（6）国际烹饪。国际烹饪通常出现在景区美食节或是提供异国饮食的景区餐厅中。然而，这种国际烹饪的主要服务对象已经变为中国游客了。

（7）野餐地。景区规划时可以充分考虑游客需要，设置相应的野餐地。野餐地不是饮食服务设施的组成部分，却是不少游客用餐的选择，是景区饮食接待服务设施的补充。通过引导与管理，景区野餐地不同于一般的野餐地，应该是通风良好、视野开阔、环境清幽、可以自助与半自助相结合的饮食场所。野餐地可以适当建造凉亭等建筑小品。

（8）摊贩/自助式销售。主要销售饮料和小包装的简易食品。有些摊贩还会销售当地的土特产甚至熟食。这两种类型的服务设施给游客带来了极大的便利，但自助式销售在中国还比较少见。此外，摊贩由于销售的餐饮产品比较复杂，投诉较多，成为景区管理的难点。因此，景区应该考虑增加自助式销售点，加强景区摊贩管理。

3.景区饮食服务设施的特征

（1）从属性。景区饮食服务设施从属于景区，其设施风格应当与当地的旅游景观风格保持一致。设计较好的景区饮食设施，不仅主要建筑风格与景区保持一致，垃圾箱、水池、小品等也是如此。如苏州的饮食服务设施的建筑风格和苏州的园林风格保持高度一致，即使是外来的美国品牌连锁店麦当劳的建筑风格也是如此，不会造成景观的冲突，还有力地烘托了景区的历史文化氛围，从而给游客留下了完整的苏州印象。

（2）协调性。景区饮食服务设施的协调性源于本身的从属性。协调性包括自身的协调性和景区饮食服务设施整体的协调性。自身协调性强调饮食设施单体的协调，要求景区饮食设施既要考虑到其顾客容量的最大化，从而达到赢利最大化，同时也要考虑到客源的分流，做好两方面的协调工作。景区饮食服务设施整体的协调性强调景区宏观上的协调性，数量要有所控制，协调好满足游客的生理需求、保护景区景观、做好饮食服务设施分流三方面的关系。

（二）景区饮食服务设施的规划与布局

1.景区饮食服务设施的规划原则

（1）经济原则。配套设施的选择不仅要符合市场规模，力争达到经济效益最大化，同时还要考虑投资能力、日常维护费用和淘汰速度，力求经济实惠，避免盲目配套造成浪费。景区内饮食业服务设施的建筑面积，可以根据《旅游规划通则》中的相关配置指标进行配置。采用在区内接待总床位数的基础上，按0.4—0.6平方米/床的指标作估算。对于景区，还应该进一步考虑景区的留宿率与用餐率的比例关系。

（2）一致原则。即景区饮食服务设施应与景区性质和功能相一致，不能设置与景区性质和规划原则相违背的设施，必须按照规划确定的功能与规模来进行。设施的配套应满足基本使用要求，避免造成游客的不便。

（3）弹性原则。波动性是旅游市场的显著特征。景区饮食服务设施配套应考虑到旅游淡旺季对旅游需求的影响，使之有一定的灵活适应能力。

（4）适度集中与平衡原则。景区的饮食服务设施在空间布局上可以适度集中以形成规模及便于管理，但也应注意分布的空间平衡，避免将饮食服务设施过度集中，增加旅游团队接待的压力，从而给景区游客创造更安静、舒适的餐饮环境。

2.景区饮食服务设施的布局

景区饮食服务设施的布局应充分考虑旅游行为，如起始点准备、顺路小憩、中途补充、活动中心、歇脚以及过夜等。这些设施可以作为旅游地景观的组成部分，设计上力求有特色，同时又是很好的观景场所，并有多种功能，如餐饮、文娱活动等。

酒店和少数社会餐饮中高档餐厅承担主要的中高档餐饮服务，更多地为当地企业、商务客人、会议旅游服务。市区高档餐厅的选址对环境要求比较高，可以是优美的水系沿线附近，或国际会议、会展中心和高档酒店附近，但选址在水系沿线的餐厅要特别注意污水的处理和排放。在比较繁华的中心布局高档餐厅可以方便本地企业以及商务型游客。“小吃一条街”与“大排档”可安排在步行街附近，与周围的中高档餐厅合理配套，形成优势互补。

在景区里，先将游览线路按照人的体能划分为几段，再在体力消耗快速的游览线路段的末端，插点设立摊贩和自助式销售等速食食品的销售点。可以增加游客在游览过程中的休息场所，有效恢复游客的体能并使之回味前面游程中所感受的愉悦感，此外，对垃圾和污水的处理也比较容易控制。

对于有较高级别饮食特色的景区，应当增加部分高档餐厅，利用该地的农副产品资源，推出特色食品，增加该景区吸引力。特色餐饮甚至可以成为景区新的吸引物之一。酒吧和茶馆等休闲饮食服务场所可以设在比较繁华的地段和景区游客比较集中的地方，成为景区游客的歇脚场所，甚至也可以和特色饮食一样形成景区中新的景点。茶馆由于占用的空间可大可小，因此也可以设在景区内部，凭借其独特的艺术表演和特色糕点吸引一定量的游客。

各景点可设定点餐厅，为旅游团队提供规范化服务，解决游客就餐问题。

餐厅要确保卫生、安全和食品质量。定点餐厅的餐位数量可以以景区的床位数为参考标准。对于有较多海外游客的景区，应增设涉外定点餐厅。涉外定点餐厅餐位数量不必很多，但应注重环境和氛围的营造，尤其注意餐厅设计与当地的民族特色相结合，从而给海外游客留下深刻的印象。餐厅在消防安全、卫生、服务质量等方面要有更高的要求。

（三）景区饮食服务设施的营运与管理

景区应当加强对区内饮食服务设施的行业管理，从而保证旅游活动的顺利进行。通常景区内提供饮食服务的经营实体比较复杂，行业服务标准难以统一，造成管理上的困难。结合中国景区饮食服务设施的成功经验，可以采取如下运营与管理方法。

（1）实行旅游定点餐饮挂牌制度。旅游定点餐饮服务应符合国家关于食品卫生的规定，配备消毒设施，减少乃至禁止禁止使用对环境造成污染的一次性餐具，规范餐饮服务，逐步改善就餐环境。

（2）控制饮食质量与卫生，减轻对景区的饮食污染。景区饮食的初加工最好安排在景区外或景区的加工区，对于一些快餐类的饮食，应先加工好，再在合适的地点销售，从而减轻对景区的污染。此外，还应严格控制进入景区的饮料和食材，从源头上控制景区内饮食的质量和卫生。

（3）统一监管饮食排污处理，利用废物削减方法进行评价。对饮食服务设施的排污处理进行统一的监管，保证各饮食服务个体都有合格的防污措施和设备，尽量避免危害景区景观现象的产生。同时，景区应配备一些垃圾回收设施，并采取相应的措施，保证景区的整洁卫生。此外，还应向饮食服务个体普及环境管理的概念，利用废物削减的方法对其进行评价。

（4）规范家庭式餐饮服务，不定期进行抽查。家庭式餐饮服务给游客提供价格较为优惠的农家菜、野味、绿色食品及当地土特产等，还可以使游客在就餐过程中真正感受到当地饮食文化。对这种服务方式一方面要大力扶持，另一方面要加强规范管理，真正做到经济、卫生、独特。

（5）加强特色饮食的品牌管理。很多景区都有丰富的特色餐饮。市场上出现的旅游产品中，特色饮食已经成为其中重要的一部分，各大旅行社在旅游线路中也会安排当地的特色饮食，以增加其产品的吸引力。然而，到目前为止，大部分饮食服务企业规模较小，且缺乏品牌意识。因此，景区可以有针对性地扶持几种景区的特色饮食，将饮食文化的推介纳入整个景区的促销计划当中，将其推向全国乃至海外市场。

（6）及时处理游客投诉。将景区饮食服务的售后服务纳入景区管理当中，及时并合理地处理游客的投诉。许多游客有在景区用餐的不愉快经历，卫生、服务态度和价格等都是不愉快经历的原因。由于在景区没有反馈意见的渠道，甚至出现了一些餐饮事故也没有得到合理解决的事件，因而在网络或其他新闻媒体上出现了很多关于某景区的负面消息。收集游客反馈意见，不仅有利于加强对景区内各饮食服务个体的管理，也有利于增加游客对景区管理的认同度，使游客有愉快的旅游经历。

二、景区住宿接待设施的规划和管理

景区住宿接待设施是旅游服务中的一个重要组成部分。合理的景区住宿接待设施规划与管理是景区提供优质服务的重要保障。

（一）景区住宿接待设施的类别

住宿接待设施的类型主要包括饭店、宾馆、旅馆、招待所、度假村、酒店式公寓、野营地、休养所等。以下对其中几个进行介绍：

（1）宾馆。宾馆主要是不定时并且不用预约地为旅行者提供住宿接待及餐饮服务。景区中宾馆对环境的要求比较高，应与周围环境融为一体，单体规模不能过大。

（2）度假村。度假村包括多组各自呈团组布局的接待设施单元组成的区域，并围绕一个餐饮、娱乐设施集中的核心进行布局。它是一个自给自足的实体，在统一管理下，为客人提供一个成熟度假区所应有的所有服务。接待设施单元除了提供内含餐饮的服务外，还可以为客人提供自助厨房，专门为家庭和个人使用者设计。同时，度假村很注重休闲功能的打造，是集旅游生活、健身娱乐、怡情养生、社会交往等多种功能于一体的场所。度假村的建设，重在营造一个优美舒适的生活环境，辅以高雅文明、丰富多彩的文娱生活，给人们以可居、可留、可观、可游的印象。

（3）酒店式公寓。酒店式公寓是指按照酒店客房模式设计的公寓或以酒店服务模式为物业管理方式的公寓。它的工作原则是“酒店式的服务，公寓式的管理”，是新兴的一种只做服务、没有酒店经营的纯服务公寓。与传统的酒店相比，在硬件配套设施上毫不逊色，而服务更加家庭化。由于它吸收了传统酒店与传统公寓的长处，因此，备受投资人士以及在中国工作的外籍商务人士的青睐。

其特点是成本回收快、风险小；市场需求旺盛、投资回报率高；分布比较零散，同一家公寓，其房间可能分布在不同楼盘，即使在同一个楼盘里，也可能零散地分布在各个楼层；这种布局特点比较私密，也给管理和服务水平的提升带来了困难；服务多为自助，大多数不提供随叫随到的客房服务，但一般都配有厨房，有厨具、冰箱、洗衣机，有的还配有微波炉；房内普遍配有免费宽带，可以上网、办公。

（4）野营地。野营地是指一个自然环境优美、气候条件适宜，经过规划设计与开发建设后，可以用于露天生活，并拥有帐篷或其他可居住的构筑物，同时向游客提供娱乐场所、卫生设施，具有一定安全设施的地区。野营地在国外景区中较为普遍，随着中国自助游的兴起，中国景区中也出现了一部分野营地。在野营地里，一般要配备有卫生设施、排污系统和野营设施，还可能包括餐厅或自助餐厅、汽车维修站、商店、室内和户外游憩设施和其他服务设施。

（二）景区住宿接待设施的规划与布局

景区住宿接待设施规划主要是指对景区内的饭店、宾馆、旅馆、度假村、野营地以及能为游客提供住宿服务的场所的规划。做规划前需要在对现状进行深入调查的基础上进行科学的预测，因此必须对当前情况下景区内住宿设施的规模、档次进行全面的调查，从而为下一步的规划奠定基础。

景区住宿接待设施建设必须以客源市场为导向，并根据客源流量、流向、构成和消费水平来确定饭店的数量、布局、档次和类型。大致遵循如下原则：

（1）景区住宿接待设施的数量和档次要适度超前。

（2）景区住宿接待设施档次多元化，以中、低档饭店为主，适合游客的不同消费水平。

（3）景区住宿接待设施布局既要相对均衡，又要突出重点。

（4）景区住宿接待设施的建筑风格要与自然环境和人文环境相融合。

（5）景区住宿接待设施投资主体多元化，形成并存、竞争、互补和融合的局面。

（6）对景区住宿接待设施实行规范化管理。

在一些生态脆弱区，除建立游客接待中心外，大部分景区住宿接待设施应提倡民居接待或建造与环境和谐的生态小木屋和富有民族特色的帐篷。民居接待既节约了建设资金，又能增加当地原住民的收入，同时又缓解了旅游饭店的淡旺季客源矛盾，有利于提高其经济效益。

1.床位规划

床位预测是住宿接待设施规划的重要方面，直接影响着景区发展。因此，必须严格限定住宿床位规模和标准，做到定性、定量、定位、定用地规模，从而保证预测的科学性和可操作性。床位预测主要受客流总量与滞留时间的影响，一般采用如下公式进行计算：

床位数=（平均停留天数×年住宿人数）/（年旅游天数×床位利月率）

以上公式中四项指标值的选取要考虑如下四个因素：

第一，景区不同，取值也不同。由于景区在区位条件、资源禀赋、历史知名度等方面存在着巨大差异，因此各景区在实际的取值上会相差较远。成熟景区的游客停留天数、年住宿人数等可能都远远大于新开发的景区，因此必须酌情选取切合于实际的指标值。

第二，规划期段不同，取值也不同。旅游规划一般分成三期规划，在各个规划期段内，景区的成熟度也不同。前期一般是开发的起步期，游客数量一般比较少，停留时间也比较短。中后期一般是发展成熟期，随着景区旅游产品和基础设施的完善，游客的数量和停留时间均有较大的提高，因此在指标的选取上一般比较高。

第三，应该根据各景区的旅游需求来预测旅馆床位数。

第四，应该从区域规划及景区布局的角度来预测旅馆床位数。

在床位规划时，还要考虑到与此有关的两个预测性规划，一个是客房数的预测，另一个是直接服务人员的估算。

（1）客房数预测。根据景区游客的不同需求和经济状况，客房设计有多种类型，其中最常见的是单人间、双人间、三人以上的集体间等。标准间的数量为总床位数除以2。在双人间的基础上也设一些自然单间，以满足个别景区游客的特殊需求，一般为双人间总客房数的10%—15%。同时，要根据规划期的不同阶段，预测出客房数以及折合的标准间数。对于季节性较为明显的景区，在客房估算时还需特别考虑淡季设施闲置问题，旺季的住宿可考虑简易住房、帐篷等辅助性设施。

（2）直接服务人员估算。直接服务人员的估算以床位数为基础，根据景区的实际情况选取相应的比例系数进行预估。

直接服务人员=床位数×直接服务人员与床位数的比例

中国直接服务人员与床位数的比例往往达到2：1，甚至更高。景区等级不同、设施档次不同，所取比例也不同，等级越高，档次越高，比例也相应较高。

2.档次规划

档次规划包括住宿接待设施的等级定位和相互间比例关系的确定，主要受客源结构、各级目标市场的社会人口学特征、游客消费水平与消费习性的影响。住宿接待设施根据设施及服务的完备度，可分为星级饭店、非星级饭店、招待所、社会旅馆和家庭旅馆等。其中，星级饭店又可分为一星级、二星级、三星级、四星级和五星级。在档次规划的等级定位中，要合理地选择与景区相应等级的住宿设施进行布置，并且在各个等级的设施间保持适当的比例，坚持高、中、低档相结合。一般景区往往以中低档为主，从而满足大众景区游客的需求。总的要求是控制规模，尽量少建和不建超豪华型饭店，要以能接近当地自然和文化的普通型住宿设施为主，主要是在服务档次上加以改善提高。

3.选址与布局

景区住宿接待设施的选址对于日后的经营影响极大，在规划时必须着重考虑。选址包括两个不同的层次。一是大尺度空间选址，需要从全景区范围乃至景区所在区域范围进行全盘考虑，从而选出一个大致的地理位置。二是中小尺度空间具体位置的选择，是在第一个层次的基础上，确定具体的位置、建筑风貌控制和面积大小等。在以上两个层次的选址中，都要考虑到相应的档次适应关系，与上面的档次规划相协调，同时还要考虑到整个区域规划和布局以及未来景区扩建的可能性。另外，选址时还要处理好地理空间距离、经济距离和时间距离这三种距离间的关系，因为它们反映了游客对旅游路线和对旅游服务设施的不同要求。

出于生态环境保护优先原则，景区住宿接待设施不应设在脆弱敏感的生态区域。选址时地形要平缓开阔，便于各种服务设施的合理布局以及污水、废气、烟尘的排放。没有足够平缓开阔的地形条件时，也可选择在通风条件好的缓斜坡地或较宽的沟道内，使各种建筑物的布局随山就势，依山傍水，形成高低搭配、错落有致的建筑群。另外在基础设施建设中，尤其是高档星级酒店的选址要严格控制在主景区外围，禁止在核心区内建立游客接待中心，以免破坏生态环境和景区的原始风貌。

在布局方面，可以采用松散的组团式布局，用自由的手法，依山就势。组团要有机地融入自然环境中，在不破坏环境的前提下进行建设，同时应遵循如下原则：

（1）特色塑造原则。当前很多景区内住宿接待设施无论从形式上还是功能上都千篇一律，缺乏特色，地域性不明显。因此，景区接待设施建设应根据其所在地域的自然及人文条件，设计时充分融合当地的建筑特色、材料、传统工艺，为消费者提供难得的体验地方文化的机会。

（2）协调性原则。要求设计师在选址时应充分考虑周边环境，让环境成为主要观赏对象。将接待设施本身的功能定位、体量及空间组织作恰当的把握与处理，使之与周边环境融为一体。

（3）生态建筑优先原则。尊重环境是生态设计的第一前提，在强调建筑标志性的同时注重与环境的匹配，实现多层次的可持续发展。生态建筑要求设计师和工程技术人员在提高人们生活和工作质量的同时，尽可能利用周围的自然条件，提高资源利用率，减少污染；尽可能利用再生资源；采用绿色建材。

（4）符合游客的空间行为规律。住宿接待设施在布局时需要考虑到游客的空间行为，根据景区内游览线路长度、走向以及游客的行为规律进行设施点的布局。例如对于无交汇点的景区，应充分考虑到游客的游程安排和游览方式，在布局时要根据游览线路的长度和高程、景点的丰度和特点，每隔一定的地段建相应规模的宾馆，并解决好游客的食宿问题，从而使游客在旅游过程中松弛得当、情绪饱满，取得最佳的观赏效果。

基于建筑的、自然的、社会文化的与心理的考虑，建筑结构与功能特性应给景区创立整体形象。一个具有活力的景区旅游设施应布局紧凑、主体鲜明，具有较大的公共活动空间，给人以激情之感；而宁静的景区则相反，给人以放松之感。

（三）景区住宿接待设施的营运与管理

（1）景区住宿接待设施营运与管理理念。景区住宿接待设施在营运与管理时要引入生态环保的理念，实现环境生态化、建筑民族化、设施现代化、管理标准化，从而满足游客健康、放松、休闲、娱乐的要求，以及景区自我完善和实现可持续发展的要求。

（2）景区住宿接待设施营运。住宿接待设施在营运时可以采用多种方式，比如经营权转让、投融资以及委托经营等。其中，经营权转让是比较常见的营运方式。

（3）景区住宿接待设施管理。景区住宿接待设施可以采用定点考察、等级划分、抽查、监督等管理形式，实现管理规范化。例如，对景区中的社会旅馆可以实行社会旅馆评定星级和年度复核的管理制度。对社会旅馆进行像星级饭店一样的等级评定，评定以低于一星级饭店的标准，对社会旅馆进行划分。同时，必须每年度对社会旅馆进行复核，对一些违规或者频遭游客投诉的社会旅馆进行处理，以保证游客的切身利益。另外，还可以实行社会旅馆备案制度。景区中的社会旅馆在领取了工商营业执照、卫生许可证开业后的30天内，必须到所在地的旅游行政管理部门备案。

总之，要不断对景区住宿接待设施进行升级改造和结构调整，提升其卫生条件和服务水平。

三、景区行游接待设施的规划和管理

从需求角度看，景区行游接待设施是景区游客完成旅游活动的先决条件；从供给角度看，景区行游接待设施则是旅游活动顺利进行的重要基础。景区的可进入性、行游接待条件与景区道路质量、景区交通工具水平和档次、景区行游接待设施规划与管理水平等因素直接相关。

（一）景区行游接待设施的类别

景区行游接待设施的类型主要包括景区交通设施、景区解说系统和景区环卫服务设施等。

（1）景区交通设施。主要包括专用停车场、景区道路、运输设施、桥梁、索道以及一些辅助基础设施。交通是景区的命脉与骨架，在景区接待服务设施管理中占有特别重要的地位。现代旅游交通要求快速、舒适、设施完善、线路布局合理与安全便捷，但在不同的景区内部应做到因地制宜、区别对待，还要进行各类交通流量和设施的调查、分析与预测，提出各类交通存在的问题及其解决措施等。

（2）景区解说系统。这是景区接待服务设施的重要组成部分，是景区教育功能、服务功能、使用功能得以发挥的必要基础。景区解说系统是运用某种媒体和表达方式，传播特定信息并使其到达信息接收者，帮助信息接收者了解相关事物的性质和特点，从而达到服务和教育的基本功能。随着现代信息技术的普及和多媒体技术的发展，景区解说系统有了新的改变，新兴科学技术被引入到解说系统中来。

（3）景区环卫服务设施。主要包括旅游厕所、垃圾箱和垃圾处理设施等。景区环卫服务设施虽不决定景区服务接待的大局，却能极大地影响景区整体形象。

（二）景区行游接待设施的规划与布局

1.景区交通设施的规划

（1）根据景区停车场的建设要求，景区停车场建设应该考虑如下因素：

第一，规模应与景区接待规模相适应，具体位置的选择要充分考虑游客的便利性，同时还要充分考虑未来旅游流量的增加因素。

第二，景区停车场地面应平整，停车位画线清楚，车辆分类停放，整齐有序。

第三，景区停车场应区分机动车出入口与人员通道。

第四，停车场应设专人进行导入导出管理。

停车场的规模大小应根据游客数量来确定，其计算公式为：

景区停车场面积=高峰时游人数×乘车率×停车场利用率×1/每台车容人数×单位规模

其中乘车率一般取50%—80%；各类车辆停车面积的单位规模一般按大客车50—60mV台、中型车30—40mV台、小型车15—25mV台计算。

（2）景区道路规划应该充分考虑如下几个方面内容：

第一，道路的等级与布局要满足旅游与管理的需要。根据景区客流量的大小来规划设计道路的等级。游览线的布局主要应根据景物选择、配置的需要，巧妙构思，将各种景物最需展示的形态编织成全景区和谐统一的景色。游步道起到引导游览、集散游人的作用，合理的布局可避免游人因自辟行径而导致迷路、拥挤等人身安全受到威胁的意外事故发生。

第二，道路应尽量串联起不同景观，避免走回头路。根据景观景物的分布情况，合理规划，做到有景就有路。对一些远景、借景，也要让游客有路到达各个观景点。同时为节约时间，尽量使游客不走或少走“回头路”，需要保证游道的布局是一条或几条直线或环形线。

第三，充分利用已有道路，尽量不占、少占景观用地。景区旅游道路的布设，要尽量利用原有道路进行合理改建、扩建或加工维护改造，避免重复建设，从而节约投资，减少新修道路对山体和森林植被的破坏。

第四，道路修建应顺其自然地形，不宜进行大挖大填，尽量不破坏植被与景观。在道路的规划与建设中，要综合考虑地形地貌和森林植被、景观景物等的分布状况，避免因修筑道路而影响山体稳定，或损坏景物，破坏、干扰景色的和谐。

第五，设施建设应尽量少破坏森林植被与自然景观，风格、体量应与环境相协调。旅游规划设计应做好设施的建设与其所处环境的协调工作。

（3）游步道规划。景区的游步道、小路具有组织景物、构成景色、引导游览、集散游人的作用。游步道规划应该按照坚实、平稳、防滑、耐磨、排水通畅、方便游览和环境保护的要求进行设计；线路布设应顺应自然地形，因山就势，路随山转，蜿蜒曲折，路景相宜，相得益彰。同时充分利用自然道路、原有道路、防火线进行修建或改建；根据山体坡度的大小，灵活设计成斜坡步道、石台步行道和云梯。在裸岩、石壁地段，依山凿成石阶。路面以碎石、卵石、块石或沙石加以铺设，同时尽量遵循就地取材的原则。路面宽度根据游人数量和停留时间来确定，陡险路段要设置护栏，其造型应与景色的基调相融合。

（4）索道规划。索道是最有争议的景区接待服务设施之一。建索道要综合考虑好坏两方面的影响，权衡利弊，并邀请专家论证，提出多方案的选择，能不建的尽量不建。确实需要建设索道的，一定要避开主景区，注意隐蔽，做到藏而不露，且不需要贯穿全线，站台的功能尽量单纯，不必修建过多的房间，以减少体量及对环境的破坏。

2.景区解说系统的规划

（1）景区旅游解说系统的功能。旅游解说是一种信息服务，其目的在于向游客传达和告知景区的相关信息。一个完整的解说系统通常具有多方面的功能，其中服务和教育是最基本的两种功能。概括起来，景区解说系统具有提供基本信息和导向服务，帮助游客了解并欣赏景区的资源及其价值，加强旅游资源和设施的保护，鼓励游客参与旅游区管理，提高与旅游区有关的游憩技能，创造游客、社区居民和景区经营管理者之间的对话途径，以及户外教育等多种功能。此外，还有节约景区管理成本的功能。

第一，提供基本信息和导向服务。以简单的、多样的方式向游客提供景区游览和服务方面的最基本信息，引导游客进行有效和高质量的景区游览活动，从而使游客获得安全、愉悦的感受。

第二，帮助游客了解并欣赏景区的资源及其价值。向游客提供多种解说服务，使游客较深入地了解并欣赏景区的资源及其价值、景区与周围地区的关系，以及景区在整个旅游系统、旅游业中的地位和重要性。旅游解说系统不仅仅是罗列事实，还应试图揭示一些概念、意义和自然现象的内在联系。解说可以使公众认识到设立景区的目的以及该景区的政策，从而唤起公众的环保意识。解说应该使游客对自然界和人文景观感到好奇，并使他们在景区的参观中更有收获。

第三，加强旅游资源和设施的保护。通过解说系统的提示和帮助信息，使游客在接触和享受景区资源的同时，做到不对资源或设施造成过度利用或破坏，并鼓励游客与可能的破坏、损害行为做斗争。

第四，鼓励游客参与景区管理，提高与景区有关的游憩技能。向游客提供各种实践活动，在解说系统的导引和帮助下，鼓励游客适当参加景区的管理、建设、再造等活动。使游客学习在景区内参与各种运动、游憩机会所必需的技能，如滑雪、户外生存、登山等。

第五，创造一种对话的途径。使游客、当地居民、旅游经营管理者相互交流，达成相互间的理解和支持，实现景区的良好运行。

第六，教育功能。向有兴趣的游客及教育机构提供必要的解说服务，使其对景区的资源及其科学和艺术价值等有较深刻的理解，充分显示旅游的教育功能。

（2）景区旅游解说系统规划原则。景区解说系统的规划是以景区的总体规划和详细规划为依托，同时紧密结合其他专项规划，因此，在旅游解说系统的规划中应该遵守如下原则：

第一，与景区管理目标相融合的原则。好的旅游解说系统应兼顾游客和景区的利益，达到“双赢”的目的。可适当将景区的管理目标、策略、措施等通过旅游解说系统传达给游客，有利于深化游客对资源价值的认识，以更积极地配合旅游景区的管理和保护工作。

第二，以游客为本的原则。在设计时要最大限度地突出“人性关怀”，既要维护和展现旅游资源的价值，又要针对游客的旅游目的和需求，充分考虑游客的感受，深入研究游客的行为和心理，力求满足游客一定层次的旅游需要，并进行抽象性、趣味性的考虑。同时要保证旅游解说系统的信息要具备较高的可靠性和可获得性。

第三，差异性原则。不同类型的景区，在确定其解说内容的重点、选择媒体及材料等方面是有区别的。如以自然景观为主的景区，解说的内容应着重展现景区的自然风光，体现大自然的神奇，用浅显易懂的语言描述例如景观成因等科普知识，在解说媒体的选择上也应选用与自然氛围接近的木质或石质材料。在以人文景观为主的景区，解说的重点则应放在景观的历史、建筑、科学、价值等方面，语言风格相对严谨，可选用金属、塑料等现代材料制作媒体。

第四，简洁、鲜明、清晰的原则。现代旅游心理学研究表明区游客在一定时间内只能感受到少数刺激物的无几，而非是所有刺激。游客对信息的筛选，使那些不清晰的或没被感知到的事物成为衬托背景，因此游客往往对那些特色比较鲜明的解说物更加注意。

第五，与周围环境相和谐的原则。不同类型景区的主体风貌各不相同，即使在同一景区内部，不同区域的景观也不尽相同，因此旅游解说系统所使用的设施、设备、材质以及外观、字体、色彩等，必须与周围的景观相融合。

景区解说系统具体包括交通导引解说系统、景区接待设施解说系统、核心景区解说系统、游客中心等。

3.景区环卫服务设施的规划

为了保持景区环境整洁、卫生，需要对景区的环卫服务设施进行“绿色”规划。

（1）旅游厕所。厕所设施虽然只是景区中的一个细节部分，但却直接影响到景区的形象和档次，应予以高度重视。从布局上看，在景区的进出口和重点功能区均需要建设标准旅游厕所。其密度要适中，在步行道上，基本上每隔1千米左右就要建一个生态旅游厕所，在一般的游览区每隔500米应建一个简易生态厕所。另外，旅游厕所要建设在隐蔽处，但要易于寻找，方便到达，并适于通风排污。厕所的外观、色彩、造型应与景观的环境相协调。厕所室内应保持清洁，通风良好，地面采用防滑瓷砖，无污水垃圾，应有洗手池、衣帽钩、面镜、干手器等设施。厕所门窗应有防蝇装置。景区厕所另外可采用水冲式或生态厕所，目前生态厕所主要有发泡式生态免冲厕所、循环免水冲生态厕所和微生物生态移动厕所，可以根据实际情况进行选择。

（2）垃圾箱。总体要求是美观、整洁，并与环境相协调，可根据景观环境特色专门设计造型。在位置选择上，应当在景区的主干道上每隔100—200米设一个垃圾箱。垃圾箱应该靠近野餐桌，同时也要接近路面和停车场，方便垃圾打包机的工作。在外形设计上，垃圾箱应坚固、适用，造型别致，与周围环境融为一体。

（3）垃圾处理设施。景区应按照国家有关规定建立垃圾处理设施，按要求处理垃圾。

（三）景区行游接待设施的营运与管理

景区行游接待设施要想最大限度地达到游客的要求，在营运和管理上就应当注意以下几个问题：

（1）要有前瞻性。各项行游接待设施必须在整个景区开发计划的初期就进行科学规划，随着开发计划的逐步深入，各项设施建设可能分阶段实施。此外，主体建筑和行游设施所需的空间要一次性留足，以适应未来的发展，满足最终的负荷需求。

（2）安全第一，注重以人为本。景区行游接待设施的营运与管理要十分注重各项设施的定期维护与保养，确保游客的安全。同时，管理者要具备危机管理的意识，提高突发事件的处理能力。

（3）科学论证，保证需要。景区行游接待设施的建设应该经过科学论证，根据游客的客流量来建设景区的行游接待设施，并根据客流量的变化对行游接待设施进行调整。各个景区应当根据自身的情况进行科学论证，根据景区能力大小、条件限制以及客流量来选择布局模式，设置适合自己的行游接待设施。

（4）注重环保。景区行游接待设施营运与管理要把“绿色环保”的理念贯穿始终，适时地引进最新的环保设施，不断地增强景区员工的环保意识。

（5）完善特殊化的行游接待设施。景区行游接待设施营运与管理要考虑到针对相关特殊群体的服务。比如针对残疾人和婴儿设立相应的接待设施。这方面可以向迪士尼乐园学习。他们为儿童和残疾人考虑得十分周到，公园内有多处专门为儿童预备的小车出租；大人抱着孩子休息的时候，除了有路椅之外，还可以租童车，推着孩子游览。另外，在比较大的景点可以设立小火车、马拉车、电瓶车等交通工具，以及为残疾人、孕妇、儿童和其他一些特殊群体服务的车辆和相关的道路等。

四、景区娱乐接待设施的规划和管理

娱乐接待设施的配置往往取决于景区资源的性质和等级，应本着高品位、高层次、多样化的原则进行规划布局。一般来说，参与型项目要与观赏型项目相结合。极限运动与休闲运动项目则是近年来颇受青睐的娱乐项目。

（一）景区娱乐接待设施的类别

娱乐是人们最早使用的愉悦身心的方法之一，也是最主要的旅游体验之一。游客通过观看各类演出或参与各种娱乐活动使自己在工作中造成的紧张神经得以松弛，抚慰心灵的种种不快，从而达到愉悦身心、放松自我的目的。娱乐体验渗透到游客体验的整体过程中。无论是景区动物一个滑稽的动作还是美丽景观带给人的视觉冲击，都会起到娱乐身心的作用。

娱乐设施有时是作为景区的一个组成部分而存在和发展的，但有时则是景区的主要吸引物，大型的主题游乐园就属于后者。

景区娱乐接待设施可以根据不同方法划分不同类别：

从时间角度来看，可分为传统娱乐接待设施和现代娱乐接待设施。现代娱乐接待设施包括赛车场、现代体育活动中心、娱乐广场、垂钓中心、水上娱乐场所等现代娱乐设施；传统娱乐接待设施包括皮影戏、戏曲表演、杂技表演场所等。

按照场地不同，可以分为舞台类娱乐接待设施、广场类娱乐接待设施、村寨类娱乐接待设施、街头类娱乐接待设施、流动类娱乐接待设施（如吉卜赛大篷车）及特有类娱乐接待设施（如枪战场、滑翔基地）。

按照活动规模和提供频率的不同，可以分为小型常规娱乐接待设施和大型主题娱乐接待设施。

（二）景区娱乐接待设施的规划与布局

1.景区娱乐接待设施的规划

景区娱乐接待设施规划时应考虑以下几个因素：

（1）娱乐场所的选址应该考虑到社会条件的限制。从景区整体来看，娱乐设施的等级应该与景区的地位相称，如文博展览类的设施在一个小的服务部内部就不能成立，但在旅游镇和旅游城里则应该有布局。此外，学校、医院、机关等附近不能布置各类型的娱乐设施。同样，对于景区有污染的设施也不能布置。

（2）具备与娱乐项目相适应的场地和器材设备。首先，这些场地和设备要达到国家规定的标准和要求，设备所产生的噪声必须符合国家的管理规定。其次，场地与设备应与娱乐项目相配套，应以景区的文化底蕴为基础，大力发展与山水风景、地方民俗文化有关的文化体育游乐设施，以达到情景交融、游娱相辅的目的。

（3）注重娱乐氛围的营造。景区应考虑到不同客源市场对娱乐环境的不同要求。以用餐环境而言，美国游客喜欢边吃、边喝、边跳舞；欧洲游客追求浪漫情调；中国人则喜欢敬酒、聊天和在用餐过程中制造热闹场面。

（4）注重提高重游率。在组织管理上，无论是娱乐节庆还是风情度假，景区都应致力于营建游客的品牌忠诚，从而获得较高的重游率。除了对重游游客实行价格优惠外，比较重要的手段之一就是使景区娱乐接待设施向半会员制俱乐部发展。此外，如果使景区员工与游客之间的主客关系淡化，建立家庭成员式的氛围和情谊，景区娱乐活动的参与规模与参与效果就能更上一层楼，景区生命力就会更加旺盛与持久。

2.景区娱乐接待设施的布局

景区娱乐接待设施主要有以下几种布局方式：

（1）空间布局。一种是分布在核心区，比如一些主题公园的游乐项目，其娱乐接待设施通常设置在较核心的区域；另外一种是远离核心区，形成娱乐中心。景区娱乐接待设施的空间布局往往与景区性质及其旅游活动内容有密切关系。如果娱乐项目是景区的重要活动内容或者景区的有机组成部分，则适合分布在景区核心区；如果娱乐接待设施仅是景区的配套和辅助设施，则应该考虑远离核心区。形成一定规模后可以成为景区配套的娱乐中心。

（2）功能布局。娱乐接待设施主要满足游客的娱乐需要。由于娱乐的形式较多，功能复杂，因此，景区娱乐接待设施布局应该充分考虑其功能需求。如果娱乐项目仅作为景区配套项目，娱乐接待设施可以仅考虑一般性的功能需求。一旦娱乐项目成为景区经营中比较重要的内容或者景区的主要收入项目之一，则应该着重考虑各种功能的搭配。

（3）等级布局。娱乐接待设施的等级布局与娱乐项目在景区中的地位、景区性质、景区发展阶段及其影响力有很大关系。对于作为附属和配套设施的景区娱乐项目而言，面向大众的一般性娱乐接待设施就可以达到基本要求。一般而言，景区娱乐接待设施既应考虑大众一般需要，同时也应兼顾较高档次的娱乐需求，从而形成功能比较完善、有一定等级差异的接待设施。例如丽江大研古城的纳西古乐表演就是一种等级较高的娱乐项目，既利用了当地传统文化，又能为游客提供较高级的艺术欣赏。

（三）景区娱乐接待设施的营运与管理

（1）实现个性化经营。目前景区娱乐接待设施都相对比较不健全，娱乐项目比较少，个性化的服务意识也不够。如果考虑到游客的不同爱好，并投其所好，在景区安排丰富多彩的娱乐项目，增加游客的体验价值，将会收到良好的效果。比如迪士尼乐园在考虑各种层面的需求，设立了很多娱乐项目。对寻求特别刺激的，有过山车；对想玩平和一点的项目的，有十分休闲的小游船或是马拉车。总之要让所有的游客都可以找到自己喜欢的娱乐项目。

（2）进行规范化、标准化管理。景区娱乐接待设施的规范化、标准化管理是游客在景区获得身心健康和需求满足的重要条件。应该严格按照国家标准GB/T16767—1997《游乐园（场）安全和服务质量》和国家标准GB/T17775—2003《旅游景区质量等级的划分与评定》的相关要求进行规范化与标准化管理。

（3）实施安全管理。景区娱乐接待设施应强化安全管理，消除事故隐患。安全是游客旅游活动能够顺利进行的保障。景区要设立专门的管理机构，加强旅游安全的宏观管理，建立起景区的旅游安全保障体系。景区、公园、游乐园的游乐设施，以及带有危险性的攀岩、蹦极、探险、漂流、射击、滑雪等游乐项目，必须经质量监督等有关部门检验合格方可投入使用。加强对旅游游乐设施、大型旅游活动场所、游客密集区域的安全监管，及时排除安全隐患。热点景区要制订应对游客拥堵等突发性事件的工作预案，合理控制游客流量。要切实做好重点地段扩容、安全防护设施修缮。同时，要公示游客安全注意事项，提醒游客正确使用游乐设施设备，选择有安全保障的探险旅游活动。

五、景区购物接待设施的规划和管理

购物是旅游活动的重要组成部分，利润相对较高，需求弹性较大，但也是目前中国旅游诸环节中比较薄弱的部分。发展旅游购物、使旅游购物成为景区新的利润增长点是景区购物接待设施规划与管理的主要目标。

（一）景区购物接待设施的类型与特点

景区购物接待设施主要包括市场及购物中心、商业网点、庙会、著名店铺等几种类型：

（1）市场及购物中心。市场及购物中心是旅游购物场所，往往位于景区的主要交通出入口，并在出入口通道形成一个为购物活动服务的设施集中区。有些景区由于长期发展而形成集镇或小城市。如庐山顶上的天街就是景区内市场，而庐山脚下的九江市也同样是一个为旅游购物活动服务的设施集中区。

大型人文景观周围或中间一般也会有市场及购物中心，有和景区配套的专业旅游商业街或市场，有些人文景观本身就是景观式购物市场。如杭州宋城里的集市、南京夫子庙的购物街区、天津妈祖庙的文化街和庙前广场、苏州双塔寺前的塔庙市场、上海城隍庙的商铺等都是景观式的购物市场。

（2）商业网点。商业网点一般分布在景区外围以及景区内部。这类购物接待设施多分布在景区大门口、游客停留点、景区内主要交通干线旁等地方，主要经营当地有特色的旅游纪念品、食品、日用品以及其他一些旅游商品等。

（3）庙会。由于庙会事实上已经成为购物游乐场所，成为中国集市的一种重要形式，购物也成为现代庙会活动中的主要活动，因此，庙会也可以是景区购物接待设施的构成之一。

（4）著名店铺。著名店铺指具有跨时间声望的门店，著名店铺往往具有丰富的文化内涵，具有独到和成熟的工艺技术，有完整的社会美誉度和认知度，有具有代表性的产品和服务。"中华老字号"就是其突出代表。景区中通常有很多这样的著名店铺。千百年的文化积淀，加上人们的怀旧情怀，这样的老字号在景区购物市场竞争中往往具有得天独厚的优势。

（二）景区购物接待设施的规划与布局

由于旅游购物属非基本消费，购物行为的产生与否受旅游商品丰富程度、购物环境、商品质量、价格、方便性等诸多因素的影响。随着"物质消费"向"环境消费"和"文化消费"的转变，人们需求层次的提高以及对购物区域、购物设施文化性的更高要求，商品的多样性、购物环境的休闲性、建筑形式的可观性、橱窗展示的吸引性等都是促使有效旅游购物行为产生的关键因素。

1.景区购物接待设施的布局

景物购物接待设施布局是旅游商品经营网点在空间上的反映，是旅游商品销售的桥梁。中国《旅游区（点）质量等级的划分与评定》明确规定：购物场所布局基本合理，有利于维护景观氛围；建筑造型、色彩、材质比较有特色，与环境协调。

（1）景区购物市场的布局模式。目前世界上旅游购物市场布局有两种模式：一种是面向单一市场模式，另一种是面向两个市场模式：

第一，单一市场模式。这种模式就是以方便游客购物为主，购物设施主要设置在景区大门内，是专门供游客购物的场所，本地居民一般不在此购物，因此，这种市场布局将本地居民购物与游客购物完全分离。优势在于可以专门针对游客的需求和消费水平组织货源，市场营销的针对性强，在价格制定上可以高于本地消费水平；劣势在于对游客依赖性强，淡季风险大。

第二，两个市场模式。这种模式着眼于服务两个市场，即本地居民和游客，既方便本地居民购物，又方便游客购物，如上海城隍庙、厦门鼓浪屿景区的购物设施等。这种模式的优点在于经营的风险比较分散，不仅有游客支持，当地居民也会支持；容易管理，因为受到当地居民的监督，价格较为合理。

对于选择哪种布局模式，不同的景区应当区别对待。如果居民大都居住在景区外，且距离较远，当地居民有其他更多更好的购物选择，那么景区的购物设施主要针对的就是景区游客，采用单一市场模式；如果景区的购物设施对于当地居民也是必需的，如步行街，就应该选择两个市场模式。一般来说，两种市场布局都会占有一定的份额，根据景区性质的不同，两者所占的比重也会不一样。

（2）景区购物接待设施布局的原则。

第一，一体化原则。景物内市场网点布局应与整个旅游活动过程一体化，与旅游活动中的其他活动相融合，甚至成为旅游的一部分。购物环境要与旅游环境相协调，如店铺的大小、空间布局、外观设计、环境的亲和性等应与旅游环境相协调。

第二，方便性原则。景区内的购物网点布局必须符合游客的空间移动规律。明确游客的游览线路，在了解游客的空间移动的基础上，购物网点的设置要能方便游客购买，在节省游客的时间成本的同时，也更容易吸引到游客前来购买。

第三，继承与创新相结合的原则。中国许多景区的商业中心是在历史上原本就存在的传统商业街，都具有一定的历史文化价值，对这些传统商业中心的开发和改造过程中，要坚持继承与创新相结合的原则，既要保持其历史文化内涵和购物气氛，又要能有所创新，让老字号商店和现代文化有机结合，在总体风格复古或保持不变的前提下，对内部设施进行现代化改造，实现传统与现代的统一。

2.景区购物接待设施的区位选择

（1）大型购物中心。大型景区可以集中建设专门的大型旅游购物中心，内部由综合超市、各类专业店以及餐饮娱乐场所构成，采取导购和自选相结合的购物方式。在区位的选择上应当设置在景区的入口或出口处，有足够的建筑用地，在设计上还应当考虑设置大型的停车场。

（2）商业网点。这类购物接待设施和旅游超市相似，只不过销售方式多为导购而不是自选，多分布在景区大门口、景区游客停留休憩点、景区内主要交通干线旁等地方，主要经营当地有特色的旅游纪念品、食品、日用品以及其他一些旅游商品等。

（3）庙会、著名店铺等。这类购物设施一般来说本身就是一个景观，属于景观式购物市场，多表现为和景区相配套的专业旅游商业街，庙会市场一般位于寺庙前，著名店铺一般可以纳入景区的大型购物中心内或位于景区附近以及景区内部的步行街上。

（4）旅游超市。销售方式采用自选，以销售旅游食品、旅游生活日常用品为主，用来满足游客日常需求，可以根据游客的生理和旅游日常需要，按照旅游的时间段来合理选择区位，一般布局在景区内外、景区旅游饭店和餐厅内外。

（5）流动售货车和自动售货机。流动售货车顾名思义，就是在景区内不断变换位置的小型购物设施，较为灵活，方便游客。自动售货机一般多分布在景区内主要交通干线附近以及游客休憩点，主要销售饮料、卡片之类的小商品。

（三）景区购物接待设施的营运与管理

景区的购物接待设施要想获得较好的社会经济效益，必须开发能够满足游客需求的旅游商品，吸引游客，使其产生购买欲望，并最终完成购买行为。

1.景区旅游商品的开发与管理

中国大部分景区在致力于景区建设的时候，往往会忽略旅游商品的设计开发。中国旅游商品存在着品种单一、档次低、质量差、产品严重雷同、没有特色、缺乏文化内涵、没有品牌意识等问题。这些问题应当引起景区的重视，如何更好地设计和开发有特色的旅游商品是一个值得深思的问题。

（1）开拓旅游商品文化内涵。中国有960万平方公里的辽阔疆域，有56个民族，5000多年的历史孕育了中国博大精深的文化。优秀的景区也同样是各具特色的，因此在旅游商品的设计和开发中应当赋予普通商品以文化内涵，提升其文化价值。首先，在题材的选择上，景区旅游商品应当根植于本土文化，挖掘本地区、本民族的文化特色，以文化为依托，设计出独具艺术特色的旅游商品。文化品位越高、艺术特征越鲜明的商品，就越受游客的欢迎。其次，在制作旅游商品的原材料选择上，应当就地取材，反映当地独特的文化特征。利用当地原材料，既可以降低成本，又不容易被其他地区的景区模仿伪造。最后，在制作工艺上，最好利用当地传统的制作工艺，尤其是传统商品，只有在制作工艺上体现传统特点，并且精工细作，才能增加旅游商品的附加价值，体现旅游商品的核心竞争力，从而更受游客的喜爱。很多商品也可以将传统工艺与现代高科技有机结合，加入现代文明元素，增加旅游商品的科技含量，减少被抄袭的可能。

（2）调整定位，树立品牌。景区旅游商品开发应根据市场需求和景区的客源情况，充分合理地利用资源，尤其注意市场动态变化对旅游商品发展方向、结构的调剂作用。旅游商品可以高、中、低档相结合，适应不同层次游客的不同需求。中国目前普遍的状况是景区不注重旅游商品的品牌建设，没有很好地利用传统的知名的当地产品。景区应当巩固这些传统商品，重点打造知名旅游商品，在高、中、低三个档次相结合的基础上，多出精品，尤其对于有特色的知名的旅游商品，要上规模、上质量，利用这些已有一定名气的商品对外打出自己的品牌，吸引更多游客购买。

（3）精品包装意识。游客购买旅游商品，要么是自己做纪念，要么是赠送朋友，因此旅游商品的包装要有精品意识。一个创意很好的旅游商品，如果外包装上粗制滥造，一样会大打折扣。旅游产品的包装要做到艺术性和礼品性两者兼备。艺术性要求造型优美，礼品性要求喜庆吉祥，适合于礼尚往来。很多景区的旅游商品在出售以后，仅仅是用一个最普通的塑料袋装起来，根本无法体现旅游商品的价值，也不利于旅游商品的品牌宣传和推广，因此对旅游商品的包装要有精品意识。

（4）想游客之所想。物美价廉是多数购物者包括游客的选择。旅游商品首先要有质量保证。质量是商品的生命，对于旅游商品而言则更是如此。如果游客千里迢迢买了旅游商品，回家以后却发现是一个不合格产品，退换又极其麻烦，会让游客对这件旅游商品产生不信任，甚至还会对整个景区产生不好的印象，并进行负面宣传。这对景区形象建设极为不利。

除了在质量上有保证外，旅游商品的价格也应该接受专门的管理。很多景区的旅游商品价格没有专门的机构管理，出现了漫天要价的现象，极大地损害了游客的权益。因此，景区应当对旅游商品的价格进行严格的控制和管理，按质论价。

另外，旅游商品的包装设计还应当注重方便性。游客往往经过长途跋涉，旅游商品要能体现轻巧的特点，便于携带，不会给游客造成很大的麻烦。若是大件的物品，景区应当为游客提供便利，提供运送服务。

2.景区旅游商品经营形式的创新

传统的旅游商品经营方式只限于景区内部。这样的经营方式比较单一，受到市场区域的局限，就地生产、就地销售。要大力发展旅游商品，就必须进行经营形式的创新。

（1）虚拟化经营。虚拟化经营是旅游商品经营企业所采取的有别于传统经营模式的新型经营模式。它在资源有限的情况下，为了取得竞争的优势，在组织形式上突破有形的界线，仅保留有利于旅游商品开发、经营的关键功能，通过以销定产、授权生产等形式，借助外力进行组合弥补，让旅游企业在市场第一线的资源优势得到充分发挥。虚拟化经营可以将企业边界无限扩大，通过一个具体的任务或目标来进行资源组合。旅游商品经营企业以一个资源组织者的身份，对企业内外一切可利用的资源进行筛选、吸纳和组合，满足旅游商品的市场需求，一旦目标实现或改变，可随时重新组合虚拟的各个部门。

（2）连锁化经营。连锁化经营是实现规模经济效益的经营组织形式，实现店面、店貌、商品、服务的标准化，经营决策的专业化和管理规范的统一化，即统一的采购配送制度、统一的企业识别系统（CIS）、统一的经营战略和统一的信息管理系统〔如时点销售系统（DOS）、电话订货系统（FOS）、商业网络信息系统等〕。连锁化经营能降低经营成本，规范服务，形成以大商业带动大生产的现代化格局，同时给社会带来外部经济效益。如北京宝树堂制药有限公司在北京、上海、杭州等十几个城市设有连锁分店，融合中药展示、曲艺表演、购物和健康咨询为一体，取得了极好的经济效益。

（3）参与性经营。旅游商品的消费需求带有非常明显的个性化特点，满足游客个性化需求的最佳方案就是进行定制化经营，增加游客的参与程度。可以根据游客的个性化需求设计旅游商品，甚至可以让游客亲自制作。比如教游客制作陶艺、泥塑、雕刻、扎染、蜡染等，这些作品虽然水平一般不高，但由于是自己亲手制作的，很有纪念意义，游客会感到满足和自豪，并高兴地买下以做纪念，从而刺激游客的购买欲。又如在西安参观美陶厂，游客一边听工作人员的讲解，一边观看仿唐三彩、仿兵马俑的制作过程，既了解了古代精湛的制作工艺，又有机会亲自动手制作，同时还能满足购物的欲望，将购物功能与旅游功能合二为一，形成优质服务体系。

（4）网络销售。网络销售是当今很流行的一种趋势。景区可以利用电子网络平台直接向消费者发布旅游商品信息，推介和销售旅游商品。旅游商品网上营销渠道打破了地域限制。通过互联网，生产商可以直接了解消费者的真实消费需求，调整企业生产消费者需要的旅游商品；网上销售模式可缩短旅游商品供应链，节省物质资源的耗费和时间的浪费，降低渠道交易费用，提高渠道分销效率。电子网络销售渠道作为新兴的商业模式可以成为景区旅游商品销售的一种辅助手段。

3.应当注意的其他问题

（1）科学论证，根据游客以及当地居民的购物需求来建设景区的购物接待设施景区内的购物接待设施有很多种，比如大型的购物中心、旅游超市、各种各样的商业网点等，但是并不是每个景区都需要这些购物接待设施，各个景区应当根据自身的情况，科学论证，根据景区能力大小、条件限制以及游客的需求来选择布局模式，设置适合自己的购物接待设施。

（2）创新制度，探索先进的管理模式。景区购物接待设施的高效管理是不可忽视的，如果管理不到位，会出现购物设施环境杂乱，经营者缺少文化，销售商品档次低的问题，甚至经营假冒伪劣商品，这不仅阻碍购物市场的发展，也影响整个景区的形象。因此，景区应设立专门的管理机构，建设一支高素质的管理队伍，服务到位，管理到位。设立投诉电话并认真受理投诉，做到监督到位，为游客创造一个安全、整洁、文明的购物环境。

（3）优化购物环境，完善购物支持系统。购物支持系统对旅游购物的影响很大，这些支持条件包括为游客提供外汇兑换服务，使用多国语言设置标志，定时组织文艺演出活动，提供各种急救医疗服务，有一定数量并符合卫生条件的公厕、公用电话，有闭路电视监视系统，设置包括儿童游戏和休闲等设施的休息区，设置无障碍通道，设置信息显示屏幕等。各个景区可以根据自己的条件，尽量全面地构建购物支持系统。

第二节　环境容量管理

一、环境容量极值管理

环境容量作为景区管理的重要依据与手段，是景区开展旅游活动、进行旅游规划的前提。环境容量指在可持续发展前提下，旅游区在某一时间段内，其自然环境、人工环境和社会经济环境所能承受的旅游及其相关活动在规模和强度上极限值的最小值，是限制某时、某地游人过量集聚的警戒值，也是一个涵盖生态、社会心理、功能技术等诸多领域的景区管理手段。

虽然对游客的数量控制已被证明是存在很大缺陷的，但是，游客的体验水平和对环境的负面影响程度与游客数量还是存在普遍的相关关系的，这也是环境容量理论虽然存在缺陷却还能一直在实践中运用的缘故。某些特殊情况如喀斯特溶洞、石窟等，其环境和保护文物等负面影响的直接因素主要是二氧化碳、细菌含量的增多，而这种情况主要只与游客数量相关，与游客行为无明显联系。因此，很多景区必须考虑限制游客进入数量。[①]

（1）测算基本程序。根据以往实际案例操作的经验总结，确定一个景区的环境容量一般需要通过指标的选择、容量的测算等关键步骤，才能得到最终的容量值。

（2）容量指标选择。不同类型的风景区由于环境地域的差异性、风景资源类型的复杂性和游览方式的多样性，所选择的游人容量指标也不会完全相同，而应有一定差别。规划人员在确定不同风景区的游人容量时，应从实际出发对指标的具体内容做出一定的取舍。

欧洲不同类型旅游区与其采用的游人容量之间的对应关系见表4–1。[②]欧洲旅

① 王惠．基于自媒体的旅游景区营销策略研究——以常州天目湖景区为例 [J]. 安徽农业科学，2017，45（31）：182–184，229.

② 张进福，黄福才．景区管理：中国版 [M]. 北京：北京大学出版社，2009.

游区的分类与内涵与中国有一定差别，尤其体现在山地型风景区，虽然同是重要的旅游观光载体，作为滑雪胜地存在的欧洲山地，与中国名山山岳的性质却截然不同。

表 4–1 欧洲不同类型旅游区与其采用的游人容量之间的对应关系

旅游区类型	旅游区特点	环境容量的研究重点
滨海型	具有大众旅游特点，大尺度、大规模的设施建设，深度的土地利用，广泛的城市化。如大多数地中海旅游目的地流行的模式	游客密度、沙滩使用情况、旅游服务设施情况、基础设施情况、海水纳污力等
海岛型	中小尺度，通常与居住地、乡村、小型社 区相结合	旅游对当地社会文化的影响，旅游对当地制造业和海岛经济的影响，居民生活质量等
保护区型	活动一般限制在欣赏、观察自然、科考、科学教育等方面，这种风景区是在严格控制和管理下最小化对环境的干扰，限制基础设施发展	游客人数、游客流以及空间集中的模式，保护自然和生态系统功能的游客分散模式，游客体验质量等
乡村型	包括广泛的动机和目的，常常表现为参观美丽地区等浅层次的旅游活动，零星分散在偏僻乡村	游客流、当地社会文化影响、乡村经济影响、游客流空间分布模式
山地型	深度发展的风景区，大众旅游类型，集中各类活动	自然中基础设施或可达道路对环境的影响，人工造雪对小气候的影响，植被破坏和土壤流失，风景破坏，交通堵塞和废物管理
历史城镇型	主流的大众旅游地，大规模游客集中在纪念馆、博物馆等，短时停留	交通堵塞、土地使用的改变等

（3）容量数值量测。环境容量的量测作为服务于实践的关键，是一种非常重要的规划管理工具。现行的《风景名胜区规划规范》《旅游规划通则》《景区最大承载量核定导则》等规范标准中，根据已有的研究成果，将容量中的游人容量做了阶段性、较明晰的界定与规定，成为规划设计中容量量测的主要技术参考，一般使用惯常的面积法、线路法、卡口法来计算作为数值参考。

景区的环境容量的多少，受制于游览空间、生态环境、服务设施、基础设施以及当地居民心理承受能力等条件。一般情况下，生态容量被看作风景区的极限环境容量，由于其刚性特征，生态容量值很难改变，而设施、社会容量弹性较大，最终都可以提高其阈值。虽然社会容量短期也呈现刚性，但经过长期引导与铺垫，不会构成瓶颈。现阶段，游览空间容量对景区非常重要，尤其以观光游览为主要内容的传统景区，游览空间容量几乎等同于环境容量。

二、环境容量管理模式

环境容量不仅是一种科学理论，更应作为一种管理理念存在。环境容量的复杂性和变异性意味着，将容量作为一个数据控制并不能达到有效保护资源的目的。景区的变化是不可避免的，环境容量的研究和应用应逐步由游人控制向环境影响控制。环境容量本身并不是目的，而是通向目的的一种手段。脱离管理的环境容量是没有意义的，环境容量可以因管理技术的改变而改变。

脱离了“游人数量”计算的环境容量开始了众多实践理论的争论，其中最具代表性的理论是斯坦基（George H.Stankey）等人于1984年提出的“可接受的改变极限”（Limits of Acceptable Change，LAC）理论；美国国家林业局和土地管理局的研究者提出了“游憩机会谱”（Recreation Opportunity Spectrum，ROS）理论；美国国家公园管理局根据LAC理论的基本框架，基于ROS技术制定了“游客体验与资源保护”（Visitor Experience&Resource Protection，VERP）方法；加拿大国家公园局制定了“游客活动管理规划”（Visitor Activity ManagementPlan，VAMP）方法；美国国家公园保护协会制定了“游客影响管理”（Visitor Impact Management，VIM）方法；澳大利亚制定了“旅游管理最佳模型’（Tourism Optimization Management Model，TOMM）等。

这些方法和模型在各国规划和管理实践中，尤其是在解决资源保护和旅游利用之间的矛盾上取得了很大的成功。它们的共通之处是：都描述了一种自然资源和游客体验的“令人向往的未来状态”；都建立了反映旅游体验质量和资源条件的“指标”体系；都确立了最低可接受条件的“标准”；都提出了为保证相应区域的状态满足上述标准如何适时而恰当地采取管理手段的“监测技术”；都开发了确保各种指标维持在特定标准内的“管理措施”。

（一）LAC理论

LAC是从环境容量概念中发展出来的一种理论，用于解决国家公园和保护区中的资源保护与利用的问题。

LAC理论的基础是以下5点认识：为确定各种管理行动所保护的内容需要先有一些专门设立的目标；在以自然为主体的系统中，总会存在一些环境变化；任何游憩活动都会导致一些变化；管理所面对的问题是多大的变化是可以接受的（How much is too much）；对管理的结果进行检测是必要的，由此可以确定这些行动是否有效。其基本步骤如下：

第一步，确定规划地区的特殊价值、问题与关注点。

第二步，确定和描述游憩机会种类或规划分区。

第三步，选定评价资源状况和社会状况的指标。

第四步，对资源和社会的现状调查。

第五步，确定每一机会种类中资源状况和社会状况的评价标准。

第六步，确定待选的机会种类部署方案。

第七步，确定每一待选方案中的管理措施。

第八步，评价并确定一个优选方案。

第九步，推行优选方案中的措施并进行指标监测。

LAC理论实际上是对规划管理的监测和实施监测，寻找并提出可供参考的监测指标和标准，同时建议在具体实践中通过充分的科学研究加以修改和确定。LAC理论的诞生，为国家公园与保护区规划和管理带来了革命性的变革。

（二）ROS理论

1982年美国国家林业局在“尝试对游憩地进行分类分区管理实践”的基础上，发展了一个包含完善理论框架的游憩机会谱（ROS）理论。ROS是解决资源保护与游客体验之间关系的一种技术，它与LAC理论密切相关，可以用来给不同的游客体验（Visitor Experience）制定目标，是一种描述如何在资源保护区内管理不同区域的旅游活动的方法。

ROS理论的基本逻辑是人们为了达到满意的游憩体验，在喜爱的环境（物质环境、社会环境、管理环境）中参加喜爱的游憩活动。因此，游憩机会谱三个主要的组成部分是活动、环境和体验。游憩机会谱的每一级别都需要根据游憩环境特点、管理力度、使用者团队的相互作用、人类改变自然环境的迹象、机会区域的规模以及偏远程度来确定。

为了区分不同的活动，游憩机会类别系统使用了一种被称为“机会等级”的预先制定好的分类方法，它可以把保护地的自然资源和它们最适合的活动进行匹配。每一种机会等级都包含一套为游客准备的体验和活动，以及对生态环境、社会环境和管理环境的指导方针。西藏纳木错生态旅游区根据景区环境的敏感度进行了4个机会等级的划分，并以此配置不同的活动类型进行管理，是ROS规划技术的探讨尝试。

（三）VERP方法

游客体验与资源保护（VERP）方法是美国国家公园局根据LAC理论和ROS技术等开发的一种适用于美国国家公园总体管理规划的方法。VERP方法本质是一种分区规划的思想，分区是使景区特别是国家公园和保护地得以有效管理的必要手段，科学合理的功能分区能够帮助管理者同时实现维持生物多样性以及为游客提供满意游憩体验的双重功能。

VERP方法基本上包括以下九个步骤：

第一步，组织一个多层次、多学科的小组。

第二步，建立一个公共参与的机制。

第三步，确定国家公园的目标、重要性，首要解说主题，规划主要课题等。

第四步，资源评价和游憩利用现状分析。

第五步，确定管理政策的不同类别（Zoning Description）。

第六步，将管理政策落实在空间上（Zoning）。

第七步，为每一类分区（Zone）确定指标和标准，建立监测系统。

第八步，监测指标的变化情况。

第九步，根据指标变化情况，确定相应的管理行为。

西藏纳木错生态旅游区多学科规划小组利用GIS技术对纳木错旅游资源敏感度进行了分析与评价，以坡度、坡向、植被、动物分布为指标进行加权评分，并通过栅格赋权求和的方式落实在空间上，将旅游区划分为重点资源保护区、低密度荒野区、分散游憩区、密集游憩区和服务社区，并针对每个分区根据不同的旅游方式提出详细的发展策略，包括管理活动策略、旅游活动策略、科研活动策略、设施建设管理政策等，根据监测标准进行相应的管理。

三、环境容量调控管理

环境容量的调控方式类型多样且因地因时制宜，从限制环境容量的因素角度区分，目前中国景区常见的主要有游客调节、环境调节两种。前者是针对环境容量的压力部分进行调控以达到减压的目的（主要针对游客），后者是针对环境容量的承载部分进行调控（主要针对环境供给），通过工程的或者技术的手段改变起限制性作用的某项容量的阈值，其目的是扩大容量自身的规模、范围或利用程度。

（一）游客调控管理

游客调控是针对游客进行的容量管理，当旅游活动强度超过了环境容量时对游客进行控制，从而达到在有限的环境容量前提下，实现合理、充分、最大化的游客配置。游客调节可以是对游客数量进行直接控制，也可以是其他游客管理手段。故宫自2012年开始陆续使用了一整套时空调控客流的举措，包括每日限流、淡旺季差价、淡季主题日免费、预约游览、新增游览空间、设定单向游览线路等，经过几年的坚持与宣传贯彻，游客游览的行为习惯得到了很大的改观，收到了非常好的管理效果；九寨沟2010年提出了游客时空分流管理系统，根据空间的相对静态性和时间的动态性原理，在景区以及其景点集群的一定时空条件下和信息技术监控条件下，设计出了若干优化的游览路线，利用时间移动形成的相对“空置”空间对游客的分布进行分流导航，使游客在景区内均衡分布、有序交换，从源头上消除了景区因游客拥挤而导致的危险。

除了时空调控，旅游活动同样是决定景区可以容纳旅游活动量的基本因素。同一景区，如果承受的旅游活动类型、停留时间、游览方式、空间分布等发生改变，环境容量值也会随之改变。试想，人均占地面积大、每次使用时间长的活动，比之占地少、用时短的活动，同样规模的空间容量肯定小得多。因此，针对旅游活动的管理可以有效达到对环境容量的调控。

（二）环境调控

环境调控是针对环境进行的容量管理，通过对制约旅游活动的环境因素进行调节，提高环境容量的阈值，从而提高环境容量空间。

对于人工环境，提高阈值的常用方式有：景区扩建、新建；废弃物处理工程规模扩大；按时封闭部分景点进行生态恢复；区域协作突破经济制约；交通条件的改善、交通工具的增加等。

自然环境一般通过对空间结构、生态系统的改造来提高承载阈值，如山地风景区内登山道路的加宽和台间空地的设置、改变使用资源的方式、扩大绿化面积进行生态补偿等。此外，也可以对资源的易接近性进行管理，例如增加抵达难度，或新建设施进行隔离等。

环境调控的效果虽然明显，但是也可能带来一些难以预料的负面效应。比如，黄山为了提高山上北海玉屏景区的资源空间、住宿、供水等容量，扩建宾馆、改造供水供电工程，建设多条索道，虽然这些措施的效果立竿见影，却对景观、生态造成了长期的破坏。虽然不同的管理目标决定了不同的环境容量，但就可持续发展来讲，还是应从自然生态环境容量出发寻找其根本的立足点。

第三节　景区游客管理

一、游客管理的基本原则原则

游客管理（visitor management）是UNWTO、IUCN提倡的管理之一，特别是在保护地旅游中被看作是有效减少旅游负面影响、管理旅游影响的重要方法。游客管理可以通过各种方法来规范游客行为、教育引导游客正确认识环境，并贯穿于游客入园后的全部旅游体验。一般来说，行为规范是自愿的自我规范，但也有法规规章对旅游交通、健康、安全和卫生等做出严格规定。制定措施前需要明确游客管理的如下基本原则。

（1）目标决定管理，目标具有权威性，需要公众参与。

（2）资源的多样性和保护区的社会条件是必需且不可避免的。

（3）通过管理来影响人类导致的变化。

（4）人类利用保护区必定会对自然资源和社会环境造成影响，决定影响的可接受范围是所有游客规划与管理的核心问题。

（5）影响可能是时间或空间上间断的，但是相互关联。

（6）存在许多影响资源利用、造成影响关系的因素。

（7）许多管理问题都不取决于使用者的人数。

（8）限制资源的使用只是管理方法中的一个。

（9）决策过程中，应该把技术决策与价值判断分开。

二、游客管理的常用方法

（一）分区管理方法

分区是用来安置游客最主要的方法，它为特定水平和一定强度的人类活动及保护需要分配了地理区域。实现集中和分散的适当组合是分区的关键。集中策略可以将娱乐用途集中在较小区域内进行高度管理，从而限制负面影响。分区可以是长期稳定不变的，也可以是暂时的。分区应该当根据不同的用途进行，通常需要两步：第一，描述步骤，以识别重要价值和游憩机会类型，提供一个详细资源特色和游憩机会类型的目录；第二，定位步骤，对保护区应该提供的游憩机会和价值做出判断，与利益相关者共同决定目标、内容与行动计划。①

（二）交通管理方法

交通管理是一项复杂的挑战，需要在分区的基础上制定交通管理事项，并要求适当的立法法规和政策支持。比如，规定监督景区内交通工具的数量、类型与速度；允许公共交通运送的专用通道；规定使用时间对道路进行半封闭管理；使用禁行的隔离带管理等等。

（三）价格管理方法

通过价格管理能实现很多管理目标，如盈利、减少或者增加使用量、调控游客的时空分布等，并在实施管理的同时能达到期望的社会目标，比如帮助当地居民或鼓励弱势人群使用景区。

实践表明，适度的收费通常对景区游览没有明显的影响。然而，增加费用的同时增加服务，游客会更容易接受。不过，高收费对于国家垄断的资源区并不是一个有效的办法，其资源价值的保护和公共产品的属性需要配合其他管理手段才能实现双赢。

另外，中国对景区调价的论证与通告不充分一直是矛盾与关注的焦点，当门票费用占到整个旅行费用的绝大部分时，对于景区来说，人们会考虑推迟游览或代之去其他地方，而对于决策者来说，这是一个事关景区可持续发展的问题，值得特别重视与思考。

---

① 王婧，陈觉．基于服务共享中心的乡村旅游景区运营优化[J]．江苏商论，2010，（8）：128–130.

（四）游览管理方法

规范游客对资源的使用包含直接的规范措施、间接的措施以及指导性的措施。通常直接的规范是借助法律法规的力量，对违法违规的行为施以合适的惩戒。间接的规范是通过提高游客的相关意识，从而引导其做出正确的决策。指导性措施则是设计引导游客做出合适的行为。具体方式包括：第一，雇用看守人、导游和保安进行景区监管，以防止发生违反守则的行为、盗窃和人为破坏；第二，限制场地的使用，例如用警戒线隔离、禁止入内等；第三，采取保护性措施，例如遮盖贵重的物品、加强步行道建设、要求穿拖鞋或鞋套进入；第四，建造复制品（替代品），例如为防止游客近距离接触珍贵遗迹而致其受损而建造替代品以供游客近距离观察、接触。

（五）信息和解说方法

游客和潜在游客通常需要景区相关信息，比如关于景区区位、开放时间、费用及更多关于历史文化的详细信息，从而加强游客对景区的了解。而景区解说作为管理工具，可以通过宣传使游客在了解的基础上产生认同感、影响行为，获得良好的旅游体验。随着信息技术的发展，新媒体、新展示工具在信息解说系统的应用将对游客管理有极大的帮助。

三、景区游客引导管理方法

（一）景区游客行为与游客流的分析

游客是景区的消费者。为游客服务并吸引更多游客前来游览是景区经营管理者的追求。然而，由于多数游客并不清楚自己的责任和义务，加之各种不文明行为的客观存在，因此，游客也需要管理，需要根据相关法规规范游客在景区的旅游活动，并用社会公众道德的各项行为规范约束其行为。游客管理是景区正常运转的重要内容之一。

游客行为与游客流具有特定的规律性。分析游客行为与游客流基本特征、认识游客行为与游客流的内在规律是景区进行游客引导与管理的基础与依据。

1.景区游客的空间行为及其在景区管理中的实践意义

（1）景区游客的空间行为。景区游客空间行为是指景区游客在特定地域的旅游活动过程及其空间位移表现。景区游客空间行为以决策行为为基础，空间行为中的许多特征是由决策行为的原则所决定的。根据涉及的空间大小可以把游客空间行为划分大、中、小三个尺度。大尺度空间行为涉及省际、全国乃至国际范围；中尺度空间行为涉及省内、地区内范围；小尺度空间行为主要涉及县（市）内及景区内空间范围。空间行为的尺度划分只有相对意义。

第一，大尺度游客空间行为。受旅游时间比和最大信息收集量原则的影响，游客在大尺度的空间行为表现出如下特征：

首先，力图前往级别较高的景区景点旅游。表现在两个方面：一是倾向于选择有高级别景点的地方作为旅游目的地；二是到达目的地后，往往只游玩目的地附近级别较高的景区景点，而对其他级别较低的景区景点则不感兴趣，尽管这些景区景点还有相当的游览价值。

其次，尽可能游玩更多的高级别景区景点。一般景区游客到达旅游目的地后选择景区景点的级别与游客到达该目的地需要迁移的路程有关。大尺度空间的旅游属于远程旅游，游客往往只游览目的地级别较高的景区景点。之后如果时间和资金允许，一般也不停留在原地，游览该地级别较低的景区景点，而是迁移到其他地方，游览其他地方级别较高的景区景点。

最后，尽量采用闭环状路线旅游。当旅游目的地不止一个时，游客总试图用环状路线把它们连起来，避免走回头路。

第二，中小尺度游客空间行为。除具备大尺度游客空间行为基本特征外，中小尺度空间行为还有两个大尺度空间行为没有的特征：

首先，采用节点状路线旅游。无论在居住地还是在暂住地附近旅游，只要旅游行为所涉及的是中小尺度空间，游客就有采用节点状旅游路线的倾向。在居住地附近旅游的游客一般尽可能在一天之内完成游程。游客数次向不同方向作一日游，就表现为空间上的节点状路线，而不采用闭环路线在一次数天的旅游中把全部景区景点转完。当暂住地附近的景区景点到住地距离可以保证游客在一天内完成到该景区景点的旅游时，游客也会采用节点状旅游路线。游客的这种行为特征使某些位置相距不远的大居民点和景区景点之间的较小居民点得不到或得到很少的旅游经济效益。

其次，旅行路线影响旅游效果。大尺度空间旅游给游客的印象是长途跋涉，它只能削弱游客的旅游兴致。但在中小尺度空间旅游时，游客常常有一定兴趣观看旅行路线附近的景色。因此，旅游效果受旅行路线的影响较大。

（2）景区游客空间行为的实践意义。景区游客旅游行为属中小尺度特别是小尺度空间行为。中小尺度游客空间行为特征对景区经营管理具有重要的实践意义。

第一，游览线路设计。景区应该考虑游客行为规律，设计出符合游客行为规律、吸引物相对集中、具有较高观赏价值的游览线路，使游客获得高质量的旅游体验，获取良好的经济效益。游览线路既应考虑观赏效果，同时考虑闭环状与节点状的结合。小区域景点和吸引物较为集中的小地域单元可以更多地采用闭环状线路；而旅游接待中心与各景点之间则可以考虑节点状线路。

第二，旅游接待服务设施规划布局。根据中小尺度游客空间行为特征，景区规划时可以把旅游接待服务设施相对集中在一个区域，形成旅游接待服务中心。一则符合游客在小空间的节点状旅游线路规律，二则有利于景区居民社会调控与景区居民社区系统建设，使景区成为一个比较有序的空间服务系统。对于各景点及景点间的游览线路，可以结合线路具体情况，根据游客生理特点配置相应的旅游服务点，作为旅游接待服务中心的辅助，形成较为完善的旅游服务网络。

第三，近邻效应与景区景点开发。人们在做旅游决策时倾向于追求在资金和闲暇时间限制下的最大旅游效益，具体表现在追求最小的旅游时间比和最大的信息收集量两个方面。旅游时间比指从居住地到景区（点）旅行所耗费的时间与在景区（点）游玩所耗费时间的比值。对最大信息收集量的追求使游客在选择景区时表现出两个倾向：一是选择最有名的景区（点）旅游的倾向；二是选择自然环境和文化环境与居住地差异较大的景区（点）旅游的倾向。

受追求最大效益原则的影响，游客在参观了内部共性大的资源类型的某些个体以后，对其余属于该类型资源的个体就不再表现出强烈的兴趣。而游客参观了内部共性小、独特性大的资源类型的某些个体后，对该类型的其他个体依然缺乏了解，因此还会表现出对其他个体的强烈兴趣。

独特性和共性导致相邻的资源个体对游客的吸引力之间产生的相互影响称为近邻效应。近邻效应包括正效应和负效应。正效应指不同类型的资源个体在同一地区出现有助于增强该地区资源对游客的吸引力、延长游客的逗留时间。负效应指同类型的资源个体在同一地区出现，不仅影响游客兴趣，而且个体之间有分流作用，从而使各自吸引力相互抑制。例如，尽管山西省南部的王家大院特色鲜明，规模庞大，旅游价值很高，但因附近的乔家大院更有名气，因此王家大院吸引的游客数量相对要小得多。再如云南的乃古石林景色很好，但由于附近的路南石林名气太大，它也就很难吸引较多的游客。

对近邻效应的分析有利于更切合实际地评价和开发景区资源。由于正的近邻效应，景区应在保持特色的前提下综合发展，开发尽可能多的异类资源个体。而由于负的近邻效应，尽管某些资源个体有很大的旅游价值，但同一区域若有更有价值的资源个体，则只能开发最有价值的资源个体。

2.景区游客流的基础知识

稳定的规模化游客流是景区发展的核心动力之一。加强景区游客流分异特征研究，对制定景区发展战略，延长景区生命周期，实现景区持续、稳定发展有重要意义。

游客流是指游客从旅游客源地到目的地及返回旅游客源地的客流。游客流的强度大小、波动特征、分布状况及其合理程度、组成结构的差异，直接关系到景区的经济效益、社会效益和环境效益的协调发展，关系到景区资源、旅游基础设施和旅游接待服务设施的合理利用。

景区游客流的关键性指标包括游客的流动方向（流向）、流动速度（流速）、流动强度（流量）和流动质量（流质）。

（1）流向：流向是一个空间概念，主要描述游客的空间跨越方向，反映出游客在空间上的分布特征。

（2）流速：流速是一个时间概念，主要描述单位时间内的游客流动量（或者是游客在一定空间范围内的滞留时间量），反映出游客在时间上的分布特征。

（3）流量：流量是一个时空概念，主要描述单位空间范围内，在一定时段内某一空间范围的分布特征。

（4）流质：流质是一个质量概念，主要描述游客的结构指标（包括人口统计学指标、经营性结构指标），反映了游客在评价要素指标体系中的分布特征。

如果用P false表示景区在一定时段内的游客总量，T false表示某一特定时段，V false表示游客的流速，P false表示游客的流质（从经营的角度出发，可以用游客的旅游消费水平来表示），n false表示景区对应的客源地数量，那么对于特定景区而言，在T false时段内接待的游客总量就可以通过下面的公式计算出来：

$$Q=\sum_{i=1}^{n}V\cdot T\cdot P$$

通过这个公式，可以研究游客流概念体系中流向、流速、流量和流质四个指标因素的逻辑关系。

3.景区游客流时间的分异特征

景区游客流不仅具有空间变化规律性，而且还存在时间变化规律性。景区游客流空间变化规律受景区空间规模、立地条件、资源类型、资源等级、景点密度、社会经济条件、服务接待设施与服务水平等因素影响较大，因此表现出较大的个体差异性。下面主要分析景区游客流的时间分异特征。

景区游客流的时间分异特征可以从如下几个方面分析：

（1）日变化特征。景区游客流的日内变化特征是变化尺度最小的单元。景区的日变化特征通常呈锯齿状波动，但高峰值的出现时刻因景区性质的不同而产生一定的差异。以深圳华侨城欢乐谷为例。欢乐谷每日的经营时间是上午9时至晚上10时，在这段时间内入园游客量在时段分布上具有明显的规律性，每天有两个高峰值，形成了驼峰现象。从上午9时景区开园起就有游客开始入园，入园游客量随着时间的推移而不断增加，上午11时左右入园游客量达到上午的高峰；下午3时左右入园游客量达到当日的高峰值，然后入园游客量开始下降，到晚上8时游客基本停止入园。深圳周边地区的客源形成上午11时左右的入园游客高峰值；在深圳过夜的游客形成了下午2时左右的入园游客高峰值。

（2）周变化特征。景区游客量的周变化主要表现在两个方面：一是周内变化，二是周际变化。周内变化特征具有较大的可变性，在主要客源地距离为1—2日游范围的旅游目的地，周内变化主要表现为工作日—周末的周期变化；周际变化的规律性主要受节假日的影响，特别是旅游“黄金周”的影响显著。

（3）月变化特征。景区游客流的月变化主要表现在两个方面：一是月内变化，二是月际变化。不同景区因其类型不同月内变化与月际变化规律也不尽相同。月际变化反映了景区游客量的周期性波动，这种波动客观地表现了景区游客流分布的季节性。再以欢乐谷为例。寒暑假形成了欢乐谷游客量的高峰值，五月和十月形成次高峰值，六月和九月形成了波谷最低值。

（4）季度变化特征。景区游客流季节波动性的存在是正常的。受气候、节假日、薪酬制度、生产活动等各种因素影响，景区一般都存在明显的淡旺季。

（5）年度变化特征。景区游客流的年际变化与产品功能存在直接的关联性。景区的游客流通常呈逐年增长趋势，但时间分布波动性较大。分析景区的游客流应与景区的生命周期理论结合起来，除衰退期外，处于导入期、成长期、成熟期的景区，游客流一般呈逐年上升趋势。

4.景区游客流时间波动的影响因素与对策

（1）景区游客流随时间波动的影响因素

第一，政策和经济方面的因素。工作制度、节假日制度、市场发展水平、社会消费平均水平、交通运输业发达程度等经济方面的因素，景区所在地的综合实力以及对周边地区的集聚效应和扩散效应等，这些因素决定了游客出行的可能性以及对景区的选择概率。

第二，游客方面的因素。可自由支配的收入、可自由支配的闲暇时间、游客的旅游动机、游客的选择偏好、客源地与景区的距离以及交通方式等因素决定游客出行旅游的选择偏好、出游频率、旅游时间长度。

第三，产品方面的因素。产品的娱乐功能体系、产品的供给能力系统、产品的市场品牌形象、产品特性对游客需求的响应程度等因素决定了景区的市场认同度、商业感召力和游客的消费行为规律。

第四，气候方面的因素。一是季节性的气候条件，决定了游客流的月际、季度之间的变化；二是短时期内的天气条件，决定了每天、每周和每月游客流的变化。

第五，突然事件的因素。旅游业是敏感性行业，自然灾害、金融危机、疾病、战争等凡是对客源地、目的地以及旅途等环节造成影响的因素，都有可能引起景区游客流在时间维度上的波动性变化。

（2）景区游客流时间波动的平衡对策

游客流是景区营业收入的主要来源，游客流时间分布特性直接影响到景区的经营管理活动，稳定的规模化游客有利于景区实现可持续发展。

第一，景区游客流的时间分布受气候条件、突发事件等因素的影响比较大，这就要求景区不断提高经营管理水平和抗风险能力，尽量规避不可控因素带来的负面影响。

第二，景区游客流的时间分布是不均匀的，存在明显的淡旺季。提高游客总量、促进游客流在时间维度上的均匀分布、平衡游客流淡旺季的差异，是景区开展正常经营活动的重要保证。景区应围绕“扩大客流量”和“改善游客流分布”，策划和组织系列大型促销活动。旺季时积极引导游客，促使其理性消费；

淡季时通过有意义的大型节庆活动或价格促销等手段，争取客源，做到“淡季不淡，旺季不乱，平衡有序”。

第三，景区要根据游客流的季节波动性，统筹安排每一天的景区活动，既要避免游客在某些时刻的过度拥挤，又要尽量避免游客在某些时刻的过度稀少。景区要安排一定的夜间活动项目，尽量延长游客的逗留时间，从而留住游客在景区内进行二次消费。

第四，提高游客重游率是景区保证游客量的重要措施。因此，景区要不断改进旅游产品功能，同时注重提高服务质量，提升游客满意度，塑造品牌形象，从而培育忠诚的游客群体。

（二）景区游客的行为规划

游客行为规划是景区有效管理的措施之一，是从根本上维持景区旅游秩序、降低环境损失、维护景区正常运作的方法，属于调控人类活动行为方式范畴，实际上也决定了景区发展战略和开发方向。

景区游客行为规划可以从两个方面入手，一是从宏观上把握、规划游客在景区的旅游活动，即可以在景区推行选择性旅游活动；二是从微观上设计景区游览线路，预先规定游客在景区的游览范围与方向。

1.选择性旅游的定义与优势

选择性旅游（alternative tourism）是与传统的大众旅游（mass tourism）相对应的一个概念，是目前出现的各种旅游形式的统称，包括软旅游（soft tourism）、生态旅游（eco-tourism）、绿色旅游（green tourism）、弱影响旅游（low-impacttourism）、自然旅游（nature tourism）、绅士旅游（gentle tourism）、渐进旅游（progressive tourism）、责任旅游（responsible tourism）、适宜性旅游（appropriate tourism）、时尚旅游（popular tourism）、可持续旅游（sustainable tourism）等。

实施选择性旅游的根本目的是在满足游客不同旅游需求的基础上，通过促进各种旅游形式的开展，将旅游对自然和社会环境的消极影响降至最低程度。

与大众旅游相比，选择性旅游更能满足游客在旅游中获得知识、精神享受的目的，而且由于规模远低于大众旅游，对环境、生态的冲击较弱，更有利于实现可持续旅游发展和景区可持续发展。然而，相比于大众旅游，选择性旅游的经济效益较低。

景区在规划选择性旅游时应该重点注意如下事项：第一，应该保证资源质量的提高和保护，增强敏感环境和人文遗产的抗干扰能力；第二，尊重地方精神，保证其完整性和真实性；第三，控制规模，把游客人数限制在合理容量之内；第四，所有开发必须得到允许并通过审批手续；第五，不盲目追求经济效益最大化；第六，强调地方政府和居民的非经济目的的参与。

2.景区游览线路的设计

景区游览线路是指景区内专供游人游览、观赏景物和进行其他活动而设计和组织的线路。游览线路既是串联、沟通景点的必要条件，也是引导、组织游览活动的必要方式。

（1）景区游览线路的功能。景区内游览线路的功能可以概括如下：

第一，景区游览线路是景点与服务点之间相互连接的纽带。景点、服务点在景区内的布局是分散的，景区本身又有一定的地域范围，因此各点之间存在着一定的空间距离，必须以一定的方式将之连接起来，才能形成一个整体。游览线路就是为完成这一任务而设的。

第二，景区游览线路是游客的向导。游客进入景区之初，往往并不了解景物的地点及其可达方式，而游览线路是显而易见的实物。景区可多设标志、方向牌。游客只要循路向前，便可欣赏到优美的景致，到达欲往之处。因此，游览线路能够起到对游客引导、指示的作用。

第三，景区游览线路能够有效限定游客与景物的距离。游客与景物之间的接近程度对于景物保护和审美效果都有影响。有的景物由于保护的原因不易接近，则可以通过线路对游客与景物之间的距离加以限定。如铺设游客专用线、以实物分隔等，都能起到限定距离的作用。这种分隔或提示虽无语言却有礼貌。相比之下，直接标示“请勿靠近”“禁止触摸”的指示牌则显得较为粗俗、蛮横。有的景物，其观赏效果与距离远近有很大的关系，美学上也有“距离美”的审美方法。游览线路可以引导游客步入观赏的最佳地点，使游客得到最好的体验。

第四，景区游览线路能够合理、有效地组织游览过程。游览过程有开始、展开、高潮、结束等不同阶段，游览线路可以将这些不同的阶段进行有机组合，以景物之间不同的时间和空间距离，以道路的高低平缓，以服务点、休憩点不同的设施和环境等，展开并衔接各个阶段，从而实现最佳的旅游效果。一般来说，开始阶段给游客以第一印象，一定程度上决定着吸引力的强弱，因而门户景或人景处应布置特征鲜明、吸引力强或具有神秘感的景物，从而激发游客继续向前的兴趣。展开应是游览的主要阶段，景色特征、景色类型、游览方式和活动内容应交错安排，使游客驰骋想象、游兴不减。高潮阶段应布置最突出、最富有特色的景物或活动。这一阶段应既是风景的艺术高潮，也是游客游兴的高潮。结尾应让游客有意犹未尽、回味无穷的感觉，轻松地结束游程。对于四个游览阶段的组织安排，在时间和空间上应根据整个景区的规模和景物数量来进行，线路设计有张有弛，景物布局随之展开，合理地组织游览过程。

（2）游览线路的类别。景区游览线路根据不同划分方法，有多种类别：

第一，按所处位置和功能可分为景区外游览线路和景区内游览线路。景区外游览线是景区之间或旅游服务区、居住区与景区之间的游览联系通道，它能够帮助游客跨越较大的空间，往来于不同的功能区之间，通常按车行的动态观景方式设计。要求路面平整，无尘土，符合行车技术标准。由于是游览线，车行道应选择景物稀少、景物突出的地方通过，尽量临水延伸，以减少行车的快速感；车行道前要有较明显的远景相引导，既要做到行车有方向感，又能在车上游客心目中留下印象和回味；路两侧以树木组成窗景，有景则开，无景则封，避免行车对景区景色和意境的干扰，但也要避免林窄深暗，影响视线；注意与景内游览线的联网，不可出现死胡同。景外游览线与景内游览线的连接处要设置适当的停车位。

景内游览线是指布设在景区内以观赏景物为目的的游览线，它能够给游客提供最佳的视线角度和位置，一般按步行游览方式设计。要求以慢游、驻足细观为依据；能够为游客提供最佳的视角和视距；步行线以小径为主，曲直结合，险平相宜，急缓相间；布局、趋向合理，避免重复；有张有弛，劳憩结合。

第二，按线形可分为环状闭合型、线状放射型。环状闭合型是只有一个起点和一个终点，即起点和终点聚合的线路。目前，景区中人工色彩较强的游览线路设计以这种类型偏多。线状放射型是由起点开始终点结束并且有多个终点。这种类型的游览线路设计一般在大型的自然景区较为普遍，可为游客提供多种游览线路的选择，也可以延长游客逗留时间，但必须有丰富的旅游产品资源为基础。

（3）游览线路的设计原理。景区游览线路设计应该考虑三个基本原理，即游览便利性、工程便利性、环境适宜性。

第一，游览便利性。为方便游客，景区线路建设一般呈“环形”，不走回头路，同时线路应以较短的距离直达精华景点，并应在一条直线上串接大部分重要景点。部分景点无法串接成一线，则可在距主线路最近处开辟单一游线连接。

第二，工程便利性。工程是否方便（取决于工程量和难度）是一个必须考虑的因素，实际上景区线路开发多是在原始存在的路径基础上形成的，可以节省诸多投资项目。对于山岳型景区而言，除少许特别景区外，游径多开置于山谷之中，可减少工程量。

第三，环境适宜性。线路设计必须考虑到环境，根据环境特点进行相应规划。

一级保护区不得有机动车道进入；为满足部分探险者或选择性旅游的游人，可开辟简单步行游径。

生态环境脆弱区，包括生态抚育区、独特生态系统区、珍稀或濒临灭绝的物种生态区、典型生物物种多样性维护区等。生态环境脆弱区一般不能有游径通过，即使必须经由，也不得有较大面积的活动、休息区，以尽量减少游客滞留时间，同时尽量防止游客偏离主游径进入生态环境脆弱区。

如果生态环境脆弱区本身又是精华景区，游客必须停留，应该采取工程措施圈定游客活动范围。如果条件允许（如精华景区丰富、多样且分散布局），则可采取隔年度关闭一部分景区的做法，从而促进这些脆弱区的自然恢复。

（4）游览线路的设计原则。区域内的各个景区、景点和景物都是固定的和孤立存在的，各有自身的个性，只有通过游览线，即公路、河道、索道和人行道，采取一些艺术手法将各部分连接起来，才能形成完整的游览系统，从而发挥整体效应。游览线设计应遵循以下原则：

第一，主题突出原则。景区中对反映主题的景物要多设计几个观景点，可以从不同角度重复观览，以强化游客的感受。力求景区主题鲜明，既有统一感，又有层次感和变化感。例如，杭州虎跑景区是一处以泉水而著称的名胜古迹，游览线路的设计紧紧围绕着主题“虎跑泉”，从不同的角度来强化对虎跑泉的感受。在进入景区的一段路路边，是一条从山上虎跑泉那边流下来的小溪，游客沿着水声淙淙的小溪一路“听泉”而行。然后进入叠翠轩前的庭院内，有一井池可以让游客驻足观赏清澈洁净的虎跑泉，“赏泉”与“试泉”并行。再往前转入滴翠崖，到虎跑泉泉眼处“寻泉”。沿线路而上，在山上的“梦虎”雕塑旁，了解“虎移泉眼”的民间传说故事。然后沿游览线路下山，游客可以一品龙井茶，名副其实地“品泉”。通过线路的组织，使主题更为突出。

第二，顺序与节奏安排合理原则。游览线路组织要有序，符合人们认识事物的过程。景区游览的顺序在总体上应符合“越来越好”的趋向，避免重复走回头路，使游客处处感到新奇，游兴未尽。安排游览路线，做到有人景、有展开、有高潮、有结尾。入景要新奇，引人入胜；展开即在景象特征、景感类型、游览方式和活动内容不断变换，一波未平、一波又起，迂回曲折，起伏跌宕，使游客驰骋想象、流连忘返；高潮是游览感受最集中、最突出的体现，应安排在游客兴致最浓之际，可以利用泄景手法制造悬念，使之隔而不断，若即若离，延长高潮时间，待成熟时达到“千呼万唤始出来”的高潮效果；结尾应响亮、明快，让人有“余音绕梁、回味无穷”之感。旅游节奏的松紧、景点游览的动静应有适当的交错。根据步行的长度和攀登的高度，适时设立休息点，走走停停，随处可安，灵活行止。

第三，选择最佳的观赏点原则。观赏点应有最佳位置，充分展现游览线上景点的景色风貌，本着“美则显之、丑则隐之”的原则进行设计，形成远景、近景、特写景的组合。在美学观赏中距离起着非常重要的作用。距离可以美化一切，不仅掩盖了外表上的不洁之处，还模糊了那些使物体“原形毕露”的细小瑕疵，消除了那种过于琐细和微不足道的明晰性和精确性。观赏角度的变化不同会让游客获得不同的观赏效果，被观赏的景物由于观赏点的变化，可以改变其相对位置，导致景象发生变化，产生不同的意境。“远山来此与堂平”为平视意境；“登泰山而小天下”为俯视意境；“突兀天梯蜀道难”是仰视意境。旅游规划中对线路布局和观赏点的确定应有远、中、近、特写画面的变化，角度也应有平、俯、仰的变化，它们相互组合，可称为游览线路的“蒙太奇”。蒙太奇手法在线路规划中的运用会大大提高游览质量和景区知名度，也能带来意想不到的经济效益。

此外，游览线路的设计还需坚持下述原则：宜曲不宜直、宜狭不宜宽、宜粗不宜平、宜险不宜夷；欲扬先抑、欲露先藏；高低相宜、险中求夷。

（5）游览线路的设计手法。游览线路的设计是一项技术性工作，它不仅是线路的合理勾画和延伸，还包括了沿线景点、景物的组合以及从审美角度对最佳视角和视距的选择。常见的设计手法包括以下几种：

第一，步移景异。步移景异是组景中经常使用的手法，即将不同景物设置于游览道上，疏密相间，错落有致，步步有景，段段不同。游览线路就像一条彩线，将粒粒珍珠串联起来。

第二，曲径通幽。线路迂回曲折，或上下盘绕，或穿林越峰，或临池俯瞰，或登山远眺，或入谷探幽，充满情趣，吸引人去探求。

第三，豁然开朗。欲扬先抑、欲露先藏，让游客在心里感受到一段压抑之后豁然明亮，可给人一种“柳暗花明又一村”的感觉，达到最大的强化效果，增强感受和印象。

第四，峰回路转。围绕主景，适度展开，从不同的角度欣赏主景，得到不同的感觉，加深印象。

第五，渐入佳境。特色和等级有序排开，一个比一个好，使游客兴趣递增不减，逐渐达到高潮。

（6）其他注意事项。游览线路组织的关键是组景。组景就是按照美学和心理学的原理，通过科学设计和组织游览线路的方式，让游客在游览中获得大量信息和快感，从而达到最佳的观赏效果。其中应该注意如下几个方面：

第一，应充分考虑动观的效果。景物之间要有时空连续性，动观感受比静观感受强。因为静观的感受只产生一个孤零零的不连续画面，动观的感受则是把一个个孤立画面联系起来，形成景观整体的印象。游览线路组合成的各个艺术画面，正如连续镜头组合成的电影画面，能使人产生强烈的感受。

第二，力求突出突变的动观效果。突变的动观比渐变的动观给人感受更为强烈。在组景中常常采用先藏后露的障景手法，使游客的感受达到最大限度的强化。

第三，多次重复出现某一事物，以达到加深认识、强化美感的目的。在游览设计中，要使游客从不同角度、不同侧面观赏到主景或标志性景物，以强化他们的感受。

第四，动观游览线的布局要富于变化。做到抑扬顿挫、有旷有实、高低起伏、曲曲折折，使人目不暇接、步移景异。

第五，加强景观提示。有提示的景观比无提示的景观感受要强。因为游客游览也是一种信息积累和深化的过程。在规划中应在游览道路的重要出入口、功能区、景区、重要景点设置导游标志，对游览内容和注意事项加以说明，增强游览效果。

四、景区游客行为的引导方式

（一）景区游客行为有效引导方式

对多数游客而言，他们并不十分清楚自己在景区游览时的责任和义务，不知道在景区应该注意什么。大部分游客是“盲目”的、不成熟的，别人怎么干、干什么，他就怎么干、干什么。因此，有必要让“盲目”的游客了解其责任。对于来自不同文化背景的游客，更有必要让他们少犯错误，以减少投诉和对立。景区经营管理者应该把这些相关信息传递给景区游客，从包括责任、设施、语言、示范等在内的如下几个方面对游客进行事前、事中和事后引导，以规范游客行为。

1.游客责任引导方式：编制旅游指南

编制旅游手册是最基本的途径之一，但手册要鲜艳夺目，生动有趣，有吸引力。要通过各种途径免费派发给游客。在游客购票进景区时效果最好，虽然景区增加了一点费用，但可以达到宣传效果，更让游客感觉到景区对游客的关怀。手册的内容除了常规事项外，还可以根据景区自身的资源特点编制游客规则。游客游览生态旅游地应当遵守以下十条戒律：

（1）要尊重地球的脆弱性。应充分认识到只有所有的人愿意帮助和保护地球，独特而美丽的风景区才会被后代享有。

（2）只留下脚印，只带走照片。不折树枝，不乱扔杂物。

（3）充分了解所参观的地方的地理、习俗、礼仪和文化。

（4）尊重别人的隐私和自尊，拍照时要征得别人的同意。

（5）不要购买用濒危动植物制成的产品。

（6）要沿着划定路线走。不打扰动物，不侵犯其自然栖息地，不破坏植物。

（7）了解并支持环境保护规划。

（8）只要可能，就步行或使用对环境无害的交通工具，机动车在停车时尽量关闭发动机。

（9）以实际行动支持景区内那些致力于节约能源和环境保护的企业。

（10）熟读有关旅行指南。

2.设施引导方式：建立旅游警示标志

通过在景区明显位置悬挂和摆放规范的旅游标志，让游客自觉维护旅游秩序和环境。例如，不吸烟标志、严禁烟火标志、不准攀折花木标志等。

3.语言引导方式：利用导游的口头和行动示范

训练有素的导游不但可以顺利完成带团任务，而且可以用语言和尊重环境的实际行动达到教育游客的目的。导游的劝说通常会很容易被游客接受，这是因为团队游客对导游比较信任。

4.集中引导方式：建立旅游信息中心

游客中心不仅可以展示景区景观，提供相关的旅游信息，出售导游手册和相关书籍，还会成为游客教育中心，成为利用播放声像资料让游人获得相关知识的中心。

5.事前引导方式：充分发挥组团社的作用

旅行社在组团的过程中就应当随时向游客介绍注意事项。教育游客保护环境的办法包括：

（1）在制订计划阶段要听取环境生态保护人员的意见和建议，科学安排游程，尽量避开生态脆弱区和危险区。

（2）对游客进行事前教育，提高他们的认识。

（3）每一个旅行团队尽量不超过20人。

（4）引导游客尽量不购买商店中的濒危物种制成的商品。

6.示范引导方式：利用管理者的榜样力量

员工在履行其正常职责的过程中，可以随时与游客交流聊天，提供游客所需要的信息，并听取他们的反映，向游客阐明注意事项。同时，要以自己的实际行动教育游客尊重环境，遵守规章。

（二）景区游客不文明行为引导方式

游客在景区、景点游览过程中的不文明旅游行为，是旅游业界人所共知的一种普遍存在的现象。这些不文明旅游行为往往成为导致景区环境污染、景观质量下降的一个重要原因，对游客的不文明旅游行为进行引导、管理和防范是目前景区管理工作中非常棘手的问题。

景区污染与破坏的人为因素主要有两个：一是来自旅游开发者、经营者不负责任的掠夺性行为；二是来自游客的不文明旅游行为。相比较而言，前者带来的威胁是主要的。但因游客的不文明旅游行为而造成的环境污染与破坏、景观质量下降问题相当普遍，在一些自然保护区、文物古迹类景区以及世界遗产类景区已经表现得相当严重。这一点在节假日旅游活动中表现得尤为集中。

1.游客不文明旅游行为的表现及危害性

游客不文明旅游行为是指游客在景区、景点游览过程中所有可能有损景区（点）环境和景观质量的行为。它主要表现为两大类：一类是游客在景区游览过程中随意丢弃各种废弃物的行为，如随手乱扔废纸、果皮、饮料瓶、塑料袋、烟头等垃圾，随地吐痰，随地便溺等。另一类是游客在游览过程中不遵守旅游景区（点）有关游览规定的违章活动行为，如乱攀乱爬，乱涂乱刻乱画，越位游览，违章拍照，违章采集，违章野炊、露营，随意给动物喂食，袭击、捕杀动物等。这两类行为在景区都极为常见。

景区游客的不文明旅游行为的危害体现在多个方面：首先，游客的不文明旅游行为可能使旅游景区环境污染、景观质量下降甚至寿命缩短，其最终结果必然造成旅游景区整体吸引力下降、旅游价值降低，这是其最根本的危害性。它严重影响、直接威胁着旅游景区（点）的可持续发展，甚至还可能给景区带来灾难性影响，如违章抽烟、燃放爆竹、违章野炊等行为很容易引起火灾，一旦发生，后果将不堪设想。其次，从直接危害分析，表现在：第一，游客的不文明旅游行为给景区环境管理、景观管理带来极大的困难；第二，游客不文明旅游行为本身往往成为其他游客游览活动中的视觉污染，影响游兴，破坏环境气氛，进而影响其他游客的游览质量；第三，游客不文明旅游行为往往会给其自己人身安全带来隐患，如到一些未开放的景区（点）游览、违章露营、随意给动物喂食、袭击动物、不按规定操作游艺器械等行为都可能给游客自身带来意外伤害。近年来，已有不少景区出现类似的安全事故，但仍有很多游客意识不到这一点。

2.游客不文明旅游行为产生的原因

游客的不文明旅游行为产生的原因可能有很多，但最主要的应是以下几个方面：

（1）游客的环保意识不强，生态道德素质低下。这是产生不文明旅游行为的首要原因。文化素养低、环保意识差的游客很少会考虑自己行为的环境影响，因此容易在不知不觉间产生不文明行为。但值得注意的是，大部分游客有着相当高的文化素养，在日常生活中也有明确的环保意识，能约束自己的行为，然而一到景区游览便会产生种种与其日常行为迥然不同的不文明行为。对这类游客而言，用环保意识差来概括其不文明旅游行为产生的原因显然是不合适的。

（2）人们在旅游过程中的“道德感弱化”现象。这是游客不文明行为产生的重要原因。旅游活动是对日常生活的超越和背叛，因而游客在旅游过程中不同程度地存在着随意、懒散、放任、无约束的心理倾向。当一个人以游客的身份在异地游览时，往往想摆脱日常生活中的“清规戒律”，道德的约束力量远不及在他日常生活圈子中那样强大。这让看到很多怪现象：平时在家、在单位讲究卫生、举止文明的人在旅游时却毫无环境道德，所到之处一片狼藉。由于旅游是一种暂时性、异地性的活动，游客摆脱了日常生活圈子中众多熟人目光的监督，所以对自己的行为举止便少了许多顾忌与约束。

（3）游客不文明旅游行为跟游览活动中人们难以形成保护环境愿望的特点有极大关系。从理论层面来说，旅游活动应该有利于提高游客的生态意识和环境伦理素质。然而，旅游活动本身的某些特性又不利于游客形成保护环境的愿望。如果把游客的游览活动视为一种对旅游环境的消费行为，那么环境消费心理学的相关论点可以有助于分析游客的不文明旅游行为。环境消费心理学认为，决定个人产生保护环境愿望的因素有三个：一是对环境问题严重性的认知；二是对造成环境污染的责任归属的认知；三是对解决环境问题有效性的认知。就旅游活动而言，游客不文明行为对环境、景观的消极影响往往是潜移默化的，它所造成的严重后果往往是长期积累所形成的，而游客的游览活动是暂时性、动态性、异地性的，所以大多数游客并不能看到自己的不文明旅游行为的严重后果。这就导致游客一方面对旅游景区环境问题的严重性缺乏认知，另一方面对自己的不文明旅游行为造成的环境污染问题的责任归属缺乏认知。此外，由于众多游客的不文明旅游行为同时存在，也使游客个体对解决环境问题的有效性缺乏认知，因而自己也不愿付出努力。种种因素决定了游客在游览活动过程中不易形成保护环境的愿望，从而也不易产生保护环境的行为。

（4）游客的不文明旅游行为也是游客在旅游过程中占有意识（物质摄取意识）外显的表现。景区游客在异地的游览过程中除了眼看、耳听、鼻嗅、口感之外，还忍不住有“手拿”的倾向。游客在旅游过程中的这种物质摄取意识是乱刻乱画、乱折乱摘、追逐猎杀动物等不文明行为产生的重要原因。

（5）有一些不文明旅游行为可能是游客的故意破坏行为。例如，对眼前的垃圾桶视而不见而把废弃物故意扔到山谷或湖水中；故意破坏旅游设施；在野生动物园中拉扯鸟的羽毛，袭击追杀动物等。这类行为的动机一般有两种：一种是纯粹为了寻开心，寻求刺激和快感，即为了寻求刺激而对旅游资源施暴的行为。另一种是为了发泄自己的某种不满情绪，把对环境、景观的破坏作为发泄心中不满的途径。这类行为造成的破坏相当严重。

除上述几个方面的原因外，还有一个重要原因，即很多游客缺乏旅游常识和旅游技巧，往往由于无知而在无意识的情况下做出一些不文明旅游行为。

3.游客不文明旅游行为的引导、管理方法

对游客的不文明旅游行为进行引导和管理将是一项比较复杂的系统工程，涉及多个层面、多个环节，需要多方面的共同努力。

（1）政府环保部门、社会环保组织、旅游管理部门应加强环境保护问题重要性的宣传，提高公众的环保意识。要大力宣传旅游与生态环境保护之间的互惠互利的关系，使公众认识到保护生态环境是旅游业可持续发展的前提；要大力宣传旅游活动可能会给环境造成的损害，尤其应让公众认识到游客不文明旅游行为对旅游环境、景观的污染和破坏；政府部门应经常性地向游客、景区居民公布环境质量信息及污染对健康、经济、环境的损害。通过各种措施使社会大众对旅游与环境的关系问题有正确的认识。这是一项最基础的工作，需要长期坚持不懈地进行。旅游行政管理部门应负起重要的责任。

（2）景区应采取有效的管理、防范措施。景区管理部门要对游客不文明旅游行为的特征与影响有清醒、深刻的认识，应重视对其进行引导和管理。

第一，景区管理工作人员首先应以身作则，发挥示范作用，带头爱护环境。中国不少景区都曾经组织工作人员与青年志愿者一起开展环保活动，这种活动既能强化工作人员的环保意识，又能起到对公众的宣传作用。

第二，景区应提供各种设施、设备以防止游客不文明旅游行为的发生。如合理放置美观有趣的垃圾箱，使游客便于、乐于负责任地处理废弃物。设置必要的美观醒目的标牌，配置有亲和力的标志性说明文字及提醒文字，提示游客不可放任自己。

第三，景区应建立方便的反映问题的渠道，便于游客反映问题和意见，及时消除不满情绪，预防破坏行为的发生。

第四，景区应制定比较完备的规章制度，对可能出现的各种不文明行为尤其是故意破坏行为加大制约力度。

第五，景区在旅游活动项目的安排中应有意识地增加与环境、景观保护有关的内容，使游客在生动有趣的活动中获得相关知识。国外许多生态旅游地在游客进入景区中心部位之前，都会先通过种种形象生动的手段如展览、讲解培训等，对游客进行生态知识、游览规范等的教育和引导，从而唤醒游客的生态责任意识。通过种种措施和手段在旅游景区内造就一种保护环境和景观、遵守游览规范的良好氛围，使游客时时意识到旅游景区对其文明行为的期待，从而能够约束自己的不文明旅游行为。

（3）应明确导游的环保职责。带队导游可对游客的行为起到直接的示范、监督、制约作用。在可持续旅游中，导游不仅要完成组织协调、解说等传统职责，同时还应负有“资源管理”的职责。在帮助游客了解、欣赏环境和景观的同时，应鼓励游客表现出对景区环境、景观负责的行为，预防和制止其不文明行为。旅游管理部门在导游考评、导游词设计等方面可适当增加有关环境特性和景观保护常识等内容，引导和鼓励导游负责任地行使好管理资源和保护环境的职责。

在这一方面浙江省淳安县旅游局的做法颇有借鉴意义。淳安县是著名的千岛湖景区所在地。为保护千岛湖的良好生态环境，该县旅游局明确要求导游员要成为千岛湖的“环保大使”。旅游局经常为导游员举办环保知识专题讲座，把“千岛湖环境”作为导游上岗、年审培训的必修课，从而强化导游员的环保意识，让每个导游员都能向游客宣传千岛湖环境保护，并在导游队伍中发起“保护千岛湖，从我做起”的倡议。这些做法取得了很好的效果。

（4）加强对景区内居民的环保教育。加强对景区内居民的环保教育，引导居民积极参加景区环保活动，能够充分发挥其示范作用与监督作用。例如，武夷山景区成立了由大量景区居民参加的“风景旅游资源保护协会”，在保护资源环境、发挥示范作用方面取得了很好的成效。张家界国家森林公园附近的居民在这一点上也表现得很出色。他们会在游客进入森林公园前提醒游客不要抽烟、用火，以防止森林火灾。景区内居民在环境、景观保护方面所发挥的示范作用和监督作用，可有效地预防一些游客不文明旅游行为的发生，很有利于景区环境、景观的保护工作。

（5）加强研究游客不文明行为。应重视和加强对游客不文明旅游行为的研究，尽可能摸清其特征、发生机制和变化规律，为景区管理工作提供科学的决策依据。全国性的旅游协会可在条件成熟时研究制定《游客伦理规范》之类的手册，作为非强制性的推荐指南在全行业乃至全社会推广，引导游客的旅游行为遵循环境准则。国外在这方面有一些做法值得借鉴，如美国旅行社协会制定的《生态旅游十戒》，“拯救的地球”组织制定的《低影响度假准则》，美国加州地区“责任旅游中心”制定的《旅游者伦理规范》等，都旨在对游客的行为进行引导和规范。通过这类规范对游客进行教育和引导，使游客认识到哪些行为是正当的，哪些行为是不文明的，意识到自己对旅游景区环境应负的责任，从而有效约束自己的不文明旅游行为。

随着新的旅游资源的开发、新的旅游活动项目的出现和新的旅游组织形式的发展，游客的不文明旅游行为也会出现新的特点和规律。景区应针对此问题开展更深入的研究，从而实现对游客不文明旅游行为的有效防范与引导。

五、景区旅游解说系统的基础知识

解说系统是运用某种媒体和表达方式，使特定信息传播并到达信息接收者，帮助信息接受者了解相关事物的性质和特点，从而达到服务和教育的基本功能。解说系统是旅游目的地各个要素中十分重要的组成部分，是旅游目的地的教育功能、服务功能、使用功能得以发挥的必要基础，是管理者管理游客的手段之一。

景区旅游解说系统按解说方式划分包括向导式解说与自导式解说两种。向导式解说系统亦称导游解说系统，以具有能动性的专门导游人员向游客进行主动的、动态的信息传导为主要表达方式。它的最大特点是双向沟通，能够回答游客提出的各种各样的问题，可以因人而异提供个性化服务。同时，由于导游一般掌握了较多的专业知识，向导式解说系统的信息量一般非常丰富，但其可靠性和准确性往往取决于导游员的素质，表现出不确定性。自导式解说系统是由书面材料、标准公共信息图形符号、语音等无生命设施、设备向游客提供静态的、被动的信息服务。它的形式多样，包括牌示、解说手册、导游图、语音解说、录像带、幻灯片等，其中牌示是最主要的表达方式。

有效的旅游解说，不仅能够为景区管理提供有效的管理工具，帮助景区减少因大量游客涌入而产生的对资源和当地社会的负面影响，而且能够在提高游客旅游体验方面发挥有效作用，还能在环境保护者和资源开发利用者之间建立沟通和平衡的桥梁，成为一种实现既保护又利用的双重目标的综合管理工具。

景区旅游解说系统具有基本信息和导向服务，帮助游客了解并欣赏景区的资源及其价值，加强旅游资源和设施的保护，鼓励游客参与旅游区管理、提高与旅游区有关的游憩技能，提供游客、社区居民和景区经营管理者之间的对话途径，户外教育，以及节约景区管理成本等多种功能；在规划设计中应该坚持：与景区管理目标相融合的原则，以游客为本的原则，差异性原则，简洁、鲜明、清晰的原则，与周围环境相和谐的原则。

（一）景区旅游解说系统组成与内容

景区旅游解说系统在空间范围上可以划分为景区交通导引系统、景区接待设施解说系统、核心景区解说系统、景区游客中心四个主要部分。

景区通常只有核心景区尤其是游览性景点的旅游解说系统。但对于大型景区而言，除核心景区解说系统外，其旅游解说系统还应包括景区交通导引系统（景区范围内及其所处区位和交通）、景区接待设施解说系统以及景区内游客中心或服务中心。

1.交通导引系统

包括进入景区前的交通导引系统和景区内交通导引系统两部分内容。

（1）进入景区前的交通导引系统。景区的可进入性是提高景区市场竞争力、吸引游客的重要因素。现代城市是旅游目的地系统中最为重要的一个部分。随着现代城市的高速发展，城市中公路网密布，若无良好的交通导引系统实现交通顺畅是不可能的。而在人口密度较小的景区，游客对当地环境相对陌生，若无良好的景区导引系统与服务就会迷路。因此，应该在旅游目的地的中心城市道路两侧、路面都设置清晰的导示标志及英汉双解说明，除规范的公众信息提示外，还应包括路中提醒，地铁、无人售票车站等使用说明。乡野道路的木制牌示等还应从游客需要角度加以设计。

对于作为城市一部分的景区，进入景区前的交通导引系统规划要和城市总体的交通导引系统规划相结合。对于位于城市郊区或其他更为偏僻的景区，需在高速公路或其他一级公路旁设有醒目的标牌，提醒游客通往景区的方向以及当前所在地与景区的距离，使游客对景区的地理位置有一个清楚的认识。对于位于市区内的景区，则还需要在景区所在地附近设立公交车站点并且把该景区的名称作为公交站名印在公交车站牌上，以方便游客的需求。

（2）景区内交通导引解说系统。在景区内部应为游客设计在最合理时间内的最佳游览路径，以环形线路为主体，以安全、便捷为宗旨，游线要避免重复，不走回头路。同时，也应该在各个交叉口处设立明确的景点指示牌，以满足各种类型游客的个性化需求。

2.景区接待设施解说系统

该系统包括游客入住与到访的各类宾馆、饭店、餐饮设施、旅游购物等场所。饭店要根据国家旅游行业标准规定，采用统一规范的公共信息图形符号，以便向不同国籍的游客提供准确明了的服务信息。此外，上述设施的“解说”也要加注英文。在景区物业管理上，要应当标注“小心路滑”“小心您的财物”的标语，对附加设施的使用方法、位置、预订等配制要说明。针对国外的旅游手册还需增加游览条例等内容。

3.核心景区（景区内）解说系统

该系统一般由软件部分（导游员、解说员、咨询服务等能动性的解说）与硬件部分（导游图、导游画册、牌示、录像带、幻灯片、语音解说、资料展示柜）等多种表现手段构成。一般认为只有导游才具备旅游说明功能，实际上从游客进入景区开始，景区就应该给游客提供最佳游览服务，让游客“读懂”景区。

解说牌是核心景区内解说系统硬件的主要组成部分，也是构成景区内解说系统的主体内容。解说牌种类多样，在吸引游客上具有非常重要的作用。在景区内，应根据各自特点，来安置适合周围环境、与景区或景点功能相一致的旅游解说牌。各类标志解说牌要讲究标志的造型、材质，有较强的艺术感，符合有关标准，并与景区环境协调。同时，各类标志牌摆放位置适当，不妨碍游客观赏景物。

景区内解说牌包括全景标示牌、道路标示牌、景点标示牌、忠告标示牌、服务标示牌几种。

（1）全景标示牌。全景标示牌是景区整体形象面对游客的第一次展现，因而也是策划、设计的重点。一般的，全景图表示景区的总体结构和景区、道路、服务设施（餐厅、厕所等）的分布，可以通过平面图、鸟瞰图、简介文字等表现形式，并设置于客流聚集处、游客信息服务中心、停车场及主要景区人口或内侧开阔处。

（2）道路标示牌。应在各交叉口处设立明确的景点指示牌，向景区游客清晰、直接地表示出方向、前方目标、距离、旅行时间等要素，有时可以包含一个或多个目标地信息，从而引导游客顺利地游览景区内的每一个景点。

（3）景点标示牌。这类牌示用以说明单个景点的名称、性质、内容、背景等信息，帮助游客详细了解景点概况，对游客有较强的吸引力，因此游客愿意花较多时间阅读这类景点标识。重要景点要详细说明景点有关情况。景区内的道路两旁设置必要的路标为游客指示方向，路标的设计要清楚、美观、大方，并且间距、数量得当。

（4）忠告标示牌。即告知游客各种安全注意事项和禁止游客各种不良行为的牌示，此种牌示多用红色。包括景区各处的“游览须知”、危险地段的“小心”“请勿前行”“防火期间请勿吸烟”等安全、警告字样。同时，要按照有关规定和要求设置忠告标志牌，室内项目要有醒目的出入口标志。忠告标志牌应在醒目的位置设立，清晰易辨，不得设在可移动物体上。

（5）服务标示牌。主要指服务功能建筑物的导引牌示，包括厕所、餐厅、冷饮、小卖部、照相、歇脚厅、游船、码头等牌示。

4.游客中心

在景区入口、城市广场、交通站场等地，景区管理机构应设立游客中心，建相关配套设施。在景区游客中心内还应设置问询处、问询电话、接待室、导游接洽室、旅游资料存列室（如制作景区沙盘、旅游景区挂图以及旅游特色产品展示）。游客中心可为要求导游服务的游客提供导游讲解服务或导游音带出租服务。导游讲解员必须持证上岗，人数及语种能满足游客需要。景区可根据情况设有广播室，播放背景音乐并为游客提供有关广播服务。播音内容应能清晰传送至景区内各处和正门附近。此外，为了方便游客，还可以在游客中心设立投币式自助的小件行李寄存箱。

游客中心应经常向游客提供旅游印刷物，可供游客随身携带，这是一种重要的自助游客信息支持方式。为了系统地为游客提供游览服务，景区游客中心的资料一般要包括以下内容：

（1）可以看或可以做的景点和事情；

（2）想看的景点的位置；

（3）游客目前所处的景点位置；

（4）在景区内的注意事项 ；

（5）景区的具体类型，如风景名胜区、自然保护区等。

同时，随着现代电子科技的迅速发展，游客中心还可以采用电脑触摸屏的形式，将景区的概况输入电脑，游客可以随时根据自己的需要通过电子触摸按键方便地查找到自己所需要的信息。

游客中心的选址受景区游人容量布局的影响。一般游客容量相对集中的地点主要在景区的出入处、景区内部交通换乘处和重要的节点处。游客中心的选址，应具备相应的水、电、能源、环保、抗灾等基础工程条件，靠近交通便捷的地段，依托现有服务设施；避开有自然灾害和不利建设的地段，同时还要分析所选位置的生态环境，因地制宜，充分顺应和利用原有地形，尽量减少对原有地物与环境的损伤或改造。

（二）景区旅游解说媒体

应当选择最适合主题、资源和景区游客的传播介质。选择了合适的解说媒体，才能更好地将解说信息传达给游客。各种解说媒体的优缺点见表4–2①。

表 4–2 各种解说媒体的优缺点

媒体	优点	缺点
标识牌	耐久性、稳定性强，使用不受时间限制 一般设立于被解说物旁，对照性强	无人管理，易受外界因素的破坏 一次性投入大，启动成本高
	可多人同时使用	文字有限，信息易陈旧
陈列室	展物集中，参观方便	参观时间长，易导致疲倦 吸引力随陈列项目的增多而递减
	真品实物配以照片、图表，容易理解	
	受天气及蚊虫等外界因素干扰小	
语音	效果增强，减少周围干扰 能实现音响效果戏剧化，吸引力较强	音响效果受设备影响，成本高。 一次只供一位游客使用，互动性差
幻灯片	制作简单，内容更换相对容易 重点突出，可同时欣赏摄影艺术	受拍摄、配音制作水平的制约 非动态的视觉效果
影视	可视，故事性强，景区内外均可使用	制作难度大，修改困难，成本高 互动性差
	效果同且持久，适合特定问题的解说	
人员解说	面对面交流，具有亲切感，信息接收速度快，能适时调整，能动性与互动性强	人员招聘、培训的成本高 讲解时间受限，服务人数有限

① 张进福，黄福才．景区管理：中国版 [M]. 北京：北京大学出版社，2009.

六、景区游客排队的管理方法

由于多数游客并不完全清楚自己在景区内的责任、义务与权利，同时客观存在着某些不文明行为，因此，有必要对游客进行管理。游客管理具有双重目标：首先，有效的游客管理能够防止旅游资源破坏和旅游产品退化；其次，有效的游客管理，能够向游客提供良好的旅游经历，保证游客在景区的旅游体验质量。景区游客管理有直接与间接两种方式。其中，排队管理是景区游客管理的日常工作和常见管理问题。

（一）游客管理的具体方式

景区游客管理一般分为直接管理和间接管理两种方式。直接管理是指直接改变游客的意志和行为，使游客意识到自己的行动受到一定限制，如景区内的禁止吸烟、林区内不得使用明火、自然保护区内不得采集任何野生动植物标本等。间接管理指不直接改变能影响游客意志和行为的一些措施和方法，如节约用水的劝告、环境解说系统中的善意教育和引导性语言等。

景区游客直接管理和间接管理的具体技术措施归纳见表4–3：[①]

表 4–3 景区游客直接管理和间接管理的具体技术措施

方法	技术层	具体措施
直接管理方法	实施规则	加强巡视罚款
		雇用看护员
		使用闭路电视或摄影机监视
	分区管理	禁止在某些区域或某些时间段内从事某些活动关闭某些地域的活动场所
	限制利用量	限制游客数量限制团体规模限制停留时间
间接管理方法	限制活动	禁止篝火晚会
		禁止超出道路和游径的旅行
		禁止野营
		禁止带狗，或者规定必须给狗系上皮带禁止乱扔废物
		禁止游客纵容马匹啃食植物等
		改善维护（或不改善维护）通人道路有选择地封闭道路新建道路改进停车设施改变游径的难度
		设置较多方向标志，或很少设置
		收取固定入场费

① 张进福，黄福才 . 景区管理：中国版 [M]. 北京：北京大学出版社，2009.

（二）游客排队管理

景区经营管理过程中，当来访的游客数量在某个时段超过了景区的接待或管理能力时，游客就可能会被要求排队等候，导致景区和接待设施入口处的游客流集中。如排队购买景区门票、排队进入自然旅游景区、排队等候工作人员安排停车位等。如果管理和分流措施不力，会使游客丧失耐心，从而导致旅游服务质量下降，引起游客的抱怨，甚至引起安全事故。因此，景区游客排队管理是非常重要的日常管理工作，涉及景区口碑和声誉。

1.游客排队的常见问题

当排队等候的时间超过一定限度后，游客会产生烦躁甚至不满情绪。如果游客花费了太多的时间排队，就会相应地减少了在景区游览的时间。这势必造成游客的抱怨及对景区游客管理能力的怀疑，从而大大降低景区在游客心中的美誉度。同时，这些行为也会使游客在本次旅游中得到的旅游体验大打折扣。因此，为了保证景区游客在景区的旅游体验质量，景区管理者有必要采取一系列措施进行合理的排队管理。

2.游客排队队形

排队管理的重要手段就是在不同的地方采取不同的队形和接待方式。队形一般可以分为传统单行队形、多列队形、主题队形等形式，它们各有其优缺点，也各有其最佳应用范围。

不同的景区类型以及不同的旅游接待服务设施原则上应采取不同的队形，从而提高排队的效率，有效引导与管理游客，提高游客体验质量。

3.游客排队管理方法

一旦出现游客经常排队的现象，景区的管理者就要采取一些排队管理措施。

首先，管理者要对游客的队列进行科学的管理，尽量缩短游客排队等候的时间。根据游客和配备的工作人员数量，可将队列划分为单列单人型（一队游客配备一名服务人员，以下类推）、单列多人型、多列多人型、多列单人型及综合队列等类型。这些类型各有优缺点，景区可根据实际情况选择合适的排队方式。此外，当某个时间段游客人数较多时，可考虑从其他部门抽调一些工作人员，增设售票窗口，增开服务通道，让游客快速获得他们所需要的服务。

其次，当不能完全杜绝游客排队等候的现象时，应当采取其他一些辅助措施来降低游客在排队过程中的不良感受，如让游客知道需要等候的时间、为游客提供娱乐活动以转移他们的注意力等。欧美许多著名主题乐园的排队区设计方面的经验可以为景区的排队管理提供借鉴。在欧美，许多著名的主题乐园会在热门游乐项目前花很大心思设计与乘骑主题一致的排队区环境，如在过山车的排队区让排队的游客穿过曲折幽暗的隧道，通过各种道具和声光效果来渲染环境的神秘气氛，让游客在越来越接近乘骑体验的同时积累对这种体验的期待。很多表演性游乐活动在正式表演开始之前都有丑角“捉弄”游客，制造气氛，让等候在观众席的游客不会觉得无聊。

4.排队管理的辅助方式

（1）设立导引标志，设计杂耍、滑稽表演，卡通人物与合影等。

（2）通过小型、短时间的节目安排，分散排队游客的注意力，活跃排队者气氛。

（3）消除较长时间排队产生的焦急心理，提高旅游产品的总体质量。

总之，景区对排队的管理既要想办法缩短游客等候时间，又要创造舒适的等候环境，营造与景区相适应的特殊气氛来降低游客在等候过程中的烦躁情绪。

第四节　景区标准化与质量管理

一、旅游标准化体系建设

在全球经济一体化、有形贸易壁垒日渐削减的大背景下，标准化工作越来越被各国重视，成为技术壁垒的重要选择。是现代社会中，服务业占据重要地位，国际社会对中国服务业提出了深度进入的迫切要求。这要求中国旅游标准化以及服务业标准化快速发展。旅游景区的等级划分和评定正是顺应这种标准化的要求而产生的，也是促进旅游业健康和快速发展的重要管理手段。面对当前的国际中国旅游形势，旅游景区要生存、发展，旅游景区的质量就要不断提升和改善，景区质量认证的等级就要进一步提升。[①]

① 王葵，彭韶辉，王子斌等．景区大跨径人行桥运营安全管控研究 [J]. 公路，2016，61（7）：177–182.

（一）国际旅游标准化体系建设

从全球范围看，旅游标准化的中心在欧洲，尤其以西班牙、法国、德国等国的旅游标准化研究最为突出。旅游标准化工作一般由一家或多家政府或非政府组织进行统筹，且多从市场角度出发，所颁布的标准获得企业的认可度较高。此外，标准的编制周期较短，一般为1—2年，修订也较快，一般发布后3—5年即进行修订，对于市场变化的适应性较强。

国际层面的旅游标准化机构主要有国际标准化组织（ISO）于2005年成立的“旅游及其相关服务”技术委员会（ISO/TC228）、“运动和休闲设备”标准委员会（ISO/TC83）以及区域性组织“欧洲旅游服务”技术委员会（CEN/TC329）。国际机构大多集中在欧洲，制定的旅游相关标准范围主要集中在滑雪、潜水、水疗、接待服务、安全规范等领域，重点集中在术语、服务规程等方面。

（二）中国旅游标准化体系建设

为更好地引导旅游业健康可持续发展，促进旅游产业转型升级，国家旅游局自20世纪90年代开始，逐步推进旅游标准化体系建设，形成了“政府部门主导、行业协会运作、企业共同参与”的发展态势，完全覆盖了旅游业六要素，内容涉及旅游业各个领域。先后制定了《旅游业标准体系表2000》《旅游业标准体系表2009》，对旅游业标准进行了分类与编排。2009年版采用四级开放式目录，既体现了旅游业的核心和重点，也体现了旅游业涉及范围内的标准化对象之间的相互联系。

《旅游业标准体系表2009》将标准分为四类，即服务标准、技术标准、管理标准以及相关标准，避免了重复和归类不清。旅游业体系分类上从服务和产品提供的角度入手，分为基础标准、要素系统标准、支持系统标准和工作标准四类，涵盖了更多的新型业态，分类更细，范围更全面，具有一定超前性，可扩充性更强。

作为旅游业要素系统的组成部分，旅游景区标准包括了旅游资源分类调查与评价、旅游规划通则、旅游景区质量等级的划分与评定、国家生态旅游示范区建设与运营评定、主题公园、工业旅游示范点、农业旅游示范点、古城/古镇/古村旅游设施与服务、旅游景区服务指南、休闲度假、旅游度假区等级划分、户外运动基地建设规范、休闲空间与场所等标准项目。同时，旅游景区相关标准还涉及其他诸多相关分类，几乎覆盖所有领域，体现出景区作为旅游业核心要素的广泛关联作用。

作为标准体系自身，旅游景区标准纵向上还可以分为国家标准、地方标准、行业标准和企业标准四级，遵循实践性、地方性，全面指导景区的各个领域与层级。目前，很多旅游景区都引用国际上相关标准的方式规范其日常管理活动，尤其是主题公园和游乐型景区。

二、景区质量规定

（一）《旅游景区质量等级的划分与评定》

国家标准《旅游景区质量等级的划分与评定》（GB/T17775—1999）于1999年出台，2003年在原有的基础上进行了一些修改，增添了5A级景区的标准和内容，对细节方面、景区的文化性和特色性等方面提出了更高要求，增加了细节性、文化性和特色性要求；细化了关于资源吸引力和市场影响力方面的划分条件，强调以人为本的服务宗旨。同时，国家旅游局对与标准配套的管理办法也进行了三次修改，1999年制定了《旅游区（点）质量等级评定办法》，2005年制定了《旅游景区质量等级评定管理办法》，2012年又制定了《旅游景区质量等级管理办法》，从而进行旅游景区质量等级的申请、评定、管理和责任处理。管理办法的三次制定与修改，使旅游景区质量等级的管理更加明确、严格、规范、系统。经过十多年的宣传贯彻和实施，A级景区在社会各界的影响日益扩大，已经成为旅游景区规划、建设、经营以及景区游客衡量景区质量的重要标尺。

《旅游景区质量等级的划分与评定》标准适用于接待海内外景区游客的中国各种类型的旅游景区。凡在中华人民共和国境内，正式开业从事旅游经营业务1年以上的旅游景区都可申请参加质量等级评定。旅游景区质量等级共分为五级，从高到低依次为5A、4A、3A、2A、1A级旅游景区。景区评定标准主要涵盖了旅游交通、游览、旅游安全、卫生、邮电服务、旅游购物、经营管理、资源和环境的保护、旅游资源吸引力、市场吸引力、游客接待量、游客满意率12个方面。整个标准体系由“服务质量与环境质量评价体系”“景观质量评价体系”“游客意见评价体系”构成，需要配合管理办法同时使用。

为了加强旅游景区质量等级评定工作的组织与管理，根据《旅游景区质量等级评定与划分》，国家旅游局成立了全国旅游景区质量等级评定委员会，负责全国旅游景区质量等级评定组织指导工作，并具体负责评定全国5A级和4A级旅游景区。各省、自治区、直辖市旅游局相应设立了地方旅游景区质量等级评定机构负责本地区旅游景区质量等级评定工作，具体负责本地区3A级、2A级和1A级旅游景区的评定，并向全国旅游景区质量等级评定委员会推荐本地符合条件的5A级和4A级旅游景区。旅游景区质量等级的标志、标牌、证书由国家旅游行政主管部门统一规定，全国旅游景区质量等级评定委员会负责颁发。

（二）《旅游景区质量服务》

《旅游景区服务指南》（GB/T26355—2010）于2011年1月14日发布，并于2011年6月1日开始实施，这是继《旅游景区质量等级的划分与评定》后，发布实施的第二个旅游景区类标准。《旅游景区质量等级的划分与评定》虽然也涉及了服务质量要求，但考虑到等级评定的可量化和可操作性，主要侧重对旅游资源和旅游设施进行标准化和等级划分，《旅游景区服务指南》主要从服务质量和服务规范角度提出要求和建议。

《旅游景区服务指南》主要从游客的角度，针对游客在景区游览过程中经常遇见的服务质量问题，规范了景区服务人员的仪表、服务态度、服务时效和服务流程。以游客的景区游览流程为顺序，针对游客游览过程中经常遇到的问题，从四个方面进行标准化：

（1）从进入景区开始到游览结束所需要的人员服务：包括停车场服务、售检票服务、入口服务、景区工作人员服务、导游讲解服务、交通服务、餐饮服务、购物服务、卫生保洁服务、咨询服务等。

（2）对提供服务的设施的基本要求和管理要求：包括停车场设施和管理、售检票设施和管理、入口区设施和管理、游步道设施、交通通信设施、标识指引、游览和活动项目设施设备、餐饮设施和管理、购物服务设施、卫生设施如厕所和垃圾箱的设置等。

（3）游客在游览过程中的安全管理：包括安全管理体系要求、特种设备安全、旅游景区治安、医疗救援等。

（4）游客投诉处理和管理：包括建立投诉制度的、配备相关人员、及时处理投诉等。

（三）《旅游度假区等级划分》

随着中国经济社会发展和城镇居民消费结构的不断提高，休闲度假日益成为中国居民旅游消费的重要方式。为正确引导国家级旅游度假区建设，2011年

1月14日国家旅游局发布了《旅游度假区等级划分》国家标准（GB/T26358—2010），并于2011年6月1日起实施。随后又先后制定了《旅游度假区等级划分细则》和《旅游度假区等级管理办法》。2015年正式开展国家级旅游度假区评定工作，并将长白山旅游度假区等17家度假区定为首批国家级旅游度假区。

创建国家级旅游度假区是促进和引领旅游行业由观光型向休闲度假型转变的一项重要工作，对中国旅游产品体系的建设和完善具有重要意义，对中国旅游业今后长期发展有深远的影响。其内容体现出以下特点。

（1）以度假区环境、度假设施和项目布局为核心。标准采用的旅游度假区的定义是：具有良好的资源与环境条件，能够满足游客休憩、康体、运动、益智、娱乐等休闲需求的，相对完整的度假设施聚集区。旅游度假区是以良好的资源环境为基础，以完备的服务设施为依托，以丰富多彩的休闲方式为内容的旅游区，重点强调目的地属性。

（2）评定标准的全面性。评定标准的度假区覆盖范围由外部到内部，由硬件到软件，由自然环境到人文环境，并由专家评审到游客调查的方方面面，评定内容全面细致。评定标准以资源、区位、市场、空间环境、设施与服务和管理六大项为等级划分的一般条件。相应的《旅游度假区等级评定细则》中具体为资源、区位、市场、空间环境、核心度假设施及服务、支撑性设施及服务以及管理七个部分，每一部分由若干小项组成，每一小项都给出了具体细则及相应分值。评定人员由专家组、技术组和参与问卷调查的游客共同组成，总分2000分，达到1700分即可通过国家级旅游度假区等级评定。

（3）评定程序的严谨性。国家级旅游度假区的申报单位需通过自评、问卷调查、递交材料至省级或相应旅游主管部门初审后方可上报，旅游度假区申报委员会将组织专家进行实地考察、打分，在确认参评旅游度假区满足了资源条件、边界与面积、环境质量等10项强制性指标，且度假区游客问卷综合满意度结果为75%以上之后，再由专家组、技术组及游客进一步评分，最终决定入选、推迟入选或淘汰名单。此外，还要进行复查、定期自检与不定期抽查。

三、景区绿色标准管理

国外旅游景区绿色标准管理主要是通过国外非政府组织采用认证、培训与奖励等方法引导旅游产业向绿色产业方向发展。旅游生态认证制度（tourism ecolabels）是目前旅游产业绿色管理的突出代表，比较有代表性的旅游生态认证制度是绿色环球21（Green Globe 21）。

绿色环球21是目前唯一的全球性旅行旅游业可持续发展的标志，由世界旅行旅游理事会（WTTC）于1993年创建，以21世纪议程和里约地球高峰论坛的可持续发展原则为指导，为企业、社区以及消费者提供可持续旅游的路径。目前绿色环球21的成员国达到了50多个。2002年，以绿色环球21认证制度为基础，澳大利亚生态旅游协会和澳大利亚可持续旅游合作研究中心（STCRC）共同起草完成了《国际生态旅游标准》，并由绿色环球21独家掌握执照发放和管理权。

绿色环球21标准是以可持续发展为原则，为旅行旅游这种特殊部门专门制定的，因此，绿色环球21不同于以往的各种“绿色”认证，它不仅注重企业内部的环境问题，还关注企业外部的社会与经济发展问题。这也正是绿色环球21认证与ISO14000认证的分水岭。此外，绿色环球21标准体系还针对旅行旅游20多个行业的特点制定了可测定的指标体系，要求所有加入绿色环球21认证的企业必须首先通过量化的可持续性达标评估，即达标评估，从而根据旅游行业的特点对企业的管理进行定量的有效评估和审核。

绿色环球21共有四个标准：绿色环球21企业标准、绿色环球21社区标准、绿色环球21国际生态旅游标准、绿色环球21设计与建筑标准。标准体系要求实施独立的第三方认证，并且每年进行一次评审，促使评估对象承诺年年有所改进。注册申请绿色环球21认证可以分为三个步骤：第一，加盟成为绿色环球21会员（Affiliate/Awareness）；第二，申请达标评估（Bench marking）；第三，申请认证评估（Certifying）。

通过认证评估的单位将获得绿色环球21颁发的合格证书，并获得使用绿色环球21打钩徽标的权利。

作为独特的品牌，绿色环球21在国际旅游业享有很高的声誉，加入绿色环球21有助于改善企业的环境与社会形象，提升企业的国际竞争力，并吸引新型“绿色”消费者。到目前为止，全球已有1000多家企业开展了绿色环球21认证。中国国家环保总局和绿色环球21于2002年10月15日签订了在中国推行“绿色环球21”可持续旅游标准体系的合作协议。目前中国的九寨沟、黄龙、三星堆博物馆、蜀南竹海景区、蟹岛生态园区、浙江世界贸易中心大饭店、深圳圣廷苑酒店等都已经通过绿色环球21企业标准认证，其中蟹岛生态园区成为中国首家通过绿色环球

21认证的企业，三星堆博物馆成为全球第一家通过绿色环球21认证的博物馆，蜀南竹海风景区是全球第一家通过绿色环球21认证的以竹资源和竹文化为特色的旅游景区，浙江世界贸易中心大饭店则是中国第一家通过绿色环球21认证的五星级大酒店。

第五节　景区旅游安全管理

一、旅游安全的定义

安全是影响旅游决策和旅游发展的重要因素之一。近年来，各类安全事故在不同类型的旅游景区时有发生，旅游景区安全成为消费者关注的焦点问题之一，尤其是随着探险旅游、极限运动等项目的兴起，发生安全事故的概率大大提高。对于出现安全问题的旅游景区而言，损失的不仅仅是金钱，还有旅游景区的形象。因此，安全管理应该是旅游景区企业各项管理工作之中不可忽视的重点，也是其他各项管理工作开展的基础。

广义的旅游安全是旅游现象中的一切安全现象的总称。既包括旅游活动中各相关主题的安全现象，也包括人类活动中与旅游现象相关的安全事态和社会现象中与旅游活动相关的安全现象。

狭义的旅游安全是旅游活动中各相关主体的一切安全现象的总称，它不仅包括旅游活动各环节中的安全现象，也包括旅游活动中涉及人、设备、环境等相关主体的安全现象。既包括旅游活动中安全的观念、意识培育、思想建设与安全理论等“上层建筑”，也包括旅游活动中安全的防控、保障与管理等“物质基础”，涵盖风险、事故、事件、危机等多种不同类型的安全问题。

风险是旅游系统内部的潜在隐患，当它受到激发时可以变为现实状态，从而导致旅游事故的发生。风险可以从事件场景、发生概率以及可能造成的负面后果三个方面来防范。事故是主观不希望出现的意外突发现象。事故的后果可分为死亡、疾病、伤害、财产损失和其他损失。事故的发生原因复杂，很难预测。旅游景区由于路况复杂、管理水平参差不齐，在旅游安全事故中交通事故占有一半以上，特别是在旅游旺季，交通安全问题尤为突出。①

二、旅游安全管理的定义及案例

（一）安全管理系统的定义

旅游安全管理的主要内容是研究安全风险、发现安全漏洞、解决安全问题，从防范事故、化解危机到恢复正常的旅游秩序，是一项全方位的、全过程的管理工作，通过旅游安全管理，可以消除风险与危害因素，控制经营过程中设施设备事故的发生，保障旅游系统内人员的安全与健康，保护旅游地的资源和财产安全。

通过构建旅游安全管理系统，将安全管理融入企业日常工作之中，使之成为旅游企业的常态管理活动，从而减少旅游安全事故发生的可能性，消除或者降低旅游事故的危害和损失。中国部分学者以旅游景区旅游安全为研究对象，分析景区旅游安全问题的表现形态，不断完善景区安全管理体系，从而阐述旅游景区较完善和较系统的安全管理措施。

（二）九寨沟安全管理体系

为了提高九寨沟景区旅游承载力，减小自然灾害和不可预见性事故，九寨沟风景名胜区依托一系列国家重大课题，以先进的管理理论为基础，融合物联网、空间信息、遥测遥感、计算机视频等多种现代信息技术建立了安全管理系统，探索了景区可能面临的危机问题及其应对措施，确保景区的健康可持续。

1.可能面临的突发危机的预测

以自然风光为主的九寨沟，岩层结构以喀斯特地貌为主，植被类型丰富，其主要灾害形式表现为森林火灾、泥石流、山体滑坡、洪水等几个方面；也存在其他旅游景区所共同面对的人为危机。因此，为了更好地应对危机，根据可能产生的影响将危机归纳为四种类型：一是对景区内人员的生命财产安全造成影响；二是对景区资源环境或旅游配套设施造成影响；三是影响景区品牌形象；四是影响景区经济效益。

2.“防范、处理、善后”三段式危机应对方式

危机防范阶段管理的目的是有效防范危机的发生，避免危机是最好的危机管

---

① 王丽华，刘晓蕾．景区网络营销与传统营销协同发展研究——以大连圣亚海洋世界为例 [J]. 生产力研究，2018，（8）：127–131.

理。九寨沟景区从强化危机意识、建立组织保障、制定危机预案、完善保险制度四个方面给出了应对措施。

危机处理目的是有效减轻危机对景区造成的破坏，尽量减少人员伤亡和财产损失。九寨沟管理局拟采用的办法是：立刻启动危机应急预案，根据预案成立危机应急指挥小组，迅速做到“相关人员、危机信息、处置措施”三到位；强化媒体协作，做到信息的及时、主动发布，主动引导正面舆论，以赢得公众的理解和支持。

危机善后是景区危机发生后的恢复过程。“5·12”汶川大地震后，九寨沟制定了2008—2020年针对性的战略规划目标及实施方案，按照九寨沟旅游在未来发展的侧重点分成恢复、发展和提升三个阶段。在恢复阶段（2008—2010），尽快将旅游市场恢复到灾前水平，增加景区的经济效益，并依托九寨沟的核心竞争力，实现产品项目多元化，为九寨沟未来的发展奠定坚实的物质基础；在发展阶段（2011—2015），通过前期的产品项目多元化，实现经济增长持续化，在积极稳步提高景区经济效益的同时，积极寻求景区与环境、景区与社区、景区与区域、景区与产业的和谐联动发展模式，经济增长方式从传统的数量型经济转变为综合质量型经济，达到九寨沟健康持续发展的目的；在提升阶段（2016—2020），围绕建设国际旅游目的地的要求，全面打造国际旅游品牌的新内涵，进入到国际旅游目的地的产能发挥期，进一步增强在国际上的影响力。

3.安全管理平台

九寨沟管理局系统提出以云为框架、打造2个支撑平台、支撑3个核心业务、建立6个主题数据库为主体的“1236”工程，以此为核心，研发旅游景区危机管理体系，打造常态危机管理平台和旅游运营平台，落实九寨沟景区综合管理、营销管理和游客体验等，创建具有危机意识和危机执行力的智慧九寨。

长期以来，九寨沟管理局牵头承担了一系列国家重大课题，如通过国家高技术研究发展计划（863计划）——基于时空分流导航管理模型的RFID技术在生态景区与地震博物馆的应用，重点解决景区票务与游客管理；通过国家科技支撑计划——“智能导航搜救终端景区应用示范”课题，重点解决了景区卫星定位精度、信号覆盖与应急搜救。以此为基础，进一步利用地理信息（GIS）结合遥感（RS）、卫星定位（GPS、北斗）、视频监控与分析、RFID等技术，有效地整合和管理景区的各种信息资源，构建了面向景区特定业务的专项应用，如景区森林防火、生态监测、旅游服务调度、应急指挥、卫生防疫等。现已建成并投入使用的应用系统有景区游客时空分流管理系统、地质灾害监测系统、森林防火监测系统等。

2012年“十一”长假，九寨沟景区游客量呈井喷式增长，最高日游客量达53000余人次，对景区环境、旅游配套基础设施等造成了很大的压力。因此，九寨沟管理局紧急启动了游客量突发性急增接待预案：使用LED大屏幕滚动播放入沟须知及护林防火宣传标语，建立微群指挥中心，利用“863”课题研究成果，结合基于人脸识别技术的游客流量视频分析系统，及时全面掌握景区内车辆、人流时空分布状况，统一安排，合理调度，圆满完成了各项工作任务，实现了无重大影响投诉、无重大安全事故、无刑事治安案件的“三无”目标。

三、旅游危机管理方法及案例

由于旅游活动在空间上的异地性和时间上的暂时性，以及在运行进程中呈现出的高关联度的综合特点，导致旅游业对发展和活动环境的高度依赖。世界旅游组织对旅游危机的定义为：影响旅行者对一个目的地的信心和扰乱继续正常经营的非预期性事件。

（一）UNWTO《旅游危机管理指南》

2003年6月，世界旅游组织（UNWTO）发布了《旅游危机管理指南》，用来指导成员国的危机应对和管理工作，使游客尽可能快地重返目的地，良好的危机管理技术有助于加快这个过程。提出基于诚实和透明之上的良好的沟通是成功的危机管理的关键，强调了旅游业危机管理中特殊的四个途径：信息沟通、宣传推广、安全保障、市场调查。

《旅游危机管理指南》针对危机之前、危机期间和危机过后三个阶段提出了行动建议，并将四个途径贯穿始终。

（二）九寨沟“9·2”游客滞留案例

尽管旅游景区自信已经做好充分的防治与准备，扰乱正常经营的非预期性事件依然会发生，从而影响游客对整个目的地的信心。

（1）“目标偏差”的危机管理准备。中国宏观大背景造成景区淡旺季管理问题极为突出，客观上造成景区的黄金周困局。同时，中国大多数景区以“门票经济”为首要发展目标，因此产生了管理偏差，直接导致危机的发生，也暴露出危机准备与组织管理的不足。

九寨沟以最大游客容量为管理极限，其推演过程并没有考虑游客作为人的因素，忽略身在实际流线中游客的心理感受和行动控制力，盲目相信按时空计算得到的标准机械数字，从而产生危机预测偏差。同时，旺季景区管理队伍的人员数量、质量，管理细节、手段，以及与游客在沟通、理解上都存在偏差。这些问题体现出的景区综合管理水平与问题，导致现有管理体系无法与宏大目标同步，造成危机的发生。

（2）“信息沟通严重缺失”的危机过程处理。在危机发生过程中，从管理方的陈述看，九寨沟管理局协同相关部门迅速启动应急预案，全力开展疏导工作：一是立即从景区外抽调60余名工作人员、100余名志愿者，深入一线，开展劝解工作；二是迅速抽派20名公安干警、20名武警战士分赴各候车点维护秩序、疏导交通，从县上抽调20辆摆渡车帮助景区转运游客；三是迅速组织力量采购矿泉水、面包等食品，分发给部分滞留游客。同时，全面开展退票工作，对未游览完景区的游客进行全额退票处理。通过多方努力，滞留游客全部安全疏散。

（3）危机后的反思。景区需要反思如何做出更加科学合理的应急预案，特别是针对黄金周高峰期旅游针对目前的市场规律，管理局需要从目标加以纠偏，在信息沟通、人性关怀上进行深刻反思，在站点设置、车辆调配、应急疏导等方面进行改进，力求做到合情、合理、合法，同时彻查事件原委，核实当日接待人数，调查矛盾激化前因后果，杜绝此类事件再次发生。

全社会需要反思如何培养合格的游客、如何成为一个合格的游客政府和景区等旅游共同体需要加强重视对于游客的宣传、教育和引导，在信息透明畅通的前提下，建议游客更加理性地选择出游的时间和地点，在游览过程中更加理性地对待交通不便、人多拥挤等实际困难，避免造成不必要甚至更大的损失与伤害。

第六节　景区资源管理

一、景区旅游资源管理

景区旅游资源是指景区内被用来吸引游客的一切事物与因素，是景区内经过人为开发而被利用的旅游资源。景区的旅游资源可以分为自然旅游资源和人文旅游资源。自然资源是景区的自然遗存，包括山、水、生物和天然形成的景物；人文资源包括建筑、遗迹、历史事件、民族民俗等人们在生产、生活活动中形成的景物。景区旅游资源可以是一座山、一个湖、一片草原、一幢建筑，也可以是一棵树、一扇窗等。景区旅游资源反映了一个景区的品质、吸引力和价值，是景区之所以成为景区的首要资源，是景区赖以生存、经营和发展的基础，决定了景区的品质、吸引力和价值，对景区生存有着特殊的意义。景区旅游资源有包括艺术价值、历史价值、游憩价值、科学价值、环境价值在内的多重价值，景区旅游资源管理的主要任务就是要使其多重价值得到充分体现。景区旅游资源不仅需要开发与利用，也需要保护与管理，最终实现人与环境和谐发展的目标。景区旅游资源管理以旅游资源调查与评价为基础，并遵照国家相关法律法规。

（一）景区旅游资源的调查

景区旅游资源的调查是资源管理的基础，也是景区旅游资源管理的重要环节。景区旅游资源调查就是充分利用与旅游资源有关的各种资料和研究成果，完成统计、填表和编写调查文件等项工作。调查方式以收集、分析、转化、利用这些资料和研究成果为主，并逐个对旅游资源单体进行现场调查核实，包括访问、实地观察、测试、记录、绘图、摄影，必要时进行采样和室内分析。

1.景区旅游资源的调查方式

旅游资源调查分为“旅游资源详查”和“旅游资源概查”两种，其调查方.式和精度要求各不相同。

（1）旅游资源详查。用于了解和掌握整个景区或所在区域旅游资源全面情况的旅游资源调查。完成全部旅游资源调查程序，包括调查准备、实地调查。调查组成员应具备与该调查区旅游环境、旅游资源、旅游开发有关的专业知识，需要有旅游、环境保护、地学、生物学、建筑园林、历史文化、旅游管理等方面的专业人员参与。资料收集范围为旅游资源单体及其赋存环有关的各类文字描述资料，包括地方志书、乡土教材、景区（点）介绍、规划与专题报告等；与旅游资源调查区有关的各类图形资料，重点是反映旅游环境与旅游资源的专题地图；与旅游资源调查区和旅游资源单体有关的各种照片、影像资料等。

（2）旅游资源概查。适用于了解和掌握景区或特定区域或专门类型的旅游资源调查。可以简化工作程序，如不需要成立调查组，调查人员由其参与的项目组织协调委派；资料收集限定在专门目的所需要的范围；可以不填写或选择重要内容填写“旅游资源单体调查表”等，强调整个运作过程的科学性、客观性、准确性，并尽量做到内容简洁和量化。

2.景区旅游资源的调查区、调查线路与调查对象

为便于运用及旅游资源评价、旅游资源统计、区域旅游资源开发，需要确定调查区和调查小区。调查线路按实际要求设置，一般要求贯穿调查区内所有调查小区和主要旅游资源单体所在的地点。选定具有旅游开发前景，具有明显经济、社会、文化价值的旅游资源单体，集合型旅游资源单体中具有代表性的部分，代表调查区形象的旅游资源单体作为调查对象进行重点调查。对品位较低且不具有开发利用价值的、与国家现行法律法规相违背的、开发后有损社会形象或可能造成环境问题、可能影响国计民生的旅游资源单体或区域不进行调查。

3.景区旅游资源的调查内容

资源调查主要是对旅游资源单体个性和特征的了解，包括单体性质、形态、结构、组成成分的外在表现和内在因素，以及单体生成过程、演化历史、人事影响等主要环境因素。调查内容通常包括如下几方面：

（1）外观形态与结构。包括旅游资源单体的整体状况、形态和突出（醒目）点；代表形象部分的细节变化；整体色彩和色彩变化、奇异华美现象、装饰艺术特色等；组成单体整体各部分的搭配关系和安排情况，构成单体主体部分的构造细节、构景要素等。

（2）内在性质。包括旅游资源单体的特质，如功能特性、历史文化内涵与格调、科学价值、艺术价值、经济背景、实际用途等。

（3）组成成分。包括构成旅游资源单体的组成物质、建筑材料、原料等。

（4）成因机制与演化过程。包括旅游资源单体发生、演化过程、演变的时序数据；生成和运行方式，如形成机制、形成年龄和初建时代、废弃时代、发现或制造时间、盛衰变化、历史演变、现代运动过程、生长情况、存在方式、展示演示及活动内容、开放时间等。

（5）规模与体量。包括旅游资源单体的空间数值如占地面积、建筑面积、体积、容积等；个性数值如长度、宽度、高度、深度、直径、周长、进深、面宽、海拔、高差、产值、数量、生长期等；比率关系数值如矿化度、曲度、比降、覆盖度、圆度等。

（6）环境背景。包括旅游资源单体周围的境况，所处具体位置及外部环境，如目前与其共存并成为单体不可分离的自然要素和人文要素，如气候、水文、生物、文物、民族等；影响单体存在与发展的外在条件，如特殊功能、雪线高度、重要战事、主要矿物质等；单体的旅游价值和社会地位、级别、知名度等。

（7）关联事物。包括与旅游资源单体形成、演化、存在有密切关系的典型的历史人物与事件等。

（二）景区旅游资源的规划要求与编制程序

合理规划与开发是景区旅游资源管理的主要手段之一。参照《旅游规划通则》（GB/T18971—2003，中华人民共和国国家质量监督检验检疫总局，2003年2月），景区旅游资源规划与开发管理的关键主要应该遵循旅游资源规划的相关要求和相关程序。

1.景区旅游资源的规划要求

（1）景区规划编制应当以旅游市场为导向，以旅游资源为基础，以旅游产品为主体，经济、社会和环境效益可持续发展的指导方针。

（2）编制要突出地方特色，注重区域协同，强调空间一体化发展，避免近距离不合理重复建设，同时，加强对旅游资源的保护，减少对旅游资源的浪费。

（3）旅游规划编制鼓励采用先进方法和技术。编制过程中应当进行多方案的比较，积极征求各有关行政管理部门的意见，尤其是当地居民的意见。

（4）旅游规划编制工作所采用的勘察、测量方法与图件、资料，要符合相关国家标准和技术规范。

（5）旅游规划技术指标，应当适应旅游业发展的长远需要，具有前瞻性。

（6）旅游规划编制人员应有比较广泛的专业构成，如旅游、经济、资源、环境、城市规划、建筑等方面。

2.景区旅游资源的规划编制程序

（1）任务确定阶段。景区应根据国家旅游行政主管部门对旅游规划设计单位资质认定的有关规定确定旅游规划编制单位。通常有公开招标、邀请托标、直接委托等形式。公开招标指委托方以招标公告的方式邀请不特定的规划设计单位投标。邀请招标指委托方以投标邀请书的方式邀请特定的规划设计单位投标。直接委托指委托方直接委托某一特定规划设计单位进行旅游规划的编制工作。确定编制单位时应制订项目计划书并签订旅游规划编制合同。

（2）前期准备阶段。包括：第一，政策法规研究。对国家和本地区旅游及相关政策、法规进行系统研究，全面评估规划所需要的社会、经济、文化、环境及政府行为等方面的影响。第二，旅游资源调查。对景区内旅游资源的类别、品位进行全面调查，编制景区内旅游资源分类明细表，绘制旅游资源分析图，具备条件时可根据需要建立旅游资源数据库，确定其旅游容量。第三，旅游客源市场分析。在对景区的游客数量和结构、地理和季节性分布、旅游方式、旅游目的、旅游偏好、停留时间、消费水平进行全面调查分析的基础上，研究并提出景区旅游客源市场未来的总量、结构和水平。第四，对景区旅游业发展进行竞争性分析。确立景区在交通可进入性、基础设施、景点现状、服务设施、广告宣传等各方面的区域比较优势，综合分析和评价各种制约因素及机遇。

（3）规划编制阶段。在前期准备工作的基础上，做到：第一，确立景区旅游主题、主要功能、主打产品和主题形象；第二，确立规划分期及各分期目标，提出旅游产品及设施的开发思路和空间布局；第三，确立重点旅游开发项目，确定投资规模，进行经济、社会和环境评价；第四，形成景区的旅游发展战略，提出实施规划的措施、方案和步骤，包括政策支持、经营管理体制、宣传促销、融资方式、教育培训等；第五，撰写规划文本、说明和附件的草案。

（4）征求意见阶段。规划草案形成后，原则上应广泛征求各方意见，并在此基础上，对规划草案进行修改、充实和完善。

（三）景区旅游资源管理的问题与对策

目前景区旅游资源管理存在的主要问题包括：

（1）旅游资源的整合程度较差，旅游项目雷同。部分景区景点各自为政、分散经营，难以形成统一、规范的体系，景点的连贯性、独特性无法得到突出，旅游项目雷同，降低了对游客的吸引力。

（2）旅游资源开发深度不够。多数景区缺少资金投入或者投资过于分散，同时旅游招商力度不大，投入的有限资金只能建一些低标准的景点，无法集中资金于特色资源的深度开发；旅游资源深层次的文化内涵尚待挖掘。

（3）旅游资源保护力度较小。景区旅游资源开发利用与合理保护未能很好地统一起来。因缺乏旅游资源保护立法，旅游资源未能得到保护性开发，开发过程中无法得到合理性利用；因缺乏编制和审定旅游规划的举措，旅游资源未能得到因地制宜合理规划和布局。

针对上述存在的问题，可以采取一些针对性的管理措施：

第一，加大对景区旅游资源的整合力度。着重考虑几个原则：①保护为主、保护与开发并重原则。景区是自然与历史文化相融合的有机整体，是一个地域概念。保护首先应该是整体观念上的区域保护，既要保护景区内的山、水、动植物不受破坏，又要保护水体、空气、环境不受污染。其次是历史文化氛围的保护。对有历史文化价值的史迹、古建筑、摩崖石刻、名人故居等名胜古迹，修复时应当十分慎重，原则上应修旧如旧。最后是保护好景区典型性、代表性的自然景观，保护特有的空间尺度感和自然美的感染力。②区域有序开发、同步发展原则。有序开发，指区域内各利益主体的正确定位；同步发展，指按照区域内共同商定的框架发展。③功能分区原则。强调功能区的合理配置与功能优化，保证不同区的和谐、高效。④利于游线布置原则。景区内游线应做到组景主题鲜明，既有统一感，又有层次感和变化感；游线组织要有序，游线环行不重复。⑤可持续旅游原则。强调环境限制性和利益最大化，即维护作为旅游发展的基本吸引力要素的资源环境质量。

第二，科学规划、合理利用景区旅游资源。应科学规划，充分利用景区的自然资源优势和人文景观优势，全方位、多角度、科学合理地开发利用旅游资源。综合考虑自然风光、风土人情、历史典故、生态保护与生态旅游、建筑风格、休闲娱乐等因素，因地制宜地科学规划景区布局，合情合理地增设人工景点，使每一处景点都能找准定位。要做到既不影响景区的自然生态环境，又能充实景区的景观内容。在保证景区生态安全的情况下可以合理增设景点、建设参与性项目，使游客变被动为主动，延长游客的旅游时间，增加景区的旅游收入，弥补因自然风光的季节性特点而导致景观的观赏性下降。另一方面，注重挖掘人文旅游资源的文化内涵，突出人文景观的旅游意义，使景区的自然生态景观与人文景观巧妙地结合。

第三，实施对景区旅游资源的有效监管。坚持可持续发展战略，认真制定科学合理的旅游规划并严格执行规划。充分利用各种渠道对景区旅游资源实施有效监管，坚决杜绝破坏性开发，避免“先污染、后治理”现象。

二、景区人力资源管理

（一）景区人力资源管理的目标与层次

1.景区人力资源管理的目标

景区人力资源管理工作通过对人力资源的有效管理、挖掘和激励，使其得到优化组合，最大程度发挥景区人力资源的积极性，从而提高景区的经济效益和社会效益。景区人力资源管理目标包括三个方面：①造就一支高素质的景区员工队伍；②使景区员工队伍得到优化组合，做到“人尽其才、才尽其用”；③建立一套科学的人力资源开发与管理体系，形成人才优化机制，充分调动员工的积极性和创造性。

2.景区人力资源管理的层次

（1）职能层人力资源管理。该层次是指企业的人力资源部仅仅具有招聘、考核、培训等部分职能。这是一种低层次人力资源管理模式，其优点是人力资源管理成本比较低，但仅适用于中小企业。如果企业的规模扩大，发展速度加快，那么这种模式便很难适应企业发展，甚至出现拖企业后腿的现象。

（2）制度层人力资源管理。制度层人力资源管理是指企业的人力资源管理职能完善，并有一套系统的人力资源管理制度、规程、实施细则，人力资源部还定期出具人力资源管理报表来表明企业的人力资源状况。制度层人力资源管理是水平较高的人力资源管理方式。规范、系统的管理定会推动企业的发展。目前，中国多数企业的人力资源管理水平还达不到这一层，这与人力资源管理引入中国时间不长、人们对人力资源的理解还不深刻以及缺少相关的管理人才有关。

（3）文化层人力资源管理。文化层人力资源管理是指企业的人力资源管理职能不仅完备，还体现出明显的企业特色，有自己的价值观。这一层次人力资源管理者更是企业文化的传播者、塑造者。一般来说，处于这类管理层次的企业都是拥有悠久的发展历史、取得过辉煌的市场佳绩的知名企业。

企业文化层人力资源管理是最高层次的人力资源管理。毫无疑问，这种模式的人力资源部已经成为企业发展不可或缺的战略组成，不再仅仅是一个服务者、后勤保障者。

从一个景区的角度来看，这三种层次没有绝对的好或不好，只有适合或者不适合，适合了就是最好的选择。景区应根据自己的规模、发展阶段建立适合自己的人力资源管理模式。由于景区的发展是动态的，因此人力资源管理水平也应随之变化、调整。

（二）景区人力资源管理中的问题

尽管已经认识到人力资源管理的紧迫性和重要性，但景区人力资源的管理仍需改善。总体而言，多数景区人力资源机构设置、管理体制无法满足景区的发展；景区内部人力资源培训水平难以迎合景区发展的需要；景区高级管理人员缺口较大，特别是远离城市、交通不便的自然景区，高级管理人才更加缺乏，难以留住人才；景区一线服务人员素质不高、流动性强，景区培训成本较高。具体表现在如下几个方面：

（1）人力资源培养不够。传统的填鸭式教学方式因缺乏实践操作机会，使景区从业人员操作能力与动手能力较低。景区人力资源培养工作较为滞后，部门内部也往往只重视对一线员工的操作培养，忽视了对管理人员的培养。

（2）人力资源层次不平衡。因旅游院校人才培养层次不平衡部分地导致了景区人力资源层次的不平衡。一方面是专业设置不均衡，多数旅游院校的专业设置集中在旅游管理、饭店管理、导游等，开设旅游规划、旅游资源开发、景区服务管理等专业的旅游院校较少，导致这些方面的专业人才远远不能满足景区发展的需要；另一方面是人才培养层次明显偏低，以专科和职业学校学生为主，本科生比例有待提高，高层次旅游管理人才的缺乏问题更是严重。

（3）景区从业人员整体学历偏低，受旅游专业训练的比例小，素质参差不齐。一般景区服务人员学历层次普遍偏低，而且接受旅游专业训练的人数比例小。因此从业人员无论在专业水平还是整体综合素质上都较低。大多数从业人员缺乏基本的文化基础知识，缺少强烈的敬业精神和竞争危机感，缺乏现代旅游服务意识，服务技能水平不高，导致许多景区总体服务质量不高。景区景点缺乏中、高级人员及有关专家、专业人员，缺乏熟练技术工人。

（三）景区人力资源的创新管理

景区人力资源管理创新可以从如下几个方面入手：

1.让员工树立创新意识

员工是创新的主体，培养员工的创新精神既是知识经济下景区生存发展的需要，也关系到每个员工的个人发展。景区从业人员的工作对象是形形色色的人，旅游活动丰富多彩，游客需求日益多样化和个性化，因此员工在工作时不可以墨守成规。景区如果还仅仅要求员工爱岗敬业是不够的，应采取有效的措施促使全体员工更新观念，树立创新意识，创造良好的创新环境，促进员工在服务内容、服务形式和服务项目上不断创新，以适应知识经济社会游客的旅游偏好、价值判断和内在需要。

2.通过培训提高员工的创新能力

国际经合组织在1996年年度报告中提出“在知识经济中，学习极为重要，可以决定个人、企业和国家经济的命运”。与之前的农业经济、工业经济相比，知识经济对劳动者的要求更多地体现在知识层次上，知识经济的劳动者与之前的劳动者有本质的不同，之前的劳动者可以基于父辈的劳动经验或师傅的劳动技能从事劳动，因为那种劳动基本上是一种体力劳动和简单劳动。劳动者可以轻松地或是在不太长的时间内获得一种经验或技能。而对于走向知识经济的劳动者来说，如果不努力学习真正掌握从事智力劳动的技能，是不可能实现就业，从而融入知识经济的社会中去的。从企业创新角度来看，创新来源于人的知识的积累和独创性思维。只有不断地给员工提供获取新知识、新技术的机会，并培养其独创性，创新人才才会源源不断地涌现。因此，员工创新能力的提高，单靠传、帮、带是不够的，必须让员工参加新知识的学习和培训，强化其终身学习的意识。景区应该建立一套完善的培训制度，为员工提供良好的培训条件和学习环境。培训内容以更新知识、提高业务能力和创新能力为主。此外，应当增加投资力度，逐年提高培训经费，建立由大学教授、企业高级管理人员、政府官员、国际机构聘请的兼职教授等高水准的兼职教师组成稳定的师资培训队伍。培训形式可采用岗前培训、岗位培训和发展培训相结合、脱产培训和工余培训相结合。

3.通过激励激励员工主动创新

人力资源开发管理的目的就是努力提高员工的素质，调动员工的积极性，激发员工的工作动机和热情，取得良好的管理功效。事实证明，人拥有的知识和技能并不等于工作结果。拥有知识和技能是一回事，而知识和技能的运用则是另一回事。通过教育和培训可以提高人的知识和技能，而通过激励，可以充分发挥人的知识与技能的作用。为了更有效地利用和开发人力资源，还要善于运用激励手段，激发员工潜能，充分调动员工的积极性，对知识员工的激励，不仅要进行精神激励和物质激励，更要把专业和个人成就视为激发器。有利的工作环境和被激励的状态相互作用，使得个体能力中被激发了的能量释放出来。如能保证个体有明确的目标观念，并能获得信息平等交流这样一种环境的支撑，则被激发的能量就会被引导到专业和个人的成就上来，从而取得更好的激励效果。

4.建立科学的人才聘用制度

在人才的选拔和任用上，应打破学历、资历界限，实行“唯才是举”的原则，把具有真才实学的创新人才选拔到重要岗位上，发挥其应有的作用，形成“能者上，平者让，庸者下”的用人机制，促进人才结构优化。景区从业人员的知识结构不能局限于旅游专业，应鼓励员工一专多能，知识结构应从单一的旅游知识向融旅游、经济、管理、投资、证券、高科技等专业知识于一体的综合型结构转变；同时，要给创新者提供一个宽松的环境，包括对创新者精神上的激励和鼓舞，以及通过法律、制度等给创新者的成果以肯定和保护，同时还应当从物质上重奖创新人才。如果员工提出的创新知识与景区的目标一致，就应该给予资金、人力和物资等的支持，景区和员工共享知识创新带来的好处，并形成追求创新、鼓励创新的机制和环境，使创新人才源源不断地涌现出来。

5.运用长处管理策略（LIFO）

长处管理策略（Life-Orientation，即LIFO，意即“人生取向”）管理系统是结合现代管理学、组织心理学和人际关系学的综合管理系统。LIFO的核心思想是一个人事业的成功与否取决于他能否管理自己的长处。人们通过辨认个人的长处和取向，有效地运用自己的长处、发挥自己的潜能以取得事业的成功。因此，LIFO又被称为“长处管理策略”。LIFO强调的是根据人在各种环境中的基本行为、偏好、目标、态度与感受等因素，将人的风格分为卓越、行动、理性与和谐四种。每一种风格都有其优点，也有其缺点。在实际中，一个人可能是各种风格的综合体，只是各种风格的频率与效度不同而已。人们所需要的应该是在自我了解之后，正确认识个人价值，从而更有效地运用自己的长处和个人风格。

“以人为本”的景区人力资源管理需要LIFO。但目前人们对LIFO的认知度还比较低。旅游企业管理人员对自己的优势辨认不清，大多数员工的优势没有得到充分发挥。事实上员工是渴望被人了解和接纳的。因此，运用长处管理策略，可以挖掘景区员工的优点与长处，把员工的“人生取向”与景区价值尽可能地统一起来，提高员工主人翁的责任感和归属感，发挥员工的长处和积极主动性。

景区可以对管理人员和员工进行专门的LIFO培训，提高认识，促进实施，帮助员工辨认、管理个人长处，以取得事业的成功，同时也为景区培养一支优秀的员工队伍，实现景区经营管理目标。

6.开展柔性管理

柔性管理是相对于刚性管理提出来的。刚性管理以规章制度为中心，凭借制度约束、纪律监督、奖惩规则等手段，对员工进行管理，是一种机械的、非人性化的管理，其结果是不能充分发挥人的能动性和创造性。人力资源的柔性管理是在人力资源管理过程中，体现出“和谐、融洽、协作、灵活、敏捷、韧性”等柔性特征。尊重人的人格独立和个人尊严，通过民主管理、权利平等、人性解放，激发员工的内在潜力、主动性和创造精神，使他们真正感到自己是企业的主人，让他们全身心地为企业不断开拓优良业绩。

仅靠严明的制度，景区经营难以达到最佳效果，获得最大效益。如果不能使约束和激励机制协调运行，那么往往还将激化管理层与基层的矛盾，使员工情绪低落、生产效率下降。因此，景区管理中，在强调必要的规范、制度和奖励措施等硬性手段对员工的控制与约束的同时，更重要的是应该有柔性管理的意识，处理好景区中的人际关系，重视组织成员的需要，用高尚的企业精神统一员工的意志，充分激发全体员工的积极性和创造力，从而把组织的意志变成人们的自觉行为。

景区实行柔性管理的具体做法有：①服务柔性管理：与员工建立新的伙伴关系，“有福同享、有难同当”；②情感柔性管理：加强与员工的沟通，使员工对景区有一种归属感，能够热爱景区；③组织柔性管理：授予员工一定的权限；④质量柔性管理：加强景区文化建设，培育团队精神。

三、景区财务资源管理

景区财务资源是指景区所拥有或控制的经济资源，其中主要包含两部分资源：首先，能以货币计量的经济资源，如景区的经营权、景区的固定资产和流动资产等；其次，不能以货币计量的无形资产，如商誉。由于经营权转让的现实存在，景区经营者往往只拥有景区一定年限的经营权而没有所有权。景区财务资源管理，是以景区完善的财务管理为基础的，主要做好景区资金的筹集、运用、回收、分配，以及资产的妥善管理。

景区财务管理是有关资金的获得和有效使用的管理工作，是景区资源管理中极为重要的一部分，服从于景区财务管理目标和景区经营总目标。景区财务资源管理目标可以概括为四个方面：景区市场价值最大化、员工财富最大化、社会公众的社会经济责任和绩效最大化、其他利益相关者的利益最大化。其中，景区市场价值最大化是景区财务资源管理的首要目标。

景区的财务资源管理的基本内容就是对景区各种经济资源的管理，其中主要包括筹资管理、投资管理和资产管理。管理方法可以借用企业财务管理的方法，组织、指挥、监督和控制景区的财务活动，正确处理财务关系，完成财务管理任务，使景区财务资源达到最大化。具体包括：财务预测、财务计划、财务决策、财务控制、财务分析和财务审计等。

（一）筹资管理

景区筹资管理是指景区根据生产经营、投资和调整资本结构的需要，通过筹资渠道和资金市场，运用筹资方式，经济有效地筹措资金。

1.资本金的定义

资本金是指在工商行政管理部门登记的注册资金。资本金按照投资主体的不同，分为国家资本金、法人资本金、个人资本金和外商资本金。国家资本金是指有权代表国家政府部门或机构以国有资产投入景区形成的资本金；法人资本金是指其他法人单位以其依法可以支配的资产投入景区形成的资本金；个人资本金是指社会个人或景区内部员工以个人合法财产投入景区形成的资本金；外商资本金是指国外投资者以及中国香港、澳门和台湾地区投资者投入景区而形成的资本金。

景区可以采取多种方式筹集资本金，如吸收国家投资、各方集资、实物、无形资产或发行股票等。资本金的筹集可以一次或分期筹集。一次性筹集，应在营业执照签发之日起6个月内筹足；分期筹集的第一次投资出资额不低于15%，并且在营业执照签发之日起3个月内缴清，增加或减少注册资金数额必须办理变更登记手续。

2.筹集资金的渠道与方式

景区筹集资金的渠道主要有国家财政投资、银行信贷投资、非银行金融机构借入、其他法人单位投资、社会和内部集资、境外投资和企业留利等几个方面。

筹集资金的方式是指景区取得资金的具体方式。资金筹集的方式多种多样，除国家财政投资外，运用最多的筹资方式有：

（1）发行股票。股票是股份有限公司为筹集资本而发行的、表示股东按其所持股份享有所有权和承担义务的可转让的书面证明。发行股票是筹集资金的有效方式，景区不仅可以从社会吸收闲散的资金，还可以有效地提高景区的知名度。

（2）负债筹资。负债筹资是指景区向债权人借入资金来实现筹集资金的目的。负债筹集资金，利益与风险并存，景区应当正确运用财务杠杆，合理经营资金，从而取得较好的经济效益。负债分为长期负债和流动负债。长期负债是指偿还期限在一年或超过一年的一个营业周期以上的债务，包括长期借款、应付长期债券、长期应付款等。流动负债是指偿还期限在一年内或超过一年的一个营业周期内的债务，包括短期借款、应付短期债券、结算中形成的应付及预收货款、应付票据、应缴税金、应付利润、应付股利、已计入成本尚未支付的预提费用、已提取但尚未支付的职工福利费等。

景区负债筹资的主要方式有金融机构借款、发行债券、商业信用、融资租赁等。

金融机构借款主要指景区向银行或非银行金融机构借入的各种资金，是景区负债筹资的重要来源之一。这种筹资方式速度快，但限制条件多，并且风险大，金额也很有限。

发行债券是指景区为筹集资金，依照法定的程序，并约定在一定时期还本付息的有价证券，它代表持券人与景区之间的债权债务关系。发行债券也是景区筹集资金的重要方式之一。按发行形式进行分类，债券可分为记名债券和不记名债券；按偿还形式进行分类，可以分为定期偿还债券和随时偿还债券；按有无抵押品担保划进行分类，可分为抵押债券和信用债券。

商业信用是指景区在交易过程中由于预收货款或延期付款而形成的一种信贷关系，使商品交易中货与钱在空间和时间上造成分离，为景区创造筹集短期资金的机会。具体形式包括应付账款、预收账款、商业汇票等。

融资租赁是由租赁公司按照承租单位要求出资购买设备，在较长的契约或合同期内提供给承租单位使用的信用业务。融资租赁适合资金紧张或急需设备的景区。

景区内部筹资，主要包括三种形式：第一，企业留利，即景区按照国家规定从上缴税金后的利润中提取的公积金、公益金及企业未分配利润。该部分可以转增资本金，也可以用于临时周转，从而成为筹资的方式之一。第二，内部员工入股筹资。第三，内部资金的临时调剂。

3.筹集资金组合与程序

景区筹资管理的重点内容是资金的筹措，资金筹措方式的选择又是重中之重。资金的筹措需要一定的渠道和方式。

景区的筹集资金活动，应当按照科学的程序进行，避免遗漏和盲目性。一般景区筹资程序如下：正确评估筹资用途—确定资金需求量—确定筹资时间跨度—确定筹资渠道和方式—确定资金成本—适时调整资本结构。

4.资金成本

资金成本是资金使用者向资金所有者和中介人支付的占用费和筹资费。景区选择筹资方式时，应当根据资金成本来进行筹集资金的决策。资金成本包括资金使用费和筹集资金的费用。资金使用费具体包括需支付的股息、资金占用费等，与筹资金额、时间长度有直接关系。筹集资金的费用具体包括委托金融机构代理发行股票、债券所支付的注册费、代办费，借款的手续费等，这一类费用一般与筹资金额和时间长度无直接关系。

资金成本可以用绝对数或相对数表示，并用资金成本率（资金成本额同所提供的资金之间的比率）体现。

$$\text{资金成本率}=\frac{\text{利息额}\times\left(1-\text{所得税税额}\right)}{\text{筹资总额}\times\left(1-\text{筹资费率}\right)}$$

景区的利润率必须高于资金成本率，投资才有价值，即能够赢利，如果景区的利润率低于资金成本率，不仅会给景区带来巨额的债务，还会使景区的经济效益下降。

（二）投资管理

景区投资是指景区以现金、实物、无形资产，通过签订合同或协议，参加其他企业的经济活动，或通过购买其他企业的债券、股票等方式，扩展经营业务的一系列活动。景区投资管理的主要任务是对投资项目进行财务评估和投资风险管理。景区投资中固定资产的投资数额很大，且资金占用时间长，变现能力差，特别应当遵循投资决策程序：投资项目的提出—投资项目的评价—投资项目的决策—投资项目的执行—投资项目的再评价。

1.投资的种类

（1）按投资时间长短分为长期投资和短期投资。景区长期投资周期长、投资风险大，但同时投资报酬率高。一般包括股票投资、债券投资和其他投资。长期投资有利于景区获取新的资源，提高景区的声誉和调整经营格局。短期投资灵活方便，变现周期短，收益快，风险较小。景区可以利用闲置资金，进行短期的有价证券投资，从而获得超过同期银行存款利率的收益。

（2）按投资目的可以分为经营性投资和战略性投资。经营性投资主要指景区在维持景区正常经营管理的基础上对外投资，从而获得一定的经济利益。战略性对外投资是为调整本景区的产业结构、产业布局和控制竞争对手而抢先进行的投资，周期长，所需资金量大，风险大，但涉及景区长远发展。

（3）按投资风险程度分为确定性投资和风险投资。确定性投资是指投资风险比较小、对于景区收益情况和未来发展比较确定的投资。投资收益比较确定，但投资报酬率也相对较低。如景区购买国债，这种投资的利率稳定，基本没有风险，到期还本付息，但收益低。风险投资是指投资风险大，对于未来的情况难以预测，但能获得一定的风险价值回报。如景区投巨资开发新的景点，未来的客源无法预料，投资回报无法预计，则该项目风险就较大，但其风险因投资金额的大小和投资周期的长短而变动。

（4）按投资范围分为对内投资和对外投资。对内投资是指保证景区经营活动的正常运行而进行的内部生产性的投资，包括更新旧设备，购进新设备，或开发新景点等。对外投资是指景区对其他单位的投资，包括购买上市公司股票或投资基金等。

2.投资决策的方式

投资项目的评价是景区进行投资决策的关键。投资项目评价使用的指标分为贴现指标和非贴现指标。贴现指标必须考虑货币时间价值因素，主要包括净现值、现值指数、内含报酬率等。非贴现指标不考虑货币的时间价值因素，主要包括回收期和会计收益等。根据投资项目评价所使用的指标不同可以将投资决策的方法分为贴现分析评价法和非贴现分析评价法。

（1）贴现分析评价法。根据贴现指标所包含的内容又可分为净现值法、现值指数法和内含报酬率法等。

第一，净现值法。净现值是指投资项目未来现金流入量的总现值超过投资项目现金流出量限制的差额。差额大于零，投资即为赢利；小于零，投资亏损；等于零，则投资不赢不亏。净现值法具有广泛的适用性，反映投资决策的效益，但景区必须考虑贴现率的估算问题。

第二，现值指数法。现值指数是指投资项目未来报酬的总现值与初始投资额的现值之比。现值指数大于1，收益大于成本，则投资赢利；现值指数小于1，收益小于成本，则投资亏损；现值指数等于1，则不亏不盈。现值指数法可以用于初始投资额不同的投资方案的对比。相对数反应投资方案的效率，当投资额不等时和净现值不等时，现值指数就可以作为参考指标。

第三，内含报酬率法。内含报酬率是指能够使未来现金流入量等于现金流出量的贴现率。若内含报酬率大于企业的资金成本或要求的必要报酬率，投资就是盈利的；若内含报酬率小于企业的资金成本或要求的必要报酬率，投资就是亏损的；若内含报酬率与企业的资金成本或要求的必要报酬率相等，则投资不亏不盈。内含投资报酬率不需要事先确定一个贴现率，只要将内含报酬率相互比较就可以排列投资方案的先后顺序，在若干个可行方案中，内含报酬率最高的即为最优方案，但还需要根据资金成本或必要报酬率决定方案的取舍。内含报酬率的计算较为复杂，若方案中每年净现金流量相等，可按照年现金值查表计算求得，若方案中每年净现金流量不相等，就要用复利现值法逐次测试求得。

（2）非贴现分析评价法。主要有投资回收期分析法和会计收益分析法两种，但都不考虑货币的时间价值。投资回收期指回收初始投资额所需要的时间。投资回收期越短，投资方案越有利；反之，则越不利。在每年投资的净现金流入量相等的情况下，投资回收期的计算公式为：

$$投资回收期=\frac{原始投资额}{每年净现金流量}$$

若每年的净现金流量不相等，则回收期是累计每年净现金流量与原投资相等时所对应的时间。回收期法的计算比较简单，概念易理解，但考虑货币的时间价值，忽略回收期满以后的现金流量。回收期法注重投资额的回收，容易导致急功近利。

会计收益分析法是一种分析平均报酬率（即指投资项目寿命周期内平均年投资报酬率）的方法。景区应事先确定要求达到的平均报酬率，高于平均报酬率的项目才能入选。平均报酬率的计算公式为：

$$平均报酬率=\frac{年平均净现值流量}{初始投资额}\times 100\%$$

3.投资决策的风险

长期的投资决策时间长、风险大，景区有必要进行风险分析。风险分析的主要方法有决策树法、敏感性分析和风险调整贴现率法等。

（1）决策树法。决策树法是根据逻辑关系将决策问题绘制成树形图，按照自树梢至树根的顺序，逐步计算各决策点的期望货币值，根据期望收益最大或期望损失最小的原则做出相应决策。决策树法比较形象，能将各种可供选择的方案、可能出现的状况、概率以及产生的后果绘制在一张决策图上，从而进行讨论研究，做出最初选择。决策树法可以明确地比较决策问题的各种可行方案的优劣，对于景区这种多级决策的分析非常适合，是帮助景区决策者进行决策的有效工具。

（2）敏感性分析法。敏感性分析法主要用来分析预测项目主要因素发生变化时对经济评价指标的影响，从中找出敏感的不确定因素，并确定其影响程度。投资决策中的敏感性分析，通常研究有关投资方案的现金净流量或固定资产使用年限这两个因素发生变动时对净现金值的影响，投资方案的报酬率发生变动时对现金净流量或使用年限的影响。

（3）风险调整贴现率法。风险调整贴现率法是在计算一个项目的净现值时，对不同的项目采用不同的贴现率，从而适应不同的风险，再根据净现值法去选择方案。一般可根据投资项目的风险程度确定贴现率，计算净现值，如较高风险的项目可以采用较高的贴现率。

（三）资产管理

资产是景区拥有或控制的能以货币计量的经济资源，按计价方式可以分为货币性资产和非货币性资产；根据资产的流动性可以分为流动资产、固定资产、无形资产等。

1.流动资产管理

流动资产是指景区能够在一年内或者超过一年的一个营业周期内变现或者耗费的资产，主要包括货币资金、结算资金和存货等。流动资产的管理直接关系到景区的财务资源状况。

（1）货币资金管理。景区利用旅游资源吸引游客，其服务方式基本都是先购买门票、后游览的模式，因此景区的货币资金在流动资产管理中占有重要的位置。景区的货币资金主要包括现金、银行存款两部分。

第一，现金管理。现金是指各种货币形态的资金，具体指景区的库存现金，包括人民币和外汇。由于景区所提供的服务基本是以现金的形式支付，尤其对远离城市的景区而言，保证其现金的安全是重中之重。因而，现金管理就必须做到保证交易所需的现金，又能够保证其安全。景区的现金管理应当按照国家的《现金管理暂行条例》来进行，具体包括：①编制现金预算。编制现金预算可以保证景区的现金收入与现金支出在时间上和数量上的协调。②明确现金使用范围。现金的使用范围主要包括支付给员工的工资、奖金、津贴、福利费、各种社会保险、社会救济费用、个人的劳务报酬、出差人员随身携带的差旅费、转账金额起点以下的支出和国家规定需要用现金支付的其他方面。③核定现金库存限额。库存现金应由开户银行按照需要核定，但现在许多商业银行已经不再为企业核定库存现金的限额。因而，景区应该根据本景区日常经营活动的需要，确定库存现金的数量。一般以3—5天的日常零星开支需要为限，远离城市或交通不便的景区，库存现金的限额可以多于5天，但最多不超过15天的日常零星开支。④现金收支管理。现金收支的管理规定如下：凡不属于国家规定的库存现金使用范围内的款项支付一律不准使用现金，必须通过银行办理转账手续。企业收入的现金，除非业务性的零星现金收入可以在补充库存限额外，必须在当日送存银行，在银行当天停止收款后收进的现金，必须在第二天上午送存银行。企业从开户银行提取现金，应当写明用途，由本单位财务负责人签字盖章，经开户银行审查后，予以支付现金，财务部门应对现金收入的合理性、合法性、真实性和现金收支手续的完整性进行审核，对不合理之处提出处理意见，不得坐支现金。

第二，银行存款管理。银行存款是指存放在银行的货币资金。景区的银行存款管理应当根据中国人民银行账户管理办法的规定办理取款、转账或存款业务。景区应在当地的银行开立账户，以便办理银行存款的存取和转账结算业务。景区应定期与银行对账，从而保障银行存款与景区日记账所记的金额一致。

（2）结算资金管理。结算资金是景区在结算过程中发生的各种应收及预付款项。主要包括应收票据、应收账款、预付款、待摊费用、其他应收款等。许多景区要求集体订票，付款的最后日期是团体游览景点的那一天，从而解决团队的付款问题。但中国的景区常常与旅行社签订协议，对于旅行社的团队采取签单的形式销售门票，形成赊销的方式。此外，景区还有租用房屋者、特许经营者和租地营业者，产生高额的应收账款，导致应收账款成为景区结算资金中所占比例最大且长期困扰景区的付款问题。

信用政策的适时调整，是管理应收账款最有效的方式。信用政策建立之后，景区就应当做好日常的管理工作，进行信用调查和信用评估。此后，在信用评估的基础上，再将客户进行信用分级，对不同信用等级的客户采取不同的信用期限以及最高信用期限等信用政策，以确保景区应收账款的及时收回。当客户违约后，景区就要及时做好催收工作。可以设专人或专门部门负责，也可以将催收账款的工作外包给私人追债机构负责。如果产生坏账，财务人员应事先预计坏账损失率，建立坏账准备金，坏账准备金记入景区的管理费用中。

（3）存货管理。景区的存货主要是指景区为了在经营过程消耗而持有的各种资产，包括各种原材料、燃料、物料用品、低值易耗品、商品等。存货按实际成本计价。购入的原材料、燃料、物料用品、低值易耗品，按原始进价由景区可直接认定的运杂费和缴纳的税金计价。投资者投入的存货，按照评估或者合同、协议确定的价值计价。盘盈的存货，按照同类存货的实际成本计价；没有同类存货，按照市价计价。领用或发出的存货，按实际成本核算的，可以采用先进先出法、后进先出法、加权平均法、移动平均法等方法确定其实际成本。采用计划成本核算的，应当按期结转其应负担的成本差异，将计划成本调整为实际成本。存货的计价方法一经确定，不得随意变动。

景区存货日常管理还应该建立严格的存货管理责任制，实行定额控制，改进物资的采购工作，尽量节约采购成本和仓储成本，定期对存货进行检查。

2.固定资产管理

景区固定资产是指使用期限在一年以上的、单位价值在固定标准以上，且在使用过程中拥有实物形态的资产，主要包括房屋、建筑物、机器、机械、运输工具和其他和生产经营有关的设备、机器、工具等。不属于生产经营主要设备的物品，单位价值在2000元以上、使用期限在2年以上的，也应作为固定资产。固定资产有以下特点：①固定资产资金要充分考虑其时间价值；②一次性投资额大，使用期限长，变现能力差；③在使用期限内保持原有的实物形态；④一定时期内其价值磨损逐渐转移，循环周期较长。

景区通常投资数额大，投资回收期长，是高固定成本型企业，尤其是人造景观的景区，多是一次集中投入的。因此，管理好固定资产、提高固定资产的利用率对景区尤为重要。固定资产投入使用后，其原始价值由于物质损耗和因技术更新引起的无形损耗，会逐渐转移到它所提供的服务当中，成为服务成本的一部分，直接从营业收入中逐步得到补偿；当其丧失服务能力和生产能力时，再进行实物更新，从而进行新的固定资产循环。新投资项目应与景区原有风格保持一致，并能够增强景区的吸引力和设施服务的便利性。

（1）固定资产分类。

按隶属关系，可以分为自由固定资产、投资转入的固定资产和租入的固定资产。这种分类方法可以反映景区固定资产的资金来源情况，从而掌握其固定资产实有水平，划清固定资产折旧界限。

按经济用途，可以分为经营用固定资产和非经营用固定资产。经营用固定资产是景区直接用于为游客提供服务的固定资产，如客房，餐厅，商场，各种娱乐设施，各种供电、供水、供热设施等。非经营用固定资产是指不用于游客服务，而用于员工生活福利的固定资产，包括员工餐厅、员工宿舍等。这种分类方法反映和监督景区经营用固定资产和非经营用固定资产以及各类经营用固定资产之间的组成和变化，能够使景区合理配置固定资产。

按使用情况，可以分为在用固定资产、未使用固定资产和不需要固定资产。这种分类可以反映出景区固定资产的利用情况，提高固定资产的使用率。

按实物形态或性能属性，可以分为八类。这种分类方法也是中国旅游业中固定资产的常用分类方法，具体类别包括：①房屋及建筑物，包括营业用房、非营业用房、简易房、各种大型人造景观及设施等；②机器设备，包括供电设备、供热设备、供水设备、通信设备、维修设备、电子计算机系统设备、相片冲印设备、复印打字设备、其他机器设备等；③交通运输工具，包括各种客车、行李车、货车、摩托车、观光索道、电动游览车等；④家具设备，包括经营用家具设备、办公用设备等；⑤地毯，包括景区附设酒店、宾馆、办公场所等使用的地毯；⑥电器及影视设备，包括闭路电视播放设备、音响设备、电视机、电冰箱、空调、电影放映机及幻灯机、照相机、其他电器设备等；⑦文体娱乐设备，包括高级乐器、游乐场设备、健身房设备；⑧其他设备，包括工艺摆设、消防设备等。

（2）固定资产计价。固定资产的计价是以货币为计量单位来计算固定资产价值的大小，它能真实反映景区的财务资源的现状，也是计提折旧的重要前提。固定资产大多采用以下三种方式计价：

原始计价：按照固定资产的原值或原价计价，即景区购买固定资产时所支付的全部价款，包括买价、运杂费、保险费、安装成本、建造成本及工程施工期的贷款利息支出等，这种方法可以反映出固定资产的原始投资规模和经营能力。

折余价值计价：按照固定资产的净值计价，即固定资产原始价值减去已提折旧累计额后的余额，这种方法可以反映固定资产的现有价值和占用资金水平，以及固定资产的损耗程度。

重置完全价值计价：按照当前生产条件、价格标准和市场情况下，重置该固定资产的现行成本。

（3）固定资产折旧。固定资产折旧是指固定资产在使用过程中，由于损耗而转移到营业费用中的那部分价值。折旧是固定资产运动的一种形式。景区固定资产使用过程中，它的价值会随着固定资产的损耗逐渐转移到商品和服务中去，以折旧费的形式作为成本费用的一部分。固定资产发生的损耗分为有形损耗和无形损耗两种。有形损耗是指由于使用自然力的作用而引起的价值损耗。无形损耗是指由于劳动生产率提高而使原有固定资产价值相对降低所形成的损失。

固定资产折旧管理制度由财政部确定。根据中国财经制度规定，固定资产的折旧方法一般采用平均年限法（即直线法）。交通运输工具可以采用工作量法。经财政部批准的部分设备，可以采用双倍余额递减法和年数综合法。景区折旧费用的计算，主要使用直线法，这是一种匀速折旧法。平均折旧法是根据固定资产的原始价值，扣除预计净残值，然后按照规定资产的预计使用年限进行平均分摊，计算每年或每月的折价额和折价率。通常用于房屋等建筑物和贵重办公设备的折价计提。

3.无形资产管理

无形资产是指景区长期使用而没有实物形态的资产，包括专利权、商标权、著作权、土地使用权、非专利技术和商誉等。无形资产有较大的经济价值，但又有很大的不确定性。

景观的独特性与景区的优质服务形成景区的品牌效益，使得商誉成为景区主要的无形资产。商誉形成时间比较长，但很少会发生大量的成本支出；它不单独存在，必须依赖于与它有关的景区实体才得以存在。商誉属于自发形成的，没有明显可以确认的收入和支出，只有在景区被兼并或资产重组时，才作为无形资产进行管理。因此，常见的无形资产的计价标准都不适用于它。

四、景区信息资源管理

景区信息资源是旅游信息资源的重要组成部分，直接或间接决定着景区经营管理的成败。景区信息资源管理指景区运用现代管理方法和手段，尤其是计算机技术，对景区相关的信息资源和信息活动进行组织、规划、协调和控制，使景区的信息资源在景区的经营管理中发挥出最大的功效。

（一）景区信息资源的地位和价值

信息资源在景区经营管理中的地位和价值主要体现在如下三个方面：

1.可以直接为景区创造和增加财富

信息作为重要的经济资源，也是社会生产力的重要构成要素。信息本身就是财富的象征和源泉，通过流通和利用还可以直接创造财富。具体表现在几个方面：运用信息可以使非资源创造财富；使用信息取代劳动力、资金、材料等资源可以创造财富；直接让信息作为商品在市场流通中创造财富；通过运用信息资源扩大财富增值空间创造财富；通过信息自身的积累、增值创造财富；通过信息进行科学决策，减少失误创造财富。最直接和形象的例子就是关于游客需求偏好和消费行为的信息。这些信息能够使景区开展有针对性的促销，提供有针对性的服务和产品，从而创造直接经济效益。

2.可以促进景区资源的合理配置

景区可以利用信息流来控制和管理物质能源流和客流的运动，并通过对景区的信息资源的优化，进一步促进其他资源的合理配置。景区经济循环的各个环节都有大量的信息产生和传递，包括经济信息、科技信息、文化信息、政治信息和市场信息等。每个环节信息都有侧重，并且有很多信息是相互交织在一起的综合性信息。信息在景区中位于经济循环圈的轴心，与经济循环圈构成一个环形结构。信息不仅支配着经济循环圈的各个环节，还影响着整个经济循环圈。景区的管理者可以通过信息流发布命令，对经济循环圈进行有效的控制。

3.是景区经营决策的重要依据

景区经营者必须依赖不断更新的信息资源，才能达到选择和决策结果的最优化。景区的管理者必须以景区的信息资源为基础，了解相关的景区信息，才能对所掌握的信息进行分析、判断和目标选择，从而进行决策。此外，景区的决策是一个动态的过程，景区信息贯穿于景区决策的全过程，是控制景区决策的链条。决策者根据信息进行决策，在决策完成之后，还要根据反馈的信息，及时调整自己的决策。

（二）景区信息资源的类别及基本特征

1.景区信息资源的类别

按景区信息的内容划分，可以分为直接信息资源和间接信息资源；按景区信息的时态划分，可以分为过去信息资源、现在信息资源和未来信息资源；按照景区信息的形式，可以分为有形信息资源和无形信息资源；按照景区信息的特征，可以分为非计量的描述性的定性信息资源和可计量的定量信息资源。根据景区信息资源的载体可以将景区信息资源分为以下四类：

（1）记录型景区信息资源。记录型景区信息资源是指以传统介质（如纸张、竹、帛等）和各种现代介质（如U盘、光盘、微缩胶片等）为载体记录和存储的信息资源，包括各种书籍、期刊、数据库、网络等。记录型景区信息资源是景区信息资源的主体，也是景区管理的核心内容。它具有保存时间长、利用方便、传播广泛的特点。以传统介质为载体的书籍和期刊传播的速度比较慢，旅游信息的容量不大，并且信息的扩充性与移植性不强，难以满足用户的多维感观需求。但是以现代介质为载体的数据库或网络，具有贮存量大、处理迅速、使用方便等特点。随着信息和互联网技术的发展，网络的传播速度无他物能及，成为重要工具。但管理者和游客都必须借助机器（如电脑）的译码才能阅读。

（2）实物型景区信息资源。实物型景区信息资源是指凝结在景区实物本身而产生的旅游信息资源。景区的景观资源本身就代表一种信息，此外，依据景观资源开发的各种旅游产品和旅游商品，具有直观、形象，便于仿造、改进等特点，本身就是可以传递和保存的信息。人们通过对旅游商品的观赏和研究，可以知晓原景观的特征和设计者赋予商品的深层含义。然而，这类信息资源体积大、信息容量小、不易于传递，且不能直接进入信息系统，必须对其进行加工才能将其转换为记录型信息资源。

（3）智力型景区信息资源。智力型景区信息资源主要表现为人脑存储的知识信息，包括人们掌握的诀窍、技能和经验，又称为隐性知识。它由人的活劳动携带，根据社会需要提供各类咨询服务。随着现代咨询业的崛起，这类信息资源越来越重要。同时，随着信息技术的发展，咨询业务可以通过网络平台为需要信息的消费者服务。对这类信息资源的管理，主要通过政策、法规和组织协调进行。但这类信息主要存储于人脑中，绝大多数的内容的管理对于管理者而言有相当大的难度。当前一直强调的“知识管理”就显示了对智力性信息资源的特别关注。

（4）零次型景区信息资源。零次型景区信息资源是指各种渠道中由人口头传播的信息。零次信息是人们通过直接交流获得的信息，是信息客体的内容直接作用于人的感觉（包括听觉、视觉、嗅觉、味觉、触觉）的结果，而不是像一次、二次、三次信息和实物信息那样通过物质载体的记录形式发生作用。一次、二次和三次信息经过不同次数的整理、加工和储蓄，逐渐形成有序、使用价值较高的新的旅游信息，该类信息对于景区的经营和决策具有一定的参考性。零次信息具有直接性、及时性、新颖性、随机性、非存储检索性等典型特征。零次信息的存在形式、传播渠道具有较大的随机性，难以存储和系统积累，给这类信息资源的管理带来了很大困难，需要采用特殊的方法收集、记录、整理和存储。

2.景区信息资源的基本特征

景区信息资源除具有需求性、稀缺性、可选择性等经济资源的一般特征外，通常具有时效性、复杂性、动态性等特征。

（1）时效性。景区信息资源具有更加明显的时效性。旅游活动的短暂性使信息的使用价值受到时间的限制。对于游客来说，最新的景区信息正是游客所需求的，并能够帮助游客做出正确的决策。过时的景区信息，可能会因为新因素的加入而产生变化，一旦游客掌握的是已经过时且发生了变化的信息，就会导致景区和游客之间的信息不对称。然而，对于景区而言，时效性并不意味着开发出来的信息资源越早投入越好，应当把握时机，从而发挥效益。

（2）复杂性。景区信息资源的涉及面广，其构成也相对其他资源而言比较复杂。景区的信息资源包括景区的景观资源、客源情况、当地住宿情况，甚至天气、交通情况等。同时，作为一种资源的信息又不一定是相同的，它是不同资源信息的集合，而集合当中的各种信息都具有其独特的性质。因此，相对而言，景区信息资源更加复杂。

（3）动态性。景区的信息资源存有动态性的原因主要有两个方面：首先，虽然景区的自然旅游资源和人文旅游资源相对比较稳定，但游客的旅游活动处于不断变化和发展之中，游客的消费偏好和消费习惯也在不断地发生变化，且游客的构成也在变化当中，景区因其生命周期的发展，就不得不处于不断的开发和完善的过程当中，因此，新的旅游资源就被挖掘和开发出来。其次，旅游活动的异地性，使得对景区信息的需求具有动态性。景区的信息必须跨越时间和空间的障碍，产生时间和空间的移动，从而形成了景区信息资源的动态性。

（三）景区信息源的定义及其处理

1.景区信息源的定义

景区信息的来源渠道通常以记录形式和非记录形式两种形式出现。以这两种形式出现的信息又可以进一步分为公开信息和非公开信息。公开信息是景区信息中最普遍、使用最广泛的信息资源。其中公开的记录信息是信息交流中最为常见的信息，如杂志、报纸、旅游指南、旅游目的地的公开网站等。非公开信息是指景区不对外公布的内部资料，一般涉及景区的内部机密，如景区的经营策略等。

2.景区信息的处理

（1）景区信息的采集。了解景区信息源分布后，需要着手进行信息的采集工作。景区信息采集是信息管理工作的重要环节，也是开展信息资源交流工作的基础。景区信息的采集是指景区信息工作人员通过一定的渠道，按照一定的程序，采用科学的方法，对真实有价值的景区信息进行有组织、有计划、有目的的收集的全过程。

景区信息采集必须掌握一定的原则和方法，才能避免人力、物力和时间的浪费，提高信息采集的效率与质量。具体应该注意如下几个方面：

第一，景区信息的采集应当有针对性。由于景区信息数量庞大、种类繁多、形式多样，而且发展速度很快。景区信息采集人员应当根据景区的信息需求、利用情况、信息源分布情况、信息源运动规律和采集途径来采集信息。

第二，采集信息要有预见性。景区信息工作人员在采集现有的信息的同时，还要预见可能产生的景区信息，景区信息源的集中和分散、增长与老化趋势和景区未来的信息需求。

第三，采集信息要注重信息的真实性，避免虚假的信息。景区信息存在大量虚假信息。这些虚假信息可能造成决策失误，使景区蒙受经济或商誉损失。真实信息应是真实反映景区过去和现在的运动、变化、发展状况的信息，或是分析出来的预测性信息。

第四，注重所采集信息的完整性。由于旅游活动构成要素的复杂性，而景区提供的服务是整个旅游活动中最为重要的环节之一，且与其他环节紧紧相扣。因此，景区信息工作人员在采集信息时，不仅要注意时间上的完整性，还要注意分布于各处的信息源的完整性。景区的信息可以分为四个系统，除景区信息本身的核心系统之外，还包括客源市场的信息、支持性信息和旅游目的地相关行业的信息。

第五，有计划、有步骤地采集信息。景区信息工作人员需要在有限的人力、物力和财力的条件下，得到完整的、真实的、有针对性的信息，因此必须事先制订周密详细的信息采集计划。采集信息所制订的计划要保持一定的弹性和动态性。

信息采集的方法有很多种，主要可以通过采购各种相关资料、与其他单位交换旅游信息、检索各种数据库、向有关单位索取相关资料、现场采集和调查采集等方法。

（2）景区信息的整理加工。采集到的大量景区信息，在整理加工前仍然处于无序状态。景区信息的整理加工是指景区的信息工作人员将采集到的原始信息进行有序整合并以一定的方式加以控制的全过程。景区信息的整理加工主要有四个步骤：

第一，景区信息的鉴别与筛选。鉴别和筛选是景区信息整理加工的首要环节。对景区信息进行筛选的过程中包含了鉴别，对信息的鉴别是进行筛选的前提。对信息的鉴别过程是一个去伪存真的处理过程。鉴别的方法主要有核查法、分析法、比较法和判断法，主要鉴别信息源的可靠性、信息的真实性、信息传递渠道的保障性、采集方法的科学性、采集信息的相关性等。再通过因素分析法、分层筛选法和主次缓急区分法对景区信息进行筛选。

第二，景区信息的整序。经过鉴别和筛选后的景区信息，仍然处于无序的状态。此时，整序工作就显得特别重要。整序通过一定的方法将信息由无序状态变成有序状态，使景区的信息便于管理、传递与利用，让用户查找更为便利。景区信息工作人员可以按照一定的规则将信息加以区分与组织，从而实现信息的整序。对景区整序的方法主要有分类法、主题法和数据库整合法等。

第三，景区信息的分类标引。景区信息的分类标引是信息整理加工的重要环节，是景区信息整序的重要方法，是建立景区信息检索系统的必要环节。景区信息的分类标引，首先要找出景区信息的中心问题，再将信息的内容归纳成主题，并对主题进行分析，从而辨清分类表中各类目的含义，最后采用种次号区分信息，将信息正确归类。

第四，景区信息的存储。经过整序后的景区信息，应按照以一定的规则记录在信息载体上并加以有机整合，使信息更加系统化，从而利于利用、维护工作的开展。随着科技的发展，信息的存储技术越来越多样化，信息工作人员可以通过印刷存储技术、微缩存储技术、声像存储技术、光盘存储技术、计算机存储技术等多种方式存储信息。

第五章

景区保护管理

纵观我国旅游景区的增长势头，为实现我国景区的可持续发展，对旅游景区的保护不容忽视。生态文化与旅游景区的协调发展，实现了旅游的发展与自然、文化和人类生存环境的协调统一，人们生态观念的形成有利于景区的保护与管理。本章探讨旅游景区保护现状与存在的问题，并对旅游景区保护面临的三大难题——商业化、城市化、人工化进行分析。

第一节　旅游景区保护现状与存在的问题

一、旅游景区保护的主要内容

（1）对旅游资源的保护。旅游资源是旅游景区的核心吸引力所在，是吸引游客的根本动力，因此，旅游景区保护的重点是对旅游资源的保护。

（2）对旅游景区环境的保护。旅游景区环境是景区以及周边地区与旅游活动相关的要素之和，是开展游览、观光活动所必须依赖的各种社会和物质条件的综合体，是景区赖以存在和发展的自然与社会条件。旅游景区环境通常由自然环境、服务环境以及社会环境三大要素构成，景区的自然环境主要包括生态环境和自然资源两个方面，服务环境包括旅游景区的硬件服务设施与景区服务人员所提供的服务的总和，社会环境则包括当地人文、经济、政治、文化环境等。[①]

① 王玉成．我国旅游景区管理体制问题与改革对策 [J]. 河北大学学报（哲学社会科学版），2017，42（3）：143–148.

二、旅游景区保护的现状

截至2018年底，中国A级景区已达10000余家，其中5A级景区259个。随着各级地方政府对发展旅游业的重视程度的提高，对旅游资源的开发力度进一步加大，又形成了一批又一批新的旅游景区，景区类型日益丰富，第一代的接待型景区已经消失，在观光型景区、休闲型景区、主题体验及养生度假型景区三代同堂的基础上，向着聚落型景区、产业园区、工业旅游景区、科教旅游景区等等更细分的市场方向发展。随着旅游景区规模的不断扩大，在旅游景区开发经营过程中出现了不适当的开发的情况，这也给旅游资源和旅游环境带来了不同程度的破坏。

中国旅游景区遭到的环境破坏与资源破坏的问题总结起来，主要是由两大原因造成的：一是自然因素对旅游景区保护提出了挑战，包括由于自然界中突然发生的变化如地震、火山喷发、海啸等自然灾害对旅游景区造成的突发性破坏，以及由于风吹雨淋等风化侵蚀作用所造成的对旅游景区的缓慢性破坏。二是人为因素对旅游景区环境的破坏，包括游客进行旅游活动对旅游景区环境的破坏，旅游经营者对旅游资源的不当开发与建设对旅游景区环境的破坏以及周边居民活动对旅游景区环境的破坏。

三、旅游景区保护目前存在的问题

虽然国家通过各种措施对旅游景区进行保护，但是中国目前对旅游景区的保护仍然有待加强，目前，中国旅游景区保护仍存在以下问题：

（1）尽管旅游景区的保护有法可依，但由于景区内旅游资源综合性的特点，景区保护涉及多条法规或标准，这多头管理导致旅游景区保护出现了混乱的窘境。

（2）运用技术手段可以更全面地对旅游景区进行创新保护，但技术手段的采用一般都需要花费高昂的代价，虽然技术手段对旅游景区保护的结果立竿见影，但高昂的代价令很多景区望而生畏。

（3）利用意识渗透进行环保意识的推广，需要社会各界都参与到环保的教育中来，而采用该措施发挥效用需要一段很长的时间，并且其最终的结果是不确定的，因此，宣传教育这种手段对旅游景区保护的作用是不确定的。

四、旅游景区保护的新方法

（1）通过制定《中华人民共和国旅游法》来明确旅游景区保护的相关规定。旅游生态环境资源是依照法定程序批准建立并受到国家法律保护的一类环境资源，相比一般的环境资源，因其是在漫长岁月中由特定的自然界和社会历史留下的自然文化遗产和宝贵财富，因此其保护价值更高，是国家、民族乃至全人类的宝贵财富，不仅供当代人享用，也要让后代人享用。然而，旅游生态环境资源具有稀缺性、生态脆弱性和不可再生性的特点，一旦遭到破坏就很难恢复，甚至不可能恢复。因此，对旅游生态环境资源的保护需要采取更为严格的保护措施。

《中华人民共和国旅游法》经2013年4月25日十二届全国人大常委会第二次会议通过，2013年4月25日中华人民共和国主席令第3号公布。《旅游法》分总则、旅游者、旅游规划和促进、旅游经营、旅游服务合同、旅游安全、旅游监督管理、旅游纠纷处理、法律责任、附则10章112条，自2013年10月1日起施行。第四条规定：旅游业发展应当遵循社会效益、经济效益和生态效益相统一的原则。国家鼓励各类市场主体在有效保护旅游资源的前提下，依法合理利用旅游资源、利用公共资源建设的游览场所应当体现公益性质。第五条规定：国家倡导健康、文明、环保的旅游方式，支持和鼓励各类社会机构开展旅游公益宣传，对促进旅游业发展做出突出贡献的单位和个人给予奖励。

（2）在建设智慧城市的契机下，依靠政府力量的支撑，采取数字技术等手段实现旅游景区的保护。通过开通网上门票电子进行交易与预订，在进行客流限制的同时极大节约了纸张，实现无纸化票务管理，通过计算机控制大气监测、土壤监测、水质监测、气候监测，完善景区的预约机制，有效地对旅游景区进行保护。

（3）利用政府的力量倡导全员绿色旅游，低碳出行的理念。张家界在这方面做出了很好的表现，自2012年7月15日起至9月15日的80天内，凡是以自行车、徒步、滑板等无动力低碳旅行方式抵达张家界（300公里以上）的游客，均有机会获如下优惠：免费游览张家界武陵源核心景区及黄龙洞、宝峰湖等二级景区（点），价值约800元；旅行结束后，24岁以下学生和60岁以上老人可享受张家界提供的每公里0.4元低碳补贴；低碳游客发布张家界游记获得人气最高的前15位（以网络点击量、评论量、转载量等综合评判）将获得200—2000元现金奖励；

将张家界旅行游记拍摄成微电影获广泛关注的，可再次获得总奖金额6万元的现金奖励。[①]

第二节　旅游景区保护面临的三大难题——商业化、城市化、人工化

随着旅游活动的深入，旅游景区的类型越来越多样化，旅游景区间的竞争日益激烈，为在激烈的竞争中取得有利的地位，不少旅游开发商和旅游经营商，热衷于在景区内大兴土木、筑路修桥、架设缆车、兴建服务齐全的星级酒店，这种行为不仅助长了奢靡之风，更导致了许多景区的商业化、城市化和人工化。景区的“三化”问题给景区的环境和资源保护提出了严峻的挑战。

一、旅游景区商业化问题

旅游景区的商业化，指旅游景区在旅游开发过程中，简单地将旅游景区作为旅游经济产业对待，片面追求经济效益，采用开放式的商业经营模式过度开发的行为。[②]

旅游景区过度商业化的表现主要有：①人造景区作假现象严重；②景区收入过分依赖门票；③景区内店铺林立；④唯利是图导致景区的超负荷接待。

旅游景区过度商业化的危害包括：

（1）旅游景区的过度商业化危及景区的生态环境。过多的商业店铺和商人进入景区，破坏了景区原本的生态环境；大批游客、车辆的涌入，产生了大气、噪声和视觉污染，也会破坏景区的生态环境，加速旅游设施和旅游资源的退化，影响景区旅游资源的质量和吸引力。

（2）旅游景区的过度商业化破坏了当地的文化环境。文化是旅游业发展的

---

① 王震，庞赞，张建国 . 乡村生态养生旅游景区开发适宜性评价研究 [J]. 中国农业资源与区划，2018，39（11）：225-233.

② 吴志才，袁奇峰，陈淑莲 . 广州增城景区型绿道运营管理机制 [J]. 经济地理，2018，38（1）：218-224.

灵魂，是旅游资源的根本吸引力所在。经济利益的驱动使原本真实、独特的文化为商业气息掩盖，长此以往，景区原本的文化最终沦丧；某些景区为迎合游客，编造虚假故事、传说，提升景区的历史文化价值，结果适得其反，导致了虚假文化的出现；景区内大量人造景观的修建，不仅破坏了景区原本的生态环境，也破坏了景区原本的文化氛围，影响了文化景观的和谐。

二、旅游景区城市化问题

景区的城市化，指由于旅游的发展，带动景区及其周边地区出现的城市化现象，包括乡村城市化和由于旅游资源的不合理开发造成景区出现大量的旅馆、商业区等的城市面貌的建筑物。

随着城市化进程的不断推进和旅游业的迅猛发展，景区城市化现象日益普遍，主要有：①核心景区的城市化现象，如通常所说的“山上、沟内、湖内”等地域。②景区内接待基地（旅游村、旅游镇）的城市化现象。

世界上其他国家的国家公园和风景旅游区也同样经历了城市化的困扰。世界上第一个国家公园——黄石公园，在20世纪70年代末，公园内的野营基地就已达11处，且主要集中在游人经常进出的路段旁和重要景区。20世纪80年代以来，在公园中心建立了综合服务基地，建有乡村客舍、豪华快餐店、游船码头和一个公共汽车运输系统、三处租车中心，公园内部旅游设施的不断扩大，破坏公园整体景观的和谐。更主要的是，对于多数体型较大的哺乳动物，尤其是食肉动物（如灰熊），人工建筑往往构成其运动中的主要障碍。

对于中国风景名胜区，城市化主要有以下几个方面的危害：

（1）景区城市化破坏景区整体视觉景观。风景区内的核心景区和旅游村镇往往具有非常吸引人的自然景观，而在该地段城市化之后，这些自然景观受到了严重的破坏。①

对武陵源进行景观美学评价中，研究人员认为人工设施是石英砂岩峰林景观的负面影响的首要因素，其权重值为41.29，而正面影响权重仅为3，这说明即使与自然环境紧密结合的人工因素，对峰林景观美景度的贡献也相当低，也就是说峰林景观的美学价值来自它的天然构成本身，人工因素不可能起主导作用。同

---

① 燕贵成，胡永盛．农业生态旅游景区开放式运营模式探究 [J]. 农业经济，2014，（12）：24–25.

时，破坏性的人工因素不仅影响生态功能，更已经严重影响美学质量。研究表明，人工干预对于武陵源世界自然遗产的美学质量来说，其弊是远大于利的。

（2）景区城市化破坏景区生态环境和人文环境。较突出的生态环境问题主要表现在：水质明显恶化，大气环境质量逐年降低，生物多样性受到威胁等。

为了满足日益增多的游客住宿的需要，风景区内锣鼓塔、天子山、索溪略等地段城市化进程迅速，而污水处理等设施发展严重滞后。服务设施增多的同时，环境质量明显下降。以锣鼓塔为例，接纳其生活污水的金鞭溪水质指标已发生明显变化。在20世纪80年代，尽管入园游客量较大，但当时接待设施档次相对较低，金鞭溪水质仍然良好。但是，自20世纪90年代以来，随着宾馆饭店的不断新建和升级改造，金鞭溪的水质呈逐年恶化趋势，并与森林公园人口游客量的变化趋势基本一致。金鞭溪的水质污染呈现明显的有机型污染，总磷度超标，并与游客年内季节分布趋势基本一致。

三、旅游景区人工化问题

旅游景区人工化，指在自然景区不便于游览参观时人为地对自然景区加以改造，以使游客更好地进行旅游参观，使得景观原貌失去其旧样而带有非常明显的人类印迹，影响游客的审美情趣。

旅游景区人工化的原因的原因主要包括以下方面：

（1）景区管理体制不顺，条块分割矛盾众多，地方政府为追求经济效益，通过招商引资，进行旅游开发，而这些人工建筑破坏了旅游景区原有的环境和文化。

（2）旅游景区开发缺乏长远规划，而旅游投资商都热衷于大兴土木、筑路修桥、架设缆车索道、兴建娱乐设施，甚至引入房地产开发，大建现代人文景观，无序开发风景区。①

旅游景区人工化带来的恶果不胜枚举。泰山东麓天烛峰素以奇峰俊秀，松奇洞幽，松石多姿著称，自然之美不逊于张家界，除登山盘道外，无人工开发痕迹，充满自然原生野趣。2009年3月以来，以往风景秀丽的泰山东麓——天烛峰，出现了与自然文化遗产极不和谐的一幕，到处是满目疮痍，大型施工机械正

① 余杰．旅游景区开发与经营的案例评析技巧探究——评《旅游景区开发与经营经典案例》[J]. 中国教育学刊，2018，（6）：17.

在毁坏性开山，泰山地区珍贵的原始地形地貌遭受到严重的破坏，泰山石遭滥挖，珍贵的黄连木被破坏，上百年的山林已经遭到毁灭，世代居住的村民背井离乡，毁坏现状令世人担忧。

随后，相关部门对泰山东麓天烛峰的生态环境进行整治。如今，天烛峰充满自然原生野趣，大山空旷，松涛阵阵，犹以松奇洞幽著名，游客至此可以领略到山林野趣的真谛。

第六章

景区营销管理

在旅游景区日益增多、竞争日趋激烈、消费者更加成熟和理性的市场境中，如何充分体现和强化鲜明的景区形象，如何增强景区的市场竞争能力，如何提高旅游景区的价值，从而使潜在游客充分意识到该景区与众不同的优势，是旅游景区面临的重要课题。因此，将营销理念结合生态文化导入景区的经营管理，具有十分重要的意义。本章论述景区形象营销、景区品牌营销、景区节事营销，分析景区创新营销案例。

第一节 景区形象营销

一、旅游景区形象的定义与形成

旅游形象是景区客观形成的总体认知，而这种认知和印象是可以影响控制的。

形象是一个人对一个目的地的信任（Beliefs）、意见（Ideas）及印象（Impressions）的总和，是个人或者团体对一个特殊事物或地点的所有认识、印象、成见和心理感受的表达。某人对目的地的形象主要受公众媒力对这个目的地的描述、报道影响，以及可用的信息的限制，人们把形象建立在自身对实际旅游经历的反映上，形象不是不变的，随信息的变化而改变，人们往往受亲友的传播、教育与公众媒介的影响。[①]

形象可以分成原生形象和引致形象。引致形象来源于外部，而原生形象是通过实际感受、经历加工后形成的，是内生的。最常见的引致媒介是收费广告和商业信息等。在此基础上，可以进一步将形象分为三类：原生形象（Primary）、引致形象（Induced）和复合形象（Complex）。

一个游客在未决定旅游之前，头脑中有一系列的旅游景区为可选方案，并在心目中有由经历或教育形成的各个景区的形象，即原生形象；一旦有了旅游的动机，并决定要旅游时，他就会有意识地搜寻有关可选景区的信息，并对这些信息进行加工、比较、选择。其获取方式主要是通过有关旅游刊物、报纸、电视节目及旅游机构的宣传手段，并从中提炼有用的信息，加工形成引致形象。接着对各可选旅游景区的旅行成本与效益及形象进行比较，从而选择合适的目的地。旅行后，通过自己的经历，结合以往的知形成一个更综合的复合形象。人们依据复合形象对各可选景区再进行比较、选择，决定再次到原景区旅行或选择其他景区。

因此，游客对旅游景区形象的感知、评定以及购买决策与景区形象的策划、塑造和推广活动是密切相关的。

二、旅游景区形象的定位

（一）形象定位的基本概念

为了成功地在目标市场开展营销活动，旅游景区必须与竞争者相区别一或在顾客心目中明确定位。这个定位过程的主要组成部分就是创造和管理一个独特鲜明和具有号召力的景区形象。

旅游景区形象定位就是在目标市场游客心中占据一个突出位置的过程。游客对景区的相对形象感知取决于对互相竞争的景区之间的对比。这个过程将使游客充分了解到景区的竞争优势及相对其他潜在选择的独特魅力。旅游景区的形象定位战略包括：明确目标市场对景区的感知形象；将这些形象与竞争者的形象相对比；确定能够满足游客需求与欲望以及将景区与其竞争者相区别的形象关键因素。

苏州乐园是一个现代主题公园，产品的性质决定了它的市场是本地和周边地

---

① 苑春林，王嘉惠，喻晓蕾，等. 网络口碑在旅游景区营销中的应用研究综述 [J]. 江苏商论，2018，（1）：43-44，47.

域范围内的有限市场，不可能依靠远程游客的一次性消费，在这样一个有限区域市场内谋求发展，不能不依靠回头客，实际情况表明，苏州乐园的回头客占到游客总量的40%以上。基于自己的目标市场特点，苏州乐园将形象定位为“建不完的苏州乐园”。为了树立该形象，苏州乐园不断进行项目创新，以增加乐园的吸引力，从而不断吸引回头客。项目创新是苏州乐园的追求。根据人们求新求变的心理需求，苏州乐园实施了滚动式项目发展策略，除利用高科技手段不断开发新项目外，对于经典的保留项目，苏州乐园也在传统文化的基础上不断注入现代文化时尚的新概念或音符。百狮园包括苏州乐园独特的人文内涵，苏格兰庄园清新的乡村情调，都是起自传统甚至原始，却充满现代派的浪漫主义气息。

（二）形象定位的常用方法

确定景区形象定位应当深入研究景区区域文化，充分体现景区和区域个性。在表现上，应针对游客，语言借鉴广告，简短而富有时代气息。领先定位、比附定位、逆向定位、空隙定位、重新定位是形象定位常用的方法。形象定位应符合以下要求：独特性、垄断性、文化性、创新性、吸引性、认同性、统一性、层次性和艺术性。运用适当定位方法，明确形象定位要求，将有助于旅游景区形象的塑造和推广。

三、地格在旅游景区形象营销中的表现

地格是进行全球旅游分工（Global Division of Tourism）的基础，也是旅游形象设计的基本依据。尤尼在1990年首次倡导全球旅游分工，用地格这一概念来表达游客对某一利基市场（niche markets）偏好的地理含义。

任何旅游目的地都具有其自身独特的地方特性，就是地格（placeality）。旅游景区的地格要素是由景区的自然地理、历史文化和民俗风情等因素相互作用而形成的地域特征。它是一个景区最具个性色彩，与其他同类景区相区别的最本质特征。地格包括景区的文化特质和自然特性，往往能反映当地的总体吸引物特征，是景区形象构成中的核心要素。

（一）地格的展示法则

地格展示应该按剧场型管理模式的体验经济规则，坚持一个主题、两条主线、三大阶段、四个季节、五种感官、六大要素，简称为地格展示的“1—2—3—4—5—6”法则。

（1）一个主题：任何景区都要有主题，也就是地格的核心思想，比如贵州震远的“武城”、乡村旅游的“家”等。

（2）两条主线：地脉主线与文脉主线。地格是地脉与文脉的综合体，展示时要表现这两条主线。地脉方面通过植被、地形、地貌、建材等表现，文脉上通过建筑、餐饮、娱乐、节庆、服饰等表现。

（3）三大阶段：地格的展示应在游客旅游前、旅游中与旅游后三个阶段全面地影响游客。

（4）四个季节：在时间上，每年12个月、4个季节都有独特的展示，比如北方的冰雪、雾凇等，就具有明显的季节性。

（5）五种感官：使地格从游客的五种感官，听、视、味、嗅、触觉中影响游客。

（6）六大要素：从旅游吃、住、行、游、娱、购六大要素全面地展示地格，即是从餐饮、建筑、交通方式、旅游吸引物、娱乐活动与旅游商品六个方面全面展示地格。

（二）地格在度假地形象营销中的表现案例

2015年万达长白山国际度假区获得首批首席国家级旅游度假区称号。度假区位于天池脚下，同世界著名的山地度假区瑞士的达沃斯、法国的霞穆尼和加拿大的惠斯勒一样，都处于北纬41°的黄金滑雪度假带，有着亚洲最大的顶级滑雪场。得天独厚的地理位置及自然环境，让度假区直接将“北纬41°的黄金滑雪度假带”作为万达国际度假区的地格形象进行营销推广，以此打造世界一流的山地度假体验地。

地处北纬41°的长白山生态圈，是世界上独一无二的原始保留地，保存着半个北半球的原生植被体系，是开发最晚、生态资源保留最完整的原始森林体系。这里丰富的森林资源，赋予了滑雪运动神秘感，加之较长日照时间，形成了独特的冬日暖阳气候。温度与湿度的合适比例，让度假区的滑雪场成为世界上不可多得的滑雪度假胜地，是继阿尔卑斯山区域之后的又一处“世界冰雪天堂”。

围绕着“北纬41°”，万达打造“纯净呼吸没有PM2.5的地方”的口号，让度假区远离都市物质与精神尘埃，在负氧离子超万、PM2.5处于个位数的天然氧吧里，创造了一个纯净呼吸、释放真我的度假社区，以及高纬度“22℃的夏天”避暑度假地形象。

每一个地方都有其自然和文化的历史进程，两者相适应而形成了地方特色与地方含义，也就是文脉与地脉构成的地格。在特定的区域内经过特定的历史经历和人文比附，使景区形成其特有的形象底蕴，由此生成的形象吸引是巨大而持久的。

第二节　景区品牌营销

一、旅游景区品牌

（一）品牌与品牌营销的基础知识

品牌是用以识别一个或一群产品或劳务的名称、术语、象征、记号或设计及其组合，以与其他竞争者的产品或劳务相区别。品牌可以带来长远的关注度和强有力的吸引力，它是企业和产品的形象，是对自身形象高度浓缩之后加以精心设计再尽情发挥市场功能的一种标志物。

品牌营销是企业借助独特的价值观念、团队构成、技术特色和企业无形资产等软性因素，逐步建立起一种品牌联想，并通过舆论和促销行为传播、移植于消费者脑海之中，让目标对象对品牌自发地产生良好的印象，并主动去购买与这种品牌相关的产品或服务。品牌营销也可以说成是发现市场的品牌需求并通过创造品牌价值去满足这种需求的过程。良好的品质是建立良好品牌的基础；服务在景区品牌构建和品牌营销中起到至关重要的作用；品牌的个性是品牌的核心价值和精髓；市场定位是整个市场营销的灵魂；在同质化的市场竞争中，只有传播能够创造出差异化的品牌竞争优势。①

（二）旅游景区品牌的定位

品牌定位是确立一个旅游景区在游客心中的形象与地位的过程，是游客的需要特征和景区资源特色的结合。旅游景区品牌定位要从游客的需求和景区资源禀

---

① 张秋芳．苏州大如意圣境景区旅游开发路径探析 [J]. 商业研究，2018，（11）：81–82.

赋两个方面着手，注意突出品牌的个性，确定品牌的影响范围和细分目标市场。

不同旅游景区的品牌为游客提供了多样的选择，具有不同偏好的游客会选择不同的品牌。比如，偏爱遗产型景区的游客会首选贴有“世界遗产”标签的景区，而偏爱自然山水型景区的游客会选择风景名胜区或者森林公园类别的景区。现有的旅游景区公认的品牌分类是在对景区旅游资源分类的基础上进行的。景区的品牌是对旅游景区品质的认可，也能体现游客对旅游景区的信任度，是地位的象征。比如，在具有相同旅游资源和旅游产品的旅游景区中，游客会更多地选择贴有“世界级”“国家重点”“5A”等品牌标签的景区，这是因为在游客心中贴有如上标签的旅游景区服务质量高，景色优美，可信度高。

二、旅游景区的品牌经营方式

由于品牌体现经济价值，而且能够产生和创造价值，因此品牌可以经营。实施景区的品牌经营方式，要以景区的可持续发展为目标，努力扩张景区的业务能力和不断提升景区品牌价值。无形资产的经营方式大致包括投资、转让、许可使用、权利质押融资几种类型，可以利用合适的方式实现。

（一）品牌延伸

品牌延伸是把一个现有的品牌名称使用到一个新类别的产品上。对于一个景区而言，引入一个全新的品牌的成本要比品牌延伸的启动成本高得多，失败的概率也高得多，因此品牌延伸已经被大多数景区所用。品牌延伸后，不同的产品彼此共享同样的品牌名称及品牌意义。利用景区标志、著名品牌进行品牌延伸，推出新产品，可以缩短旅游消费者对景区产品的认知过程，延长景区品牌新产品的生命周期。旅游景区通过不断扩大品牌的使用范围，围绕旅游六要素，实现旅游生产力要素的产业化，使品牌在各个产业领域内得到延伸。旅游交通、文化、纪念品、餐饮、旅行社等企业可以借助著名品牌而获得发展动力。例如，千岛湖可以发展纯净水、茶等绿色食品，泰山的女儿茶、金银泰山酒等也是泰山的品牌延伸内容。旅游景区进行品牌延伸应注重对品牌形象进行调查，明确和分析品牌延伸的相关产品是否具有对景区品牌的适应性、适合性和提升性，从而确保品牌延伸策略的成功实施。

（二）品牌扩张

品牌扩张，即利用自己的品牌在市场上的号召力和影响力扩大实力，扩大品牌的经营范围和内容。其目的并非是主业的转移，而是要在跨行业的两个行业领域同时经营，利用相互的影响作用取得综合的经济效益。

在旅游景区经营中，最成功的例子是浙江杭州宋城集团。宋城集团是中国最大的民营旅游开发投资集团，世界游乐与主题公园（IAAPA）高级会员，其投资方向以旅游休闲业为主，同时涉及房地产开发、文化传播、高等教育、电子商务等领域。1996年宋城集团从投资开发浙江省第一个主题公园——杭州宋城开始，迅速向多元化旅游产品开发发展，短短几年间，相继又在萧山等地投资开发了杭州乐园、美国城、山里人家等景区，收购了号称世界四大名船的英国皇家游轮“奥丽安娜号”，启动了横跨浙南三县两市的龙泉山国家森林公园和云和湖旅游度假区、南京旅游新城、中国最大的海洋文化旅游项目——中国渔村，创办了可容纳3000名学生的宋城华美学校。目前，宋城总共开发的旅游景区面积达173.33平方千米，年接待游客达到500万人次。宋城集团在开发旅游景区的时候大量购置周围土地，围绕景区建成一批宾馆、温泉度假村、高尔夫俱乐部、网球俱乐部等度假休闲配套项目。值得一提的是，宋城集团凭借景观优势，成功地开发了全国独一无二的天城景观房产。宋城集团以资本运行为纽带，抓住业态转型的机遇，从观光型、会议型、旅居型、休闲型接连上了几个平台，从而拥有了雄厚的资本、丰富的资源，开发了成批产品，已经成为自成产业体系的大型旅游集团。

（三）品牌再定位

一个品牌在市场上最初的定位是适宜的，然而，为了跟随时代发展，紧扣市场需求，需要不断对它重新定位。竞争者可能继旅游景区品牌之后推出它的品牌，并削减原品牌的市场份额。此外，游客偏好或许转移，使景区品牌的需求减少。

与此同时，也需要警惕和避免草率更改定位。如今，很多企业太想一炮走红，借势营销的景区改名之风颇为盛行，2016年随着电视剧《琅琊榜》的热播，安徽滁州琅琊山悄然把“会峰阁”更名为“琅琊阁”，而黄山则想再度更名为徽州。景区或城市的名称一般均具有历史沿革，在经年累月、口口相传中广为人知形成品牌影响。借助热播的影视剧而改名，看似是搭了便车，名利双收，实则未必。同样，新兴景区标新立异、不断创新营销手段，但忽视自身服务能力，使得公共服务水平低成为其发展软肋，也是忽略品牌理念的结果。

树立品牌意识，把景区作为一个品牌来经营、推广，营造出具有独特的文化追求、长远经营理念、丰富内涵的品牌。同时，也要充分认识景区的资源优势，根据其经营内外部环境的变化，以及游客对品牌的认知程度的变化，多角度、多层面地发掘景区的内涵，不断进行品牌创新，加强品牌的内质建设和外观传播，从而塑造良好、统一的景区形象，提升景区品牌的商业感召力，从而使景区品牌具有持久市场号召力。

三、玉龙雪山的品牌建设与营销

玉龙雪山，这座全球少有的城市雪山，既是丽江旅游的核心品牌，又是云南丽江现有的两个5A级景区之一。根据丽江打造世界级精品旅游胜地的发展目标，玉龙雪山旅游开发区先后投资10亿元，在50平方千米范围内开发了甘海子、冰川公园、蓝月谷、云杉坪、牦牛坪等景点以及雪山高尔夫球场和《印象·丽江》大型实景演出。数年间，丽江玉龙雪山景区客流量从2000年的72.25万人次，发展到2018年的432万人次，增长十分迅速。

玉龙雪山景区利用“大玉龙”品牌进行拓展营销，将大玉龙旅游区作为主品牌，把包括玉龙雪山景区在内的八个景区作为子品牌。这一旅游景区营销的大手笔，既放大了玉龙雪山的品牌效应，让人们产生良好的品牌联想，又使八个景区所形成的产品序列清晰可辨，凸显了大玉龙旅游区内的景区高品质和产品多样性。与此同时，通过对“大玉龙”品牌内所有景区进行统一管理，加强了各个景区内的设施及服务管理，成功提升了各景区的品质。品牌拓展使得各景区达成了一种互利共赢的合作模式，有效地解决了各景区长时间以来为争夺客源而展开激烈竞争的问题，避免了景区形象捆绑给核心品牌带来负面影响。

玉龙雪山景区品牌的打造，在产品整合、市场营销、文化建设和节目创新等诸多方面，均有极为出色的卓越表现。品牌营销工作做得很扎实，无论是媒体宣传、旅游景区营销还是渠道拓展，都是建立在深入细致的市场调查分析基础上的。首先细分目标客源市场及其旅游消费群体，再逐一分析每个客源市场的不同类型的游客群体的消费习惯和旅游偏好，然后针对每个具体市场的不同情况，分别提炼营销宣传主题和景区品牌广告语，设计景区旅游产品和旅游线路，策划文化体育等多种主题的活动。这种建立在细分市场基础上的精细化营销战术，具有品牌营销的显著特征。

第三节　景区节事营销

一、景区节事的基础知识

（一）节事的定义及分类

节事活动既是一种旅游吸引物，也是提高景区知名度的一种重要手段。节事指节庆与事件的统称。最通用的对节庆的定义是：有主题的公众庆典。在事件及事件旅游的研究中，常常把节日（festival）和特殊事件（special event）合在一起作为一个整体来进行探讨，在英文中简称为FSE（Festival &Special Event），中文译为节日和特殊事件，简称“节事”。

对于景区而言，开展多种形式的节庆活动，有利于景区节事旅游理念创新，有利于加深景区中节事活动的广度和深度，有利于扩大节事的营销作用，从而达到吸引不同类型和需求的游客，改变旅游淡旺季对景区的影响等效果。

（二）景区节事活动的开发

节事活动能产生较强的轰动效应，对旅游景区聚集人气、提高知名度具有不可替代的作用，从而得到了广泛应用。景区节事活动的开发其实也是一种旅游产品的开发。节事活动的开发可大致分为两类：一类是节事设计，即创新性地策划节事从无到有，进行创意策划；另一类是节事运作，即对已确立的节事活动进行新的运作策划。①

二、旅游景区节事营销方式

旅游景区的节事营销策略属于市场营销“4P”理论中的产品策略，在进行节事营销的过程中，应当注意以下问题。

---

① 张玉 . 新媒体下 5A 级旅游景区市场格局演变及营销创新 [J]. 商业经济研究，2019，（6）：183–185.

（一）确定主题，开展多形式、多层次、多专题节事活动

在旅游景区形象的塑造中，旅游主题节事活动应和形象紧密结合，这是因为一个鲜明而且一致的主题往往能稳定地在人们心中构造一个积极的形象。通过主题的塑造，人们往往能通过记住几句简单的口号、几条易记的词句就能把旅游景区的名字同一种直观形象联系在一起。明确主题，是组织景区节事活动的核心。节事活动主题的确定不仅需要分析景区现有资源，挖掘和整理本地的历史文化、地理特色，而且要顺应市场需求及其发展趋势，把握市场脉搏，符合消费者欣赏和享受的心理，设计策划出能适应、引导、创造消费需求的旅游景区节事活动主题。

面对竞争日趋激烈的旅游市场，北京欢乐谷结合景区的发展和游客需求的变化，除在每年的圣诞节、春节、国庆节举办活动以外，还利用景区深厚的文化内涵，以文化为主题，以活动为载体，根据季节性和社会热点，积极引进主题节日。

（二）节事活动应和当地文化相融合

文化是景区不变的主题，也是节事活动永恒的主题。文化具有的地域性、民族性越强，越能吸引求新、求奇、求知的游者，因此重视对本土文化挖掘用，应是节事活动组织的重要原则。节事活动只有根植于地方文化，突出旅游景区的主题文化，展示在长期的文化积累中形成的鲜明特色，才能拥有旺盛的生命力，获得社会公众的广泛认同。

随着旅游活动的开展，外来文化的示范效应冲击着传统的本地文化。节事活动的组织，同样也可借鉴外来文化。旅游景区不要仅仅局限于本土文化，也应该放眼于异国文化，注重研究并移植外来文化。借鉴外来文化应在适应市场需求的基础上，注意与当地或景区文化相协调，与本土文化有联系并能突出本土的形象，以创造出新奇、鲜明的效果。只有将立足本土文化与借鉴外来文化结合起来组织策划节事活动，使二者协调融汇，旅游景区才能树立起自尊、热情、包容与开放的良好形象，从而形成更有价值的旅游资源。

（三）通过创新，从多层面展示景区文化和形象

创新是景区保持永久生命力的源泉。知名度的保持或巩固同样必须用优质来强化，否则知名度将消退甚至走向反面。对于景区而言，节事活动应走向深度开发和组织，根据需求心理的变化，不断推陈出新，不仅强调内容的丰富性和创造

性，更着力于采用新颖的表达方式和包装手法，以多样化、立意新颖的表现方式演绎景区文化和形象，以内容的丰富性和形式的生动性充分挖掘和表现景区文化的深刻内涵，使景区主题明确、内涵丰富、形象突出，以独特的体验感受形成的吸引力影响游客的旅游偏好，让游客不断产生新奇的感受，以延长节事活动本身的生命周期，从而增强景区的生命力和吸引力，实现景区可持续发展。

节事活动要吸引世人的目光，需要不断创新，具有独特的创意。以大堡礁岛屿为例，这里的看护员不但可以在大堡礁的群岛尽情地探索，还将获得半年15万澳元（约65万元人民币）的薪水。澳大利亚昆士兰旅游局精心策划了这次旅游网络营销事件，活动的公关价值达到7000万美元，成本不超过100万美元。

（四）借助媒介，推广景区形象和活动，形成市场效应

节事活动若想引起公众关注，吸引游客参与，形成市场轰动效应，不仅需要组织者具有创新意识，还需要借助新闻媒介的作用，以形成出新、出彩、出特色的全新推介模式。景区可以通过大型焦点事件来吸引公众传播媒介，产生光环效应，把旅游景区宣传成一个令人向往的目的地。借助杂志、网站以及新媒体的高强度、大容量、全方位的宣传，大力宣扬景区的传统文化、资源特色、节事活动等，提高社会公众对景区的关注程度，有力提升景区形象和知名度，从而扩大景区节事活动的影响范围和市场覆盖面。

第四节　景区创新营销案例

一、“互联网 +”的景区创新营销案例

（一）景区自我营销：九寨沟官网社会化营销延展案例

2005年全国风景名胜区启动了数字化建设试点工作后，越来越多的旅游景区开始运用信息技术，大量的风景区建立了自己的官网。近年来，景区官网更是从原来的单纯展示逐步向商务性功能扩展延伸。2017年，中国高新景区在线门票交易额已经超过了188亿元，在线渗透率达到14.3%，74.3%的用户首选在线旅游网站作为景区门票订票平台，说明越来越多的旅游景区开始借助网络技术构建网络

分销渠道来销售其产品和服务。

作为中国生态旅游的领导者，九寨沟景区网站在时效性、互动性、商务性、营销性等方面都表现突出。早在2002年，由九寨沟风景名胜区管理局投资成立的九寨沟旅游电子商务网，是中国第一家面向游客和旅行社全面开展景区门票、餐饮、酒店、旅游线路等在线预订的电子商务网站，为旅行社、酒店、航空公司等行业客户提供网络宣传、销售、支付等一系列业务服务，2010年起陆续开通了与用户直接交流的微信、微博等社交渠道。①

2015年起，九寨沟官网上陆续推出"一元秒杀"的营销活动，游客只要扫描二维码关注官微即可参与，奖品非常丰厚，包括景区门票、酒店住宿、演出门票等到2016年几乎每个月都有抽奖秒杀的福利活动，如端午节转发分享推文、邀请好友即可获得更多抽奖活动，又如在中国旅游日时，推出与九寨沟官方微信一起说出旅行的意义——"爱旅游，爱生活，爱自然，爱九寨"的收集语音回馈游客活动。所有的活动不仅通过微信推出，在其官网和官博也同步推出可链接到微信抽奖参与平台。另外，为了增加淡季游客，九寨沟还策划了"中国九寨沟第十届国际冰瀑旅游节（网络）"系列活动，内容涉及"首游式"网络开幕式、"冰语九寨"摄影展、"我与候鸟有个约会"网络图片展、第四届九寨卓玛大赛、九寨沟藏寨春节活动、九寨藏家闹元宵活动，确保了九寨沟冬季旅游淡季不淡。以上系列平台营销加快了活动的传播速度，增加了参与度，提高了认知度，这种沟通、互动、购买、抢福利的社会化营销活动极大增强了用户的黏性。

当然，手段尽管很重要，但最根本的还是活动内容。在内容方面，工作态度严肃认真的万豪酒店值得学习，他们拍摄短片，开放了互动交流式杂志，使用VR实现预体验内容。专门的编辑团队不断监测其19个品牌的社交媒体活动，时刻准备利用事件和媒体的辅助扩大成功的内容。

（二）创意分享营销：武隆仙女山C-Mart创意集市案例

景区活动的内容创意、游客的互动参与结合新媒体的传播，显示了社会化营销事半功倍、物超所值的营销效果。2015年重庆武隆仙女山景区C-Mart（Camping-Mart）露营集市的策划，是新浪重庆与重庆武隆仙女山景区于暑期推

① 仲鑫，杨阿莉.基于游客体验的智慧景区建设评价研究——以南京中山陵景区为例[J].中国经贸导刊，2017，（2）：63-66.

出的全球首创的草坪露营集市，活动以创意分享、亲子互动、自然修心为主题，以互联网思维运作，从商家遴选到场景设计，从达人引领到互动UGC传播，体验分享的创意活动使景区“东方瑞士”生态避暑胜地的形象深入人心，也给商户品牌和游客体验带来全新的感觉。

在内容方面，独特品质与创意的入驻商家是C-Mart创意活动的焦点，商家本身就是大咖，商品都是独具匠心之作；在场景体验方面，围绕“东方瑞士”形象，景区依照欧洲风格打造集市，标志性的场景与现场互动的“C”大赛成为游客拍照分享的主要内容，用户UGC产生传播；在传播方面，C-Mart策划了中国顶尖的房车公司带着微博达人来仙女山探营，包括精英摄影师、插画师和旅游达人等在内的微博大号以各自最擅长的表达方式将现场的情形向外界传递，通过强大的粉丝群进行推广，引发广泛的用户参与讨论。除了微博、微信的线上互动之外，还通过即时新闻、论坛推广、景区官网等渠道进行宣传，短短四周之内，整个活动的受众人数超过2亿。活动宣传期间，仙女山的百度搜索指数较去年同期提高了35%。活动第一周，仙女山游客接待量首次超过重庆武隆天生三桥景区游客人数的纪录。露营集市凭借巨大的品牌潜力成功上榜2015新浪微博全国十大旅游营销案例，并在2016年如期举行第二届集市。

二、新科技手段的景区创新营销案例

（一）VR体验营销案例

越来越多的景区开始尝试使用日趋成熟的VR技术做营销活动，2016年5月澳大利亚旅游局开启了360°澳大利亚全景之旅，应用VR360°全景技术吸引大量粉丝关注，并制作了一系列惊人、真实的360°滚动视频，吸引游客亲自来探索澳大利亚异国海岸的奥妙。“VR+旅游”重在“预体验”，虚拟预览模式为用户带来更加真实的沉浸式体验，从而极大地减少用户决策时间，降低决策成本。

全球最大的在线旅游公司智游网（Expedia）更是给VR营销带来了暖心的正能量。2016年3月，智游网组织了一个“Expedia和StJude医院的梦想冒险”活动，利用VR360°全景技术，为那些因为病痛而无法旅行的孩童打开了世界的大门。工作人员带着360°全景VR摄像机前往世界各地为每一个小患者拍摄属于他们自己的“冒险旅程”。无论这些孩童的梦想地是阿根廷、美国还是墨西哥，是与猴子玩耍，还是在海里畅游，又或者是与野马一起在草原上赛跑，智游网和圣犹大儿童研究医院都能满足他们的心愿。交互视频可以在全景观影室中通过虚拟现实的相机技术呈现互动式视频直播，智游网带领小患者感受世界的壮美，帮助他们超越病患带来的物理限制。

（二）玻璃栈道营销案例

室外玻璃及结构施工技术的成熟普及使得玻璃栈道被普遍用于高空景区，成为高山景区的标配，而玻璃栈道成为景区营销的首选。

2007年建成开放的美国大峡谷的马蹄形玻璃走廊（Grand Canyon Skywalk）开启了山地景区建设玻璃栈道的先例，使地处大峡谷边缘的华莱派印第安自然保护区迅速成为美国最热门的观光景点之一。自此玻璃栈道不断被复制、刷新，如加拿大落基山脉的冰川天空漫步、奥地利阿尔卑斯山达赫施泰因冰川的虚无之梯（Stair way to Nothingness）。

中国的玻璃栈道更是层出不穷，2005年江西上饶三清山玻璃观景台小试牛刀，2011年的张家界天门山玻璃栈道引起了轰动，还有2012年河南林州太行大峡谷，2013年辽宁丹东凤凰山，2014年河北涞源的白石山和江西上饶灵山，2015年北京平谷天云山、湖北罗田天堂寨、湖南平江石牛寨、河南焦作云台山、重庆云阳龙岗、广东梅州五指石等，2016年云南大理苍山石门关、安徽岳西明堂山、贵州铜仁万山国家地质公园等，据不完全统计，全国各地大小玻璃栈道已达数十个。

除了高山景区，同样高耸的城市摩天大楼也为夺人眼球而在户外玻璃步道上屡创新高，2016年7月28日上海金茂大厦在88层观光厅最新布设了全球最高的摩天大楼户外全透明、无护栏空中步道，供游客漫步云端感受刺激。玻璃栈道的营销除了着眼于景区自身的景致，主要卖点在长度、高度上攀比惊险刺激的程度，而其一夜爆红的惊人营销效果则是纪录被不停刷新的根本原因。

（三）无人机营销案例

随着各类无人机的火爆，景区开始将无人机应用到规划管理、营销策划中。目前，无人机完全颠覆了过去只有通过航拍等大制作才可能达到的宏大效果，每个游客手中的无人机将成为自生产UGC的传播渠道，多元的拍摄视角与创意思想会让景区营销效果倍增。

2016年5月，四川兴文县联手省内主流媒体，通过服务搭台，邀网友唱戏，积极撬动民间高手和群众智慧，让航拍达人、摄影爱好者、网友和游客构成传播的主力军，组织、策划了一场极具互联网思维的活动——以兴文“飞”常美为主题的西部首届多媒体航拍摄影大赛（兴文站）。活动在兴文石海、僰王山景区举行，大赛基于互联网思维营销策划，首先，在活动期间极大丰富游客体验，不论是天上的无人机，还是景区内身穿民族服装的模特，都是通过游客的微信朋友圈传遍全国；其次，参赛作品的网络投票进一步助推营销宣传活动；最后，在宽窄巷子的作品展及颁奖活动实现了更大范围的二次传播。其中无人机是内容的核心，在3天的时间里，专业“飞手”们通过航拍、全景摄像、VR等新技术和新应用，360° 发掘了兴文大漏斗、石海地下溶洞的独特魅力，用镜头记录下兴文苗乡的民族风采，引得各大媒体广泛传播。自赛事启动报名到登陆宽窄巷子进行全方位展示，一系列丰富多彩的线上、线下活动，让海内外游客对兴文的关注达到了历史顶点。兴文县游客数量与2015年同期相比，始终以20%的速度迅猛增长。

三、传统媒体的景区升级营销案例

（一）电视层面：旅游卫视“内容制作与景区对接”营销案例

如今，越来越多的传统电视媒体开始利用“大数据”，借助互联网转型升级，进行营销变革——尝试突破“注意力经济”，从吸引收视率、销售广告获利为主，慢慢转向与电商合作的T20（TV to ONLINE）路径。T20真正的挑战不在于形式的融合，而是重新定义与用户的关系，具体表现包括：一是去中心化，把决定权、参与权都交给粉丝，让用户全方位参与电视制作；二是进行粉丝营销，创造互动的体验平台以增加彼此的深入了解，充分发挥粉丝的购买力，释放潜在价值，提升品牌溢价空间。

旅游卫视转型成效凸显，2009年起，旅游卫视开始逐步打造“看得见的旅行”系列以及旅游行业全新的T20模式：观众在欣赏《鲁豫的礼物》中展现的悉尼、毛里求斯、夏威夷、巴黎等地的独特风情时，用手机扫节目LOGO就可以购买明星夫妻同款旅游产品。此外，旅游卫视与淘宝网联手，淘宝旅行同步上线《鲁豫的礼物》活动专题，供游客选择。随后推出的《疯狂星旅行》，在首站印度尼西亚，明星与当地人、旅行者搭档，组成两组“疯狂星搭档”，共同旅行，协同作战，同时将印度尼西亚的优美风景和独特的人文景观展示给电视观众。此外，《超级旅行团之泰国一定自由行》中，以旅游卫视的4个不同性格的当家主持人组成的超级旅行团，在曼谷、普吉、清迈、芭堤雅等地体验全新玩法的泰国自由行为线索，为观众展现出一个“从未见过如此好玩”的泰国。①

2014年以来，旅游卫视所有的旅游节目，都有同名或同款的旅游产品在旅游卫视年假旅行App平台上售卖。通过与门户和视频网站以及新媒体合作，举办各种线上线下活动，旅游卫视完成了从TV端宣传、产品端设计到自由平台端销售的T20闭环。

（二）广播层面——中央人民广播电台“精准人群与立体展示”的“广播+”营销案例

广播营销需要将传统媒体的规模性与新媒体的精准性相结合，而不是独立实现自身价值，形成以广播为核心，辐射多媒体平台的营销网络。广播营销以其灵活多变的特性，正搭载“全媒体”快车飞速发展。

作为全媒体时代的“必需媒体”，广播不同于其他传统媒体和新媒体，其最核心的优势就是伴随性收听特征。目前，车载广播覆盖人口超过6成，且在驾车时接触的媒体只有广播。驾车人群一般具有四个特点：高学历、高收入、高影响力、高消费力。此外，广播媒体的制作优势特征，快速制作、快速发播、制作成本较低、适合多版本的特征可以精准地针对事件营销进行多元化的展示。

央广旗下的“文艺之声”在2014年针对其核心听众“城市私家车人群”策划了以此城市旅游产品为主的推介活动，通过大数据分析对客户的需求以及变化进行把握，实现对数据进行调整分析，从而及时对广告策划进行修改从而满足客户需求。活动选择了早高峰时段的《快乐早点到》栏目，针对亲子、上班人群，推出子栏目“疯狂猜”系列，是一档原创的听众互动游戏，包括“疯狂猜胡同”“疯狂猜故居”等。文艺之声将一系列京城文化资源整合到该栏目当中，借助品牌热度的同时利用线上、线下双管齐下的传播方式，让听众可以切身体会到了中华老字号的文化与魅力，“疯狂猜”系列已经渐成品牌之势，逐渐吸附了一批具有较高忠诚度的固定听众，口碑日盛。

（三）纸媒层面——浙报传媒“地方深耕与融合服务”旅游全媒体平台案例

面对媒介传播方式的巨变，用户阅读习惯和客户营销手段的发生变化，传统纸媒也在谋变求新。2012年年底，浙报传媒着手整合浙报集团旗下的《浙江日报》《钱江晚报》等多家报刊以及浙江在线、腾讯大浙网等户外旅游板块10多家

---

① 郭亚军，曹卓．旅游景区运营管理[M]．北京：清华大学出版社，2017.

媒体资源，将它们整合到浙报传媒旅游全媒体中心。此外，为了进一步做大市场，还联合《北京晚报》《新民晚报》《羊城晚报》《扬子晚报》《齐鲁晚报》等全国主流报纸，联合开展“看晚报—游浙江”主题推广活动，组建了一个巨大的旅游联盟平台，推广浙江的旅游服务。

2013年和2014年的“看晚报—游浙江”主题推广活动，在旅游和媒体界均引起较大的反响。从10省15报到20省25报的联合宣传，再到全国数十家网站、广播、电视、电商、搜索引擎、网络视频、定位推送的全媒体融合营销推广，全面打响和提升了“诗画浙江”的旅游品牌。在新的媒体环境中，单家媒体的影响力都是十分有限的，然而，一旦在同一主题的号召和推动下，同步宣传、融合营销，再加上现场体验活动的举办就实现了全媒体、全覆盖。连续几个月在25家报纸推送近千个旅游宣传版面的轰炸式推广，通过广播、网站和电商等平台同步开展跨媒体的“看晚报—游浙江”互动推广，使宣传效果在各种媒介的用户中不断渗透和提升。

立足地方的深耕营销，很快受到了客户的青睐并体现出了优势，古镇西塘与浙报传媒的合作又是一个典型案例。双方的全媒体战略合作涵盖了报纸、网站、户外、手机端、线下活动等内容。2014年举办的“梦里水乡—风情西塘”微女郎摄影大赛，从报名到评选，再到现场创作与获奖评选，全过程均在联盟矩阵中发酵推广，同时作品制作直接实现景区的在线销售，得到了很好的传播效果。

第七章

国内外发展趋势及案例分析

随着旅游景区的不断发展，国内外也相继出现了许多创新性的管理方式，为生态文化视角下的景区发展创造良好条件。本章论述景区低碳化、景区创意化、景区智慧化、景区功能创新以及旅游景区制度创新的相关内容。

第一节　景区低碳化

一、景区低碳化发展的现状

实际上，民间的低碳旅游早已有之。多年前，在九寨沟等旅游景区，禁止机动车进入，改以电瓶车代替，有效地减少了二氧化碳排放量。九寨沟能够多年一直保持清澈见底的水质，与其采用统一的环保大巴有着密切关系。现如今，越来越多的城市居民开始不自觉地把低碳作为旅游的新内涵，出行时多采用公共交通工具；自驾外出时，尽可能地多采取拼车的方式；在旅游目的地，多采取步行和骑自行车的游玩方式；在旅途中，自带必备生活物品，选择最简约的低碳旅游方式，住的时候选择不提供一次性用品的酒店。许多景区还每年从营业收入中拿出一部分成立“绿色基金”，用于植树造林，提高森林覆盖率，补偿由于碳排放造成的生态损失。几年前，由10位上海市民组成的上海第一支自费北极低碳旅行团凯旋。这表明“低碳”意识正慢慢走进大众旅游。①

① 傅才武，申念衢．注意力稀缺背景下文化旅游景区管理模式的优化策略——基于武当山景区与崆峒山景区的比较 [J]. 兰州大学学报（社会科学版），2018，46（3）：49-58.

然而，景区“高”碳化的现象依旧存在。其主要表现在以下几方面：

一是人工破坏。在过去十几年的旅游业发展中，景区的人工化、商业化、城市化使中国不少风景名胜区，包括已列入“世界遗产名录”的一些自然风景区，遭到建设性的破坏。有的在景区内开山炸石，砍树毁林，导致水土严重流失；有的景区盲目进行旅店、餐馆及旅游设施建设，导致原生态严重破坏。

二是环境污染。随着新的旅游模式的开发，餐饮业、住宿业、娱乐业为追求利益最大化，而使用一系列非环保产品，带来了日益严重的环境污染。如宾馆饭店的一次性牙刷、牙膏、一次性筷子、一次性拖鞋等日用品，质量差、使用率低、浪费严重，而且生产过程中和使用后都会给环境造成很大压力，导致风景区内垃圾废水、废物剧增。目前，中国宾馆饭店一次性牙刷的日用量已达万支，其生产中消耗的直接和间接物料进入环境形成的污染，远远大于牙刷本身使用后的污染量。此外，在零售业的产品销售中，厂商为吸引顾客眼球，在土特产、纪念品的包装上使用非环保材料，在浪费资源的同时对环境产生了污染。

三是环保意识不强。国民生态环保意识较差，不仅是在黄山、庐山垃圾随处可见，甚至连世界屋脊喜马拉雅山，游客也留下了各种饮料袋、包装袋等垃圾。而对这些垃圾的处理，需要消耗大量的人力、物力和财力，同时也产生碳排放。

面对资源约束趋紧、环境污染严重、生态系统退化的严峻形势，中共中央提出必须树立生态文明理念，把生态文明建设融入经济建设、政治建设、文化建设、社会建设各方面和全过程。建设生态文明是中国旅游产业落实科学发展观、全面建设小康社会的内在要求，更是解决当前旅游产业快速发展过程中所凸现的资源环境问题、统筹人与自然和谐发展、实现旅游产业可持续发展的战略选择。世界自然基金会（WWF）发布的《中国生态足迹报告2012》指出碳足迹是中国生态足迹中比重最大的部分。景区大力发展低碳旅游，可以通过可持续旅游形式进一步弘扬生态文明理念，增强游客的生态文明意识，提高旅游业建设生态文明的自觉性和积极性，发展低碳旅游可推动景区生态文明建设和绿色经济发展。

在景区低碳旅游发展过程中，旅游活动的能耗碳排放不能无限制地疯涨，首先要科学评估旅游景区的生态系统承载力，旅游业快速发展所引起的碳排放不能以旅游景区生态系统的退化为代价，不宜超过旅游景区的承载力，一旦超负荷，需通过碳补偿、碳中和来推动景区生态文明建设，实现旅游景区低碳发展。低碳旅游倡导旅游景区发展过程中减少物质化的建设与运营，减少对生态系统的索取，通过高水平的人文服务来减少旅游景区奢华的物质化建设与运营，让游客体验低碳、高质量的旅游活动。

随着全球减排二氧化碳的呼声日益高涨，作为世界第一大温室气体排放国，中国面临的二氧化碳减排压力与日俱增，各类社会经济产业的节能减排任务落实已迫在眉睫。近年来中国旅游业获得快速发展，因旅游业发展而产生的能耗与二氧化碳排放对全球气候变化与能源安全带来较大影响。

低碳旅游鲜明地提出以旅游产业节能减排为目的，景区应坚持低碳发展理念为指导，采用低碳技术，合理利用资源，实现产业节能减排，发展低碳旅游已成为中国旅游景区应对全球气候变化与能源安全问题的重要举措。

二、景区低碳化的管理

（一）景区经营低碳化

景区经营的低碳化可模仿“绿色饭店”经营模式。绿色饭店，指克服宾馆、酒店浪费现象，减少资源使用量和污染物产生量，特别注意减少一次性用品的使用，饭店在确保不降低设施和服务标准的前提下，物品尽可能多次反复使用或调剂使用。饭店在物品完成其使用功能之后，将其回收，把它重新变成可以利用的资源。例如饭店内每天残余的食物，可通过厌氧发酵生产沼气，作为能源向饭店或周围居民供热或发电，也可以作为周围养殖场的词料来源。在与游客沟通的前提下，变床单、被单“一天一洗”为“一客一洗”，节约水资源，减少污染排放。合理利用常规能源，如煤、石油等，采用节能技术，提高能源效率，推广使用节能灶，尽量利用可再生能源。

很多旅游景区为实现低碳化，采取了如下的措施：

（1）使用环保观光小火车。重庆市武隆喀斯特旅游投资有限公司对其旗下的景区投入2800多万元用于建立环保监测站等各种保障环境设施。为了分流自驾车，减少景区内交通压力和碳排放，2011年7月份景区内的环保观光小火车已投入使用。在改变游客旅游休闲模式方面，景区在2011年5月起开辟“开心农场”，引导游客亲近大自然，崇尚健康环保的旅游方式。

（2）磁卡门票替代纸质门票。金佛山景区西大门已弃用纸质门票，使用了磁卡门票，并开通了大门至索道的交通车，禁止自驾车进入核心景区，从而减少碳排放。在碧潭幽谷景区建设了步游道，提倡游客步行上山游览，既环保又健身。

（3）景观采用竹木材料。蜀南竹海风景区的不少景观采用当地的竹木材料，既环保又能与然环境协调。在美食方面，选用了景区内土生的竹类、菌类原料，打造“全竹宴”等闻名全国的美食，与“低碳旅游”倡导的“多素食”十分契合。

（4）加强夜间灯光管理。成都华侨城欢乐谷在行政区域全面实行了办公用品重复使用和节约使用的方式。在景区，对入夜后的灯光进行了节能管理，不必要的装饰灯和照明灯不开。

（5）使用环保观光车和索道。多年前张家界武陵源区就禁止自驾车进入核心景区，在景区内开通了环保观光车和环保索道，最大限度地保护这处“中国水墨山水画”式的风景。

（6）安装太阳能热水器。阿蓬江景区为减排，将游船的老式发动机改换成了节能发动机。景区内修建的10多栋小木屋安装的是太阳能热水器，以降低能耗和对空气的污染。

（7）不使用一次性餐具。康定情歌风景区自助性餐厅不使用一次性餐具。利用温泉热能为游客提供健身服务，既低碳，又健康。

（8）倡导游客保护珍惜景区内的动植物。在赤水景区，桫椤这种古老珍贵的植物，对生长环境的要求非常高。因此，该景区倡导游客“除了你的脚印，请什么都别留下”，希望能让桫椤世代在赤水繁衍下去。

（9）启用环保节能游船。镇远古城景区已对大量的游船进行了改造，更多地使用了环保节能的游船。

（10）使用清洁能源代替煤炭。以前西岭雪山景区内不少经营户使用煤炭，目前已全部替换了清洁能源。自驾车不能再上山，必须改乘山门口的交通索道。在该酒店里，倡导游客自带洗漱用品，不使用一次性用品，不每天更换床单。

（11）倡导游客利用自然光，少用空调。重庆加勒比海水世界这个以水为主体的景区使用了高效的循环水处理系统，并严格按国家规定监测水质，节约了水资源，保障了水质安全。同时，在办公区内尽量采用了自然光线，少用空调，并建议游客少用一次性泳衣、泳具。

（二）景区消费低碳化

尽管旅游发展主要取决于市场，但作为旅游消费主体的游客还是有相对的自主选择权。因此，可以通过引导游客选择不同环境水平的基础设施和景区、不同类型的食物、不同环境标准的酒店等各种旅游消费方式来实现低碳旅游消费方式。要大力倡导公民绿色消费理念，充分利用新闻媒体、会议、宣传专栏等多种形式，面向公众积极开展绿色消费的宣传活动，包括对绿色产品的认识，对健康生活方式的倡导，对环保的提倡等，这样一方面可以增加公众的环保心理，强化他们的绿色意识，从而更积极主动地进行绿色消费；另一方面，可以树立企业在公众心目中的正面形象。在2011年的旅交会上，仙女山、张家界、蜀南竹海、西岭雪山、金佛山、康定情歌景区、赤水、镇远古城、阿蓬江、成都欢乐谷、加勒比海水世界11家景区决定，联合发表“低碳旅游宣言”。

三、景区低碳化发展的方法

（1）发展低碳旅游应遵循五大基本原则。①以人为本原则，即要考虑游客、社区居民与旅游企业员工这三者的综合满意度；②因地制宜原则，即低碳旅游发展必须与旅游景区的社会经济发展水平、生态环境基础相适应；③少物质化建设原则，这不是不建设，而是根据细分游客需求类型而建设，做到功能少而精，服务细；④综合协调原则，要求综合协调旅游产业内外部关系，统筹人才、资源、环境、经济、生态等与旅游业关联的要素；⑤综合效益最大化原则，要求尽可能以最小的资源、社会和生态环境代价，使旅游业获得高效益、高效率、高效能与低能耗、低污染、低排放的三高三低的低碳快速转型。

（2）提升旅游景区碳汇功能，规范发展旅游碳交易。第一，加强旅游景区碳汇保护与提升。坚持因地制宜原则，种植乡土碳汇树种和草种，加强森林资源抚育，改善草地碳汇功能，适当增加湿地面积。以森林碳汇旅游景区为例，提升森林碳汇潜力的措施有：积极推进旅游景区造林绿化，努力增加森林资源数量；加强旅游景区森林经营，全面提高森林质量；恢复受损的森林生态系统，建立农林复合系统；全面推进集体林权制度改革，切实增强林业发展活力；严格森林资源的保护管理，尽量减少森林资源的消耗。第二，以耐用木质林产品替代能源密集型材料、生物能源、采伐剩余物的回收利用，可减少能源和工业部门的温室气体排放量。最后，规范发展旅游景区碳交易，从卖出方、购买方与旅游景区碳交易所三方面构建旅游产业碳交易与碳中和发展模式。

（3）科学编制低碳旅游发展规划。第一，从直接与间接碳排放界定系统边界，核算旅游景区完全碳足迹；第二，全面调查区域碳汇资源，评估其碳汇潜力与功能；第三，从碳中和旅游景区与低碳旅游景区两种类型来确立低碳旅游发展目标；第四，依据利益相关者理论制定“政府、企业、社区、游客”四位一体协调发展低碳战略，坚持经济、生态、社会综合效益最大化战略，产业低碳发展与综合满意度提升相结合战略；第五，从低碳旅游产品体系、低碳旅游项目、低碳旅游精品线路等方面策划低碳转型产品项目体系；第六，从组织机构、发展政策、投融资体系、提升碳汇功能、低碳市场营销体系等方面规划低碳旅游发展保障体系。

（4）构建三高三低的低碳旅游发展模式。低碳旅游发展模式应以降低能源消耗、环境污染、温室气体排放三个方面为出发点，节约物质资源和能源资源，减少废弃物和环境有害物排放，本质是解决提高能源利用效率和清洁能源结构问题，科学合理利用资源与保护生态环境，旨在将传统旅游发展模式转变为低碳旅游发展模式，即高效益、高效率、高效能与低能耗、低污染、低排放的三高三低的旅游发展模式，实现国家节能减排的战略目标与旅游业低碳转型可持续发展。景区发展低碳旅游可以采用循环经济与生态经济的相关发展理念，逐步向清洁能源大力使用与低碳旅游产品建设等方向转型发展；旅游景区的低碳发展示能以降低游客满意度为代价，要以人为本，彰显对游客、当地居民的人文关怀，提升旅游业的综合满意度。

（5）建立低碳旅游发展保障体系。第一，积极转变传统旅游发展观念：通过树立低碳转型理念，倡导游客形成低碳生活的习惯，引导当地社区居民、民间环保组织参与低碳发展的宣传教育工作。第二，根据旅游业发展趋势、能源高效利用与生态环境保护的实际需要，主动制定适合低碳转型发展与管理的政策体系。第三，建立旅游景区低碳转型发展的人才培训教育框架。第四，从低碳化建设与管理两个方面构建多元化旅游景区低碳转型发展资金筹备方案。

（6）加强低碳旅游科研投入力度，深化低碳旅游研究理论与实践。当前政府部门、旅游景区通过政策、低碳技术与材料、配套资金等方式推动全国低碳旅游示范区建设与发展。由于缺乏系统的低碳发展科技支撑，低碳旅游发展速度逐渐趋缓。作为旅游学、资源科学与地理学的交叉学科领域，低碳旅游虽受到学界与业界的密切关注，但是当前的理论研究成果与低碳旅游的学科边缘性、交叉性特征不相适应，相关的理论研究严重滞后，不能满足低碳旅游发展与绿色经济建设的科技需求。尤其是在中国，低碳旅游的个案研究相对较多，系统性理论研究成果较为少见，研究方法较为单一，研究深度不够。对合理地界定旅游景区碳排放的系统边界、统一地测算旅游业碳排放方法等严重制约低碳旅游发展的关键理论基础的研究均涉及较少，成了国际上的研究难点。因此，相关科研立项部门应加强对低碳旅游科研投入力度，尤其是对低碳旅游研究理论基础与典型案例区的实践深入剖析总结，要予以重点扶持，并逐步建立国家级低碳旅游示范区，从而推动中国旅游景区低碳可持续发展。

四、景区低碳化发展案例

（一）台湾坪林景区

坪林是台湾第一个低碳旅游观光景区。早在1997年，结合台北县发展低碳城市的愿景与坪林地区低度开发的环境优势，由台北县政府低碳中心策划，当地居民参与，坪林推出了台湾第一个以“低碳”为情境的“坪林之旅”，是台湾第一个低碳旅游示范区。

坪林实施低碳旅游的四个原则是“走路骑车共乘好，自备餐具不可少，当季当地饮食好，只留回忆垃圾少”。坪林“低碳之旅”的旅游特色包括以下几点：

（1）低碳交通。包括：①共乘前往：通过旅游车换乘方式，鼓励游客以共乘方式进入坪林。②交通管制：实行交通管制。鼓励以步行或使用自行车的方式，将因运输所造成的二氧化碳排放降至最低。③低碳换乘：安排中巴及电动车协助景区内换乘，景区之间用电动车定点定时运送游客。

（2）低碳资讯。包括：①挂牌成立“台北县坪林低碳旅游服务中心”：提供低碳旅游咨询、查询自行车租借点、提供低碳饮食资讯。②标示“低碳营业商店”：凡响应不使用一次性餐具、落实垃圾分类回收、不主动提供包装塑料袋、优先使用当地食材的商家皆有标示。③专业低碳导游：配有专职低碳导游，在讲解坪林的美丽中融入低碳的知识。

（3）低碳行为。包括：①垃圾回收：游客自带垃圾袋，将自己产生的垃圾带回家。②自备环保餐具：游客需自备环保餐具，供自己用餐时使用。

（4）低碳活动。结合坪林的商业街、登山步道、观鱼自行车道、茶业博物馆等观光资源，游客可以在坪林喝好茶、读好书、骑自行车、观鱼、品尝当地茶餐、欣赏表演，体验坪林的低碳生活，并亲手种下一棵“低碳纪念树”。

（5）低碳记录。坪林设置了台湾第一个“碳减量计数器”作为活动的精髓，在游客每一次低碳之旅活动结束时，导游员会引导游客按下活动减碳计数按钮，计算游客所从事的活动与一般旅游模式相比较减少的二氧化碳，并由工作人员颁发坪林减碳证书。

（6）低碳效益。在2009年5个月的活动中，坪林的旅游人数增加了25460人，创造了折合人民币约800万元的经济效益，提供坪林地区就业人数39人，减碳效益约48726千克，相当于一年内植树10000棵。

（二）安徽黄山风景名胜区

黄山是世界文化与自然遗产地、世界地质公园、国家5A级旅游景区，肩负着维护世界遗产、风景名胜资源安全的重任。因此，加强生态环境保护，推进低碳、绿色发展，实现资源环境的可持续利用和旅游经济的可持续发展，已经成为景区的重大课题。多年来，黄山按照“科学规划、统一管理、严格保护、永续利用”的方针，探索出一套对世界遗产地进行完善保护与适度开发、推动可持续发展的新模式，积累了经验和做法，得到了联合国教科文组织和世界旅游组织的高度赞誉。安徽黄山风景名胜区低碳旅游发展可以借鉴的经验有以下几方面：

（1）封闭轮休，开展生态综合整治黄山率先在全国实行景点封闭轮休，开展生态综合整治。对天都峰、莲花峰、始信峰、丹霞峰、狮子峰等热门景点，实施为期2—5年不等的封闭轮休，促进植被、生态的自然恢复。实施退耕还林、开展生态综合整治，较大程度缓解了脆弱的生态环境与大量游客活动之间的矛盾，较好地补偿了碳排放。

（2）山上做减法，山下做加法。2007年，黄山根据“山上做减法、山下做加法”的思路，外迁管委会机关和部分职工宿舍，提出“山上游，山下住”的构想。景区减少山上常住人口，常驻管理人员由400多人减少到现在的100人左右。在提高接待档次的同时，逐步减少山上接待床位数，从而减少用水量和污水排放量，采取净菜净物上山、垃圾洗涤下山。

（3）提高从业人员的低碳意识与技能。黄山风景区经常举办以“低碳旅游、生态保护”为主题相关的培训活动，使景区管理者、服务者更好地认清发展形势、了解最新政策、宣传先进理念、掌握先进技术、开阔视野境界、增强素质能力，更好地提升景区保护管理与旅游服务水平，更好地促进“国际精品旅游景区、世界一流旅游目的地”建设。

（4）燃料结构的低碳化。几十年来，黄山景区的燃料结构实现了从木材、煤炭、柴油、液化气到电能的历史性变革。目前，核心景区已经实现用电为主、液化气为辅的燃料格局，从能源消耗的源头减少了景区的碳排放。

（5）积极打造低碳酒店建设。黄山风景区各大酒店坚持以环保低碳原则指导酒店的经营发展，实行精细化管理，采取了一系列节能降耗的措施：号召员工从“不浪费一度电、一滴水，少用一张纸”等小事做起；同时以广告栏、宣传牌等形式鼓励、引导游客进行绿色消费；倡导员工与游客共同参与到低碳旅游的行列中；取消客房的部分低值易耗品，黄山山上酒店的客房将只保留原有的浴巾、毛巾、拖鞋、香皂和浴帽，并通过提高保留物品的品质，为游客提供更加优质的服务。

（三）北京零碳创意馆

2015年6月6日，零碳创意馆在北京前门开馆。零碳创意馆由国家发展与改革委员会应对气候变化司指导，中国绿色碳汇基金会和中国低碳旅游推介委员会共同发起。

（1）零碳创意馆的功能划分。零碳创意馆以展示低碳创意设计、低碳新产品，体验低碳生活方式为主；展馆内共分为低碳知识讲解、低碳景区展示、绿色低碳节能创意商品展示三部分，其中，碳足迹计算器、室内低碳骑行、利用全息影像“游览”景区等项目吸引了广大游客体验。

（2）典型低碳旅游产品。无须浇水、经久不谢的永生苔藓小熊，利用树木、南竹剩余物制作的音乐盒、饮水杯，不需电池、只靠灌水即可工作的闹钟，这些精致的环保用品都摆在全国首家低碳旅游创意馆零碳创意馆里，让游客可以随意购买，身体力行体验低碳环保的生活方式。

（3）宣传零碳理念与行为。零碳创意馆作为与公众联动的实体媒介，将零碳理念和实践做法传递给公众，同时融入绿色碳汇、低碳旅游、碳中和等知识的讲解，丰富了民众的低碳理念。零碳创意馆向公众推荐绿色碳汇公益项目及活动，并面向国际上旅游市场，宣传中国绿色低碳、生态建设的政策与行动，使国际上游客通过参观零碳创意馆体验低碳旅游，参与绿色低碳环保事业。

（四）中国的其他低碳旅游胜地

1.燕子沟

燕子沟是大片《2012》拯救全人类的诺亚方舟拍摄地，有良好的低碳形象。

景区高调倡导低碳旅游。在以往的川西旅游地中，很少有人提到燕子沟，近年来才热起来。自《2012》放映后，燕子沟就更具吸引力了。冰川、雪峰、彩林、温泉这些川西该有的景色它都有，但最吸引人的，是长达30多公里的红石滩，红石的“身世”至今还是个谜。景区尽量减少观光车的使用，连扩建的步游道也是在以前山民采药时留下的道路上铺设的。景区内还停售一次性雨衣，提供免费雨具。

2.峨眉山

峨眉山是老牌“低碳景区”，旅游低碳的先行者。多年前，景区就实行了统一乘坐旅游交通大巴的方式。景区还在酒店和农民旅店饭店大力推行节能措施。通过数字化峨眉山建设，对景区的空气和水源质量、植被实行监控，实现景区与交通运输、宾馆酒店、餐饮娱乐、旅行社的共同协调发展。多年来，峨眉山的森林覆盖率一直维持在95%以上。每年3—6月是峨眉山观赏杜鹃花的最佳时节，从报国寺到万佛顶，各类杜鹃次第开放。春到峨眉还可体验采春茶、挖苦笋等乐趣。

3.张家界

张家界以混合动力巴士和电瓶车用于景区交通，实现野生动植物与游客和谐相处。热门影片《阿凡达》中原生态的哈利路亚山的拍摄原型就是张家界的袁家界景区内的乾坤柱，目前它已成为张家界中人气最旺的景点。张家界由于核心景区禁止机动车进入，改以混合动力巴士和电瓶车代替，景区的空气十分清新，金鞭溪峡谷中野生猕猴出没，与游客和平相处，怡然自得。

4.香格里拉

“低碳”的生态环境是香格里拉的生命线，它的持久美丽离不开“低碳”。香格里拉地处青藏高原东南边缘、“三江并流”之腹地，有融雪山、峡谷、草原、高山湖泊、原始森林为一体的景观，“日照金山”的梅里雪山更是中国低碳旅游的象征，具有巨大的观赏价值和科学考察、探险价值。香格里拉腹地有梅里雪山、白茫雪山等北半球纬度最低的雪山群，澜沧江大峡谷、虎跳峡和碧壤翁水大峡谷以深、险、奇、峻闻名于世，而碧塔海等高山湖泊是亚洲大陆最纯净的淡水湖泊群。

5.大兴安岭

大兴安岭是中国最大的氧吧，《国家地理》评选出的中国三大低碳旅游景区。大兴安岭有中国面积最大的林区，低碳效果超强。总面积8.46万平方公里，相当于1个奥地利或137个新加坡。林木蓄积量5.01亿立方米，占全国总蓄积量的7.8%。大兴安岭山脉繁衍生息着400多种野生动物和1000余种野生植物。每年春夏之季，呈现山高谷阔、林木葱郁的现象，非常适合踏青、探险旅游活动、避暑等各种旅游活动。

低碳经济是人类的未来，低碳旅游是旅游的未来。提倡低碳经济下的低碳旅游，不仅仅是一种理念，更需要大家身体力行。

五、景区低碳化的发展趋势

（1）引入“低碳”作为旅游景区管理的指标标准。目前，低碳旅游的倡议得到越来越多游客的认同，但若想将这些倡议真正落到实处，发挥约束作用，引导大众都参与进去，还需要出台新的行业政策和标准，并且应将是否“低碳”纳入行业发展的考量和评价因素。倘若旅游行业的标准化将极大地提高旅游产品的质量和服务水平，那么“低碳”标准的引入，无疑将会进一步促进旅游行业在“低碳经济时代”的可持续发展。

（2）发展低碳旅游装备。旅游装备是旅游发展的载体，各种旅游活动的最终实现都要依托具体的旅游设施和工具。发展低碳旅游装备是实现景区“低碳化”的重要途径。景区的旅游装备主要包括旅游交通工具、旅游生活设施、旅游服务设施、旅游活动设施。途径主要包括两种：意识通过碳捕集、碳埋存、可再生能源利用等低碳技术对各种旅游基础设施和服务设施进行低碳化改造。例如，通过煤气化、煤液化、分层燃烧、水煤浆等技术，对以化石能源使用为主的旅游景区、宾馆等能源利用系统进行低碳化改造；通过使用太阳能、风能、氢能、生物能源等低碳或零碳能源，代替旅游景区、宾馆中的能源类型和能量供应方式，如太阳能供暖、太阳能发电、风能发电。二是在景区直接使用各种低碳技术产品。使用节能灯、太阳能热水器、太阳能干燥器等低碳技术产品来配置各种生产生活用品；通过建造“绿色建筑”“低碳建筑”的方式进行各种旅游建筑设施的建设。

（3）政府、旅游企业合力倡导低碳旅行之风。“低碳”这一名词如今已受到了众多民众的关注，“低碳族”的生活方式和理念一时间也成为时尚，越来越多倡导低碳生活的口号被大家喊出来。政府可借助名人效应，推出明星出任低碳旅游大使，使低碳理念深入人心，同时，以各省市为单位，推动全国城市低碳运动，以各省市旅游局为主推单位，倡导游客文明绿色出行。例如，青岛改变其旅游方式，将低碳环保游打造成岛城旅游新亮点。其中包含政府与旅行机构推出的相关环保低碳政策与低碳旅游线路、个人出行携带环保行李、住环保旅馆、选择二氧化碳排放较低的交通工具甚至是自行车与徒步等方面。同时，越来越多的青岛市民开始不自觉地把低碳作为旅游的新内涵，青岛掀起了一股低碳旅游热。

第二节　景区创意化

一、文化创意与旅游的融合

（一）文化创意旅游的诞生

随着旅游业的迅速发展和体验经济时代的到来，人们的生活观念也随之发生改变，旅游消费活动呈现个性化和多样化的发展趋势，游客求新、求奇、求异、求知，注重体验以及文化精神的追求，文化逐渐成为人们旅游需求的重要内容。同时，由于创意能够给旅游活动注入无限的生机与活力，各国重视创意产业的发展，创意产业是起源于个体创意、技巧及才能，透过智慧财产权的生成与利用，而有潜力创造财富和就业机会的产业。创意产业具有很强的渗透力，可以和多种产业相融合，提高其观念价值，目前在国际上是发展势头最为强劲的产业，中国也正在逐渐兴起。一般来说，文化创意产业主要涉及影视制作、出版发行、广告、演艺娱乐、数字动漫、工艺美术、旅游休闲、商务会展等行业和领域。在创意理念的引导下，将智力因素与旅游资源完美结合，通过对旅游资源要素的重组，用情景化和动态化的理念进行重新定位，进一步增强原有产品的服务体验性和吸引力，从而不断适应日益变化的市场需求。任何一种旅游创意活动都要在一定的文化背景下进行，但创意不是对文化的简单复制，而是依靠人的灵感和想象力，借助科技手段对传统文化资源的再提升。旅游业是一个关联度强、产业链长的产业，文化与旅游的本质属性决定了两大产业之间密不可分、相辅相成，具有相互融合、共同发展的条件。文化创意产业与旅游业的融合发展，不仅可以延伸旅游产业链条，提升产业文化内涵，同时还可以促进文化产业化，促进一个国家或地区文化软实力的提升。将文化创意融入旅游业中用文化创意来带动旅游业的发展，正在成为旅游业发展的趋势。①

文化创意旅游也称为创意旅游，是用创意产业的思维方式和发展模式整合旅游资源、创新旅游产品、锻造旅游产业链，指参与导向的、真实体验旅游地的艺术、遗产或特色风情的旅行。20世纪90年代以来，在体验经济成熟、知识经济发展、文化和创新得到全球重视的时代背景条件下，创意产业迅速发展起来。旅游与创意产业结合成为文化创意旅游产业，得到了英国、世界旅游组织、欧盟旅行委员会等国家和组织的重视。国际上文化创意旅游产业的发展往往有以下一些手段：首先，许多旅游目的地用标志性建筑来彰显地方形象，如英国北部的盖茨黑德用北方天使雕塑；其次，城市经营某种文化主题来凸显自己，如纽约把自己定位为世界文化中心，英国谢菲尔德打造狂欢城市。最后，还可以利用世界杯、全球文化论坛等大事件来塑造和提升城市形象，以及通过对历史建筑遗迹文化的重新整合来打造自身，如意大利的佛罗伦萨。

（二）文化创意旅游的发展模式

在体验消费时代，文化旅游产业中的供应商之间的激烈竞争会引导经营者把产品供应提高到一个新的阶段。经营者利用创意手段和过程，通过引导游客体验去完善自己来创造新型的经济价值。创意旅游指在旅行过程中通过积极参与、学习体验从而达到发展游客创意潜能的活动，其实质上来自文化旅游概念。创意旅游的最大特点在于主动地学习而非被动观赏，在实现自我发展的同时也促进了经济发展。由于制造业和传统工业的衰落，经济急需新的增长点，文化创意旅游作为一个全球性品牌，是一个有着巨大收入潜能的产业，可通过现代化管理、城市推广、旅游基础设施建设来推广。

中国学界对文化创意旅游的研究兴起于近十年，进行了内涵、特征，创意旅游发展形势及部分地区发展模式，文化创意旅游产业的发展形态，旅游产品的创意开发，发展文化创意旅游的意义及相关对策的研究，例如在旅游开发规划中找到文化创意旅游发展的方向；通过对上海、北京等地方及相关问题的思考，开展

---

① 高丽红．旅游景区网络营销 SWOT 分析及基于 4P 理论的营销策略研究 [J]. 价格月刊，2016，（4）：88–90.

对文化创意旅游进行研究；开展文化创意旅游产业发展的各种模式研究，提出相关的发展模式；研究文化创意产业与旅游业的融合模式、创意旅游产品的开发、文化创意旅游发展对策及意义；从心理学角度进行了文化创意旅游研究等。

文化创意旅游是一种发展模式，是用创意产业的思维方式和发展模式整合旅游资源、创新旅游产品、锻造旅游产业链。创意旅游是一种旅游产品，是以游客与旅游目的地之间的创意性互动为核心要素的一项旅游产品，游客通过此过程实现知识或技能的输入，开发个人创意潜能，形成个性化的旅游体验及旅游经历。文化创意旅游是一种与传统的自然山水观光旅游不同的旅游发展模式，它以文化为核心，以创意为手段，以技术为支撑，以市场为导向，创造多元化的旅游产品载体，形成产业联动效应，促进城市和区域经济的文化创意化转型。相对于传统旅游发展模式，创意旅游有以下特点：强调对各类资源的多维化整合，强调对未来文化遗产的创造，强调对旅游消费潮流的引领和塑造，强调旅游产业链的拓展和延伸，以及区域整体值的提升。创意旅游是以文化为本位的旅游产品，具有高品位、高流动性；创意旅游以产品中的创意元素为基准，具有双向性、高附加值；创意旅游需要游客与旅游目的地共同协作。旅游文化创意产业除具有文化创意产业的一般性特征之外，其独特性主要表现在：第一，旅游文化创意产业基于创意元素与旅游元素的完美融合；第二，旅游文化创意产业的产品具有较高的体验性和参与性；第三，旅游文化创意产业具有较高的连带效应。创意旅游产业的发展应遵从以传统文化旅游为基础，以创意资本为支持，以游客技能提高为导向，以创意活动过程为手段，以实现游客自我提升为目的的发展模式。创意旅游发展模式主要包括创意旅游的资源转化模式、旅游商品开发模式、旅游产业提升和城市功能转型模式、连锁经营模式、非物质文化遗产的保护性开发模式等。中国目前的旅游文化创意旅游有四种发展形态：①旅游文化演出：以桂林山水实景演出《印象·刘三姐》为代表；②旅游文化主题公园；③旅游文化街区，如前门的文化街区，还有798、宋庄等街区；④旅游文化节庆，目前发展较典型的如哈尔滨冰灯节、青岛国际啤酒节等。文化创意旅游发展类型包括创意产品、创意设施、创意景观、创意活动和创意社区，对于文化创意旅游产业发展模式提出了文化流动性问题及文化资本固化机制以及有机更新模式。

二、景区创意化发展的开展形式

（一）创意旅游产品

近几年来，旅游演艺成为中国旅游业发展的热点，极大地促进了一些传统景区的“复兴”，尤以桂林、张家界、杭州等为典型代表，其中最具影响力的是“印象”系列。“印象”系列是由张艺谋、王潮歌、樊跃组成的文化创意团队在旅游目的地政府的支持下，以当地的实景山水为背景，利用当地的民间文化资本和群众演员共同参与打造的系列创意旅游项目，其中最成功的演艺项目是广西阳朔的《印象·刘三姐》。《印象·刘三姐》不是一次旅游产品的简单创新，它开创了一种新的文化旅游体验模式，也可以说是一种全新的艺术形式。在《印象·刘三姐》之后，浙江的《印象·西湖》、云南的《印象·丽江》、海南的《印象·海南岛》、福建的《印象·大红袍》等相继诞生。除“印象”系列之外，河南的《禅宗少林·音乐大典》、张家界的《天门狐仙》、陕西的舞剧《长恨歌》等大型旅游演艺项目在中国迅速发展起来，又给创意旅游增添了新的内容。项目投入越来越大，技术手段和艺术表现形式不断创新。以上几个具有中国创意旅游代表性的案例反映了文化创意旅游在中国的蓬勃发展。以“印象”系列为代表的中国山水实景旅游演艺项目，是一种基于自然和文化遗产，用创意的方式整合旅游资源，创新旅游产品和体验方式，艺术表现鲜明、智力含量高、具有原创性的旅游开发新模式，是文化创意与旅游相结合的一种典型模式。它是中国旅游为世界旅游做出的一项卓越贡献，它们创造了中国旅游的一个品牌，也是中国旅游进入文化创意旅游时代的一个标志。

（二）创意设施和景观

在新兴景区的开发中，旅游服务设施和新的旅游吸引物通过创意的方式展现出来，产生了突出的效果。创意型的设施和景观主要包括主题酒店和一些具有旅游体验功能的文化创意型餐厅、会所、酒吧等。主题酒店不仅是住宿设施，也是一种吸引物，在中国与国际上已经有了很多案例。如北京的“长城脚下的公社”将长城文化内容以景观建筑的手法进行表现，给游客创造了十分特殊的住宿体验。在2000年前后，北京远郊的山区里出现了一些极具风格的度假设施，地方政府旅游管理部门将其称为乡村酒店，是北京乡村旅游升级的一种业态。它和中国台湾的民宿有相似之处，即都有强烈的风格个性、浓郁的人文精神和鲜明的“主人风格”。例如，在北京北部怀柔区的莲花池、官地等村庄附近，沿着山谷里的溪流分布着上百家度假设施，如山吧、枫情山水、那里、泰莲庭等，都具有这些特征。

创意景观大到创意地标或大地艺术，小到创意景观建筑或创意园林景观或创意景观小品。凡是景观设计莫不是一个创意的行为，创意景观主要是指赋予了创作者的文化价值的创作类型。例如，前述的长城脚下的公社，它既是一种创意设施，也是一种创意景观。创作者的文化体验理念是通过景观建筑的方式表达的，正如其他艺术家用绘画、音乐或其他方式表达精神世界一般。有些景观通过创意的工作，呈现出人们不常见到的样式，极具视觉冲击力。

（三）创意社区和园区

以社区（尤其是历史文化街区）和园区（文化创意产业园区）形态呈现的创意旅游体验空间一般包含了很多创意产品、设施、景观，并以其丰富性、参与性、互动性的特点成为景区发展的一个新趋势。例如，北京的798艺术街区和宋庄文化艺术园区吸引了很多年轻游客。

798艺术区是在原有工业建筑闲置空间的基础上逐渐发展起来的以当代艺术为特色的艺术区。从2002年开始，各种风格的艺术家纷至沓来，使北京798艺术区逐步成为雕塑、绘画、摄影等独立艺术工作室、画廊、广告设计、精品家居设计、艺术书店、时装店、餐饮酒吧等各种文化艺术空间的集聚区，形成了具有国际化色彩的SOHO式艺术群落和LOFT生活方式。目前，北京798艺术区内的文化艺术类机构接近400家，具有鲜明的当代艺术特色，并且拥有多种文化产业共同发展的多元化产业格局，成为当代艺术展示和交易艺术区，在国际上具有很大影响力。798艺术区的发展应以科技和文化为支撑，以艺术展示和创意活动为特色，以产业发展为目标，加强艺术区的宣传，完善基础配套服务设施，打造成具有国际竞争力和影响力的文化集聚区。

宋庄由于其便利的交通、低廉的生活成本和宽松的社会环境吸引了大批艺术家在此创作生活，使之作为中国最大的原创艺术家集聚区。宋庄如今由最初的纯艺术家聚集发展成为原创艺术家、经纪人、批评家和画廊等多种成分的艺术集聚区。目前，宋庄拥有美术馆13家，画廊近百家，艺术家工作室3000多家，展览、经营面积达10多万平方米，这些都为宋庄文化艺术旅游经济和会展经济的发展打下了良好的基础。近几年，宋庄大力发展原创艺术与会展交易、动漫网游开发、创意产品设计和休闲娱乐，形成特色鲜明、效益显著的文化创意产业价值链和创意集群。宋庄集聚区作为北京通州地区文化创意产业的重要载体，要成功走向世界既需要科学规划吸引创意人才，也需要保护与开发并存，使之成为高品质的文化创意产业园区。

第三节　景区智慧化

一、景区智慧化的发展趋势

（一）景区可持续发展的挑战

（1）热点景区面临游客超载。游客超载不仅容易对生态环境造成破坏，还容易造成景区交通拥堵，引发安全事故，降低游客游览质量。热点景区需要有效管理游客，加强生态环境监测，通过旅游高峰期游客时空分流导航管理均衡游客分布，以减轻环境压力，提高游客满意度。

（2）景区需要加快低碳旅游发展。为缓解全球气候变暖趋势，应对能源危机，以“低能耗、低污染、低排放和高效能、高效率、高效益”为特征的低碳经济正日益受到重视，低碳旅游将成为景区可持续发展新的战略制高点。中国景区需要应用各种节能、减排、碳中和技术提高管理效率和管理水平，降低旅游发展对环境的影响，增强可持续发展能力。

（3）景区危机管理水平需要提高。当今，各种危机层出不穷，对旅游业造成了巨大冲击，使中国多个旅游景区遭受重大损失。景区需要提高危机管理能力，以避免或减轻危机事件所造成的损失，保持健康有序的发展。①

（二）智慧景区的起源

近年来，为了提高管理水平，中国各景区都在进行“数字景区”建设。但是，“数字景区”建设面临着以下困境：①缺乏后续资金；②缺乏相关技术人才；③不同系统之间的集成程度不高，缺乏统一标准。因此，智慧景区成为景区

① 韦祖庆．传统生态文化馆的教育传承研究 [M]. 北京：光明日报出版社，2018.

新的发展方向，同时，以物联网、云计算、定位技术、虚拟现实技术为代表的科学技术的发展也为智慧景区的建设提供了客观的技术基础。

智慧景区思想的提出受到IBM“智慧地球”概念的启发。2008年，IBM首次提出“智慧地球”概念，主要是通过新一代信息技术来改变政府、公司和人们的交互方式，提高交互的明确性、效率、灵活性和响应速度，辅助政府、企业和市民做出更明智的决策。“智慧地球”具有三个核心特征：更透彻的感知、更广泛的互联互通和更深入的智能化。

智慧化管理是指：根据景区特点，综合集成最新的信息技术，构建旅游资源、游客、景区管理者之间更便捷、广泛的互联互通网络，实现包括政府、景区管理者、旅游“吃、住、行、游、购、娱”六大要素提供者、游人等在内的多个旅游相关主题对景区资源、游客分布及行为更透彻的感知，从而在互联互通和充分感知的基础上，让景区管理者高效率挖掘和利用景区数据，运用创新的景区管理方法，智能化辅助管理，以精准平衡旅游发展和景区保护的压力，为游客提供更优质的旅游服务，实现景区经济、环境、社会和文化全面可持续的发展。建成的透彻感知、广泛互联互通网络，智能化辅助管理决策的景区，就是智慧景区。智慧景区的定义为：借助物联网、云计算等现代信息技术，通过智能网络对景区地理事物、自然灾害、游客行为、景区工作人员行迹、景区基础建设和服务设施进行全面、透彻、及时的感知，对游客、景区工作人员实现可视化管理，实现景区的智能化运营管理、精细化旅游营销、个性化游客体验，实现景区环境、社会和经济全面、协调、低碳、可持续发展。

智慧景区的内涵丰富，主要包括以下几方面：

（1）通过物联网、互联网等网络基础设施对景区地理环境、自然灾害、游客分布、交通拥堵、景区基础设施和服务设施运行状况等进行全面、透彻、及时的感知。全面感知的本质是使旅游资源能被计算机识别，然后形成整体的数据网络，从而实现数据信息的即时交互。其核心是感知技术，比如传感技术、RFID技术、GPS技术、视频识别、红外、激光、扫描灯等所有能够实现自动识别和物物通信的技术都可以成为智慧景区的信息采集技术，目前运用较多的主要集中在RFID技术上。

（2）对游客、社区居民、景区工作人员实行可视化管理。通过信息技术将景区的旅游资源、经营动态、人员管理等集成到智慧景区平台上，实现景区各种信息的及时汇聚，做到对景区的可视化管理。

（3）对景区实行网格化管理。利用和挖掘景区数据，分析游客行为偏好，辅助调度景区交通，优化和再造景区服务流程，调整组织结构，改进管理方式，提高决策效率。

（4）与酒店、旅行社、航空公司、科研院校、研究机构、IT公司等利益相关者建立战略联盟，整合旅游产业链，提供更优质的服务。

二、智慧景区的构建方法

（一）构建的总体框架

根据信息技术及信息社会发展的趋势和景区资源保护与利用的发展需求，可以拟定智慧景区建设的总体框架。在智慧景区发展背景基础上，可以从五个方面开展智慧景区的规划与建设，包括：信息基础设施（构建网络传输与通信系统：包括传感网+物联网+互联网）、数据基础设施（构建数据仓库与云数据中心，涵盖空间数据与属性数据）、共享服务平台（实现信息共享与应用服务）、应用服务平台（构建众多业务应用系统）以及决策支持平台（开展综合分析与辅助决策）。此外，还需要注重相关的政策保障（政策、机制、资金等）、技术保障（技术、标准、人才）及安全保障，从而实现旅游景区规划、管理保护、发展、服务的全面信息化。

（二）构建的三个平台

三个平台是指信息感知与传输平台、数据管理与服务平台、信息共享与服务平台。其中，信息感知与传输平台包括信息自动获取与高效传输两个方面；数据管理与服务平台包括数据集成管理与计算服务；信息共享与服务平台则是借助于信息基础设施和数据基础设施，面向五大应用系统提供信息服务与流程服务。

（1）信息感知与传输平台。信息自动获取设施主要是指位于智慧景区信息化体系前端的信息采集设施与技术，如遥感技术（RS）、射频识别技术（RFID）、GPS终端、传感器（Sensor）以及摄像头视频采集终端、地感线圈或微波交通流量监测等信息采集技术与设备。信息高效传输设施指有线及无线网络传输设施，以及相关的服务器、网络终端设备等。

（2）数据管理与服务平台。数据集成管理主要是借助于数据仓库技术，分类管理组成智慧景区的数据库系统，设计空间数据与属性数据库、栅格数据与矢量数据库、资源数据与业务数据库以及面向应用的主题数据库；在数据集成管理的基础上，借助云计算技术，通过共享服务平台为五大应用系统提供数据信息与计算服务。

（3）信息共享与服务平台。信息共享与服务平台是基于SOA和云计算的共享服务中心，平台集成遥感技术（RS）、地理信息系统（GIS）、全球定位系统（GPS）、虚拟现实技术（VR），面向智慧景区的五大应用系统提供技术及信息服务，可以实现整个智慧景区的信息管理、应用请求响应、应用服务提供等任务，保障整个景区信息的共享与服务。

（三）构建的五大系统

五大系统是基于风景名胜区资源特点及应用系统功能、系统服务对象、系统使用部门等因素考虑而划分的，包括资源保护系统、业务管理系统、旅游经营系统、公众服务系统、决策支持系统，共同构成智慧景区的应用服务系统。

（1）资源保护系统。资源保护系统主要实现对景区资源全面保护与监测的信息化，其主要应用系统可以进一步划分为自然资源保护与监测系统、人文资源保护与监测系统、自然环境保护与监测系统、人文环境保护与监测系统。

（2）业务管理系统。业务管理系统主要实现对景区业务管理工作的信息化，其应用系统按照业务类型可以划分为电子政务系统、规划管理系统、园林绿化管理系统、人力资源管理系统、资产管理系统、财务管理系统、视频会议系统等。

（3）旅游经营系统。旅游经营系统主要实现对景区旅游管理与游客服务的信息化，根据景区旅游经营体系的应用对象，可以将系统分为三种：侧重于内部应用的旅游管理系统、侧重于外部服务的网络营销系统以及游客安全与应急调度系统。

（4）公众服务系统。公众服务系统主要实现景区面向广大民众服务职能的信息化，其应用系统类型主要包括两个方面，即面向景区以外广大民众的外部服务类系统和面向景区游客的内部服务类系统，两者相辅相成，共同完成景区的社会服务。

（5）决策支持系统。决策支持系统主要是指在上述四大应用系统的基础上，结合专家支持系统、综合数据分析、数据挖掘与知识发现，通过虚拟现实、情景模拟等手段对景区的重大事件决策、应急预案演练等多系统综合应用，提供技术支撑和信息支持。

（四）构建的七项保障

为保障智慧景区建设的有序开展，应当在政策、机制、资金、技术、标准、人才、安全七个方面予以保障，建立与健全智慧景区建设的保障体系，为智慧景区的建设、管理、运行、维护与发展全方位保驾护航。

（1）政策。风景名胜区管理处必须制定关于智慧景区建设的专项政策，包括对于信息中心职能的定位、信息化项目的管理政策、信息基础设施、数据基础设施、共享服务基础设施的建设与管理政策等，保障信息化建设的顺利开展。

（2）机制。在政策保障的前提下，风景名胜区信息中心需要进一步建立信息化项目规划立项、招标采购、设计开发、调试运行、项目验收、业务操作、日常运行、管理维护、文档管理、安全管理、信息服务的流程规范与管理制度。

（3）资金。智慧景区建设需要大量资金，需要积极拓宽融资渠道，加大资金支持力度。在充分利用自有资金的同时，积极争取财政资金、科研立项、银行贷款、企业投资、社会融资等多方面的资金支持，为智慧景区建设提供可靠稳定的资金保障。

（4）技术。智慧景区建设是多种信息技术的集成，必须始终把握技术发展方向，使用先进技术解决三个平台、五大系统建设中的问题。同时，信息技术的发展日新月异，风景名胜区管理业务也在不断变化，因此智慧景区的建设必须是一个动态的过程，不是静态的规划设计可以满足需要的。

（5）标准。智慧景区建设必须遵循国家住房和城乡建设部、国家文物局、国家测绘地理信息局、工业和信息化部等制定的有关技术规范，从而做到标准规范统一和信息服务共享；同时，需要根据智慧景区的建设特点，研制智慧景区行业规范与标准。

（6）人才。专业技术人才的引进与培养，是智慧景区建设的重要组成部分。一方面，要根据管理业务的需求，有计划地引进高层次的专业人才；另一方面，需要加大对现有技术人员的培训力度，开展信息化建设有关政策法规、技术规范、专业知识的培训与辅导，提高他们的专业技术水平，适应智慧景区建设的需要。

（7）安全。智慧景区的安全问题是非常重要的，涉及设计信息安全、系统安全、设施安全等各个层面，需要通过安全制度、安全策略、安全技术等不同途径，确保三个平台、五大系统的安全运行，保障智慧景区的管理与服务。

三、智慧景区的功能体系

智慧景区建设的体系结构包括五个层次的功能体系，分别是：网络层的信息基础设施体系（网络通信管理、网络安全管理等），数据层的数据基础设施体系（数据获取与更新、数据检验与审核、数据编码与管理、数据查询与分析、数据传输与备份等），服务层的信息共享服务体系（系统维护、用户管理、安全管理、信息访问交换、应用请求服务等），应用层的业务应用体系（资源保护、业务管理、旅游经营、公众服务等应用系统）、决策层的决策支持体系（综合评价、情景分析、预测模拟等辅助决策）。

（1）信息基础设施体系。其功能包括：实现信息的获取与资源接入，数据的交换与信息传递，业务系统的运行，支撑整个智慧景区的运维，设计各种设备互联、数据采集、访问操作等服务。根据景区信息化管理工作需求，智慧景区网络将包括景区骨干网、视频监控网、环境监控网、服务终端网、电子票务网，在这些设备网的基础上提供设备消息中间件，为各种业务应用提供保障。通过设备层，实现底层设备的集成与整合，保障景区资源保护与管理服务工作的正常开展。

（2）数据基础设施体系。数据层构成整个智慧景区的数据基础设施支撑环境，主要包括统一数据访问平台与数据仓库两个部分。数据仓库支持结构化数据与文档、图片、音频、视频等非结构化数据的管理与维护，包括基础数据库以及面向业务应用服务的各种业务数据库，同时实现底层数据资源的互联与共享。在此基础上，统一数据访问平台为各种业务应用提供统一的数据访问接口服务，屏蔽底层数据实现细节，实现数据资源的无缝集成。

（3）信息共享服务体系。在智慧景区框架下部署信息共享服务体系，实现应用建模、任务执行、流程管理、资源服务访问调度的工作。在信息共享服务体系中，应用开发人员通过工作流系统，实现应用流程的快速搭建；在业务应用过程中，共享服务体系负责任务管理、任务执行维护以及资源访问调度等工作；在任务执行过程中，共享服务体系采用端点引用等方式实现数据转移、汇聚与重构，降低系统负载，提高任务的可靠性与稳定性。

（4）业务应用系统。主要面向各个业务部门提供资源保护、业务管理、旅游经营、公众服务等业务应用系统。业务部门与管理人员分别通过资源保护、业务管理及旅游经营系统展开工作，实现对自然及人文资源的保护、管理与经营。游客与公众通过公众服务系统，实现游览之前、游览过程中、游览之后的信息获取、游览引导、虚拟体验、学术交流、呼叫救助等活动及服务。

（5）决策支持系统。主要以应用层的四大应用系统为基础，结合专家知识系统、集成数据分析、数据挖掘与知识发现，通过虚拟现实、情景模拟等手段为景区管理机构及人员对景区的应急指挥与重大事件的综合决策，提供技术支撑和信息支持，提高决策的透明度与科学性。

四、智慧景区的发展案例

九寨沟景区位于四川省阿坝藏族羌族自治州，是中国公布的第一批国家级重点风景名胜区。1990年，九寨沟被列为“中国旅游胜地四十佳”之首。1991年被列入联合国《世界风景名录》。1992年12月又由联合国教科文组织批准，正式列入《世界自然遗产名录》，从此登上世界旅游胜地的宝座，成为中外游客向往的神奇“梦幻世界”。2010年，首届九寨沟智慧景区论坛成功召开，提出了“智慧景区”这一理念，旨在以智慧创新思路为基础，以九寨沟承担的863重大课题项目《基于时空分流管理模式的RFID技术在自然生态保护区和地震遗址的应用研究》为契机，搭建景区信息化发展、交流、合作平台，共同探讨中国景区信息化推动运营管理、生态环境监测和旅游发展面临的问题。2010年10月九寨沟景区成为全国首个具有自主知识产权的景区，引起了巨大反响。2010年，九寨沟景区根据三年来863个科研项目的实践成果，进行了智慧景区的一期建设，着力于景区管理精细化、低碳化、移动化方向，共同推动智慧景区的实施建设。

进入九寨沟的官方网站后，在导航条上可以很明显地看到“智慧九寨”这一项，里面包含了3D图库、游客预测、实时在线摄像头、旅游标准化、动物研究等栏目，其中最值得一提的是“实时在线摄像头”栏目。视频监控系统利用监控探头对景区内的重要景点、客流集中区域、事故多发地段等地进行动态监测，将实时场景视频数据利用有线或无线网络传输至指挥调度中心，指挥中心通过电子屏幕可及时、准确地了解景区内游人的数量和行动、动植物的生长情况、景区的防火等安全情况等，实现游客调控、观光车辆调配、动植物保护措施、消防人员调配等，保证了决策与指挥的正确性和及时性，有效保证了游客安全，预防了突发事件的发生。同时，数据流还与九寨沟的官方网站相连，提供给游客在线的即时影像服务，游客不仅可以通过即时影像观看到与自己所在位置相同时间的九寨沟景色，还能查看到景区当时的天气情况和人流状况，在为游客提供了更大的方便的同时，还能通过这种新的方式吸引了更多的游客浏览九寨沟的官方网站，从而实现网络营销对九寨沟景区的宣传。

九寨沟景区还通过信息化手段，建立了自己的门禁票务系统。门禁票务系统覆盖了门票预购、领取和验票的各个环节，规范了运作，提高了运行效率，缩短了发票时间，提高了服务档次。九寨沟景区管理部门还可以通过门禁票务系统有效地控制景区内游客的容量，为景区的可持续发展做出努力。此系统应用软件由管理、售票、验票、财务领票缴款和领导查询五个子系统组成，能够提高九寨沟门票、车票销售与查验的安全性、防伪性，具有良好的可扩展性，支持网上预订和现金购票等多种售票方式，同时可根据旅游淡旺季对售票子系统进行切换，该系统的建成有效提升了景区的管理形象。

第四节　景区功能创新

城市与社会发展的新陈代谢过程中，城市更新是必须面对的问题。当前中国在经历了几十年经济高速发展之后，逐渐转向中速/中高速的新常态，城市产业带动经济迈进的主要动力由原来的第二产业逐步转向第三产业为主导的经济结构引擎，以“复杂的经济组合”为代表的新经济成为推动城市发展的主要动力。旅游作为关联性最强的综合性产业是新经济的典型代表之一，也是城市更新在产业重组、社区重建、旧城复兴等方面最有效的柔性手段，它以创新的力量推动着城市旧工业区改造升级、居改非的功能转型、原有城市社区的旅游提升等，从而对城市内部的社会结构、城市功能、城市形态与肌理等产生深刻的影响。

一、城市旅游功能区的初步探索

城市更新从最初西方旧工业城市经济复兴的特定策略逐渐演变为当前全球范围内的城市再开发活动，是当今中国新常态经济环境下最重要的城市发展活动。

城市旅游功能区则是城市更新的主要形态与路径之一，未来的城市旅游将在提升传统景区的基础上，以城市旅游功能区为突破，促进城市更新多元化、推动城市产业转型、提高城市公共服务水平、实现城市旅游的品质提升。[①]

（一）中国城市旅游功能区的基本情况

城市旅游功能区由于功能多样、体验时尚、全域开放等特点，能满足层次多样的消费群体需求，是目前都市旅游最为活跃的板块，是以旅游大项目为引领、旅游资源要素和服务要素综合配套的聚集地，为有效发挥特色旅游功能、形成产业综合竞争力而设置的地域空间，具备产业集聚功能、资源整合功能、产业协作功能和辐射扩散功能。通过旅游功能区的规划建设，城市旅游资源由观光游向观光与休闲度假相结合的深度体验游转型；整合吃、住、行、游、购、娱等要素，构建旅游综合服务要素的聚集区，从而提升城市旅游业服务接待能力，扩大旅游消费服务能力。事实上，城市旅游功能区是从存量规划的角度、在城市传统景区的基础上，对于都市旅游产品体系进行的有力补充。

由于所处的城市发展阶段和区域背景存在差异，使得各地城市旅游功能区的开发呈现出与当地发展背景和地方区域特色相呼应的类型与路径。对于城市旅游发达地区，除了京沪两大都市外，重庆、成都、杭州、苏州、无锡、南京、武汉、广州等旅游热点城市的旅游功能区发展也非常迅速，这些城市利用产业升级的旧城更新契机，建设文化休闲中心、时尚消费体验区、主题娱乐综合体等，成为传统旅游景区以外的新型旅游吸引物，完善城市旅游的结构与布局。另外，对于原有资源型工业城市或工业区，城市旅游功能区则可以成为促进产业转型、改善城市公共环境、提升城市竞争力、树立城市信心与形象的重要手段甚至是旗舰项目。比如“鄂尔多斯模式”，旅游业成为这类资源型城市转型发展的支撑力量，在原有成吉思汗、响沙湾传统景区之外，康巴什城市新区在2012年成为第一个以城市作为旅游区批准的国家4A级旅游区，城市旅游功能区成为鄂尔多斯城市转型的新象征。

（二）城市旅游功能区的分布

在城市更新中，城市旅游功能区的开发体现为对于城市低效利用土地的再利用，从城市空间分布看，体现出内城与城郊的区域特点，其建设类型与功能置换

---

① 张进福，黄福才. 景区管理：中国版 [M]. 北京：北京大学出版社，2009.

各有特色。如城市中心的内城区集聚着老旧的居住区、工业厂房，城市的更新大多以社区、街区的形式使得地块得到重新开发。早期主要以房地产主导整体开发的高端商业娱乐类型为主，比如上海新天地、北京太古里等。后期逐步演化出的自下而上、渐进转型的区域，是经过产业升级、社区重建以及其他多元化的更新形式形成的特色混合街区类型，比如上海田子坊、北京大栅栏杨梅竹斜街、杭州宋都御街、天津五大道等。

城郊区域由于土地与交通的优势，留下了大片的旧工业区或者工业废弃地，由于其区域空间特点，各类创意产业园区占领并更迭改造了此类空间，从早期自发自由生长的北京798艺术园区，到后来大量整体开发运营的主题园区，北京751时尚设计广场、北京一号地艺术园区、上海1933老场坊等体现了个性化、时尚性、功能性、产业主导的园区特点，同时由于产业集聚的特点，吸引了稳定的核心消费人群，并通过多元化生长进行辐射影响。

二、工业区旅游功能转型建设：北京一号地艺术园区

（一）基址：城郊产业集聚区的工业用地

北京一号地国际艺术区位于温榆河绿色生态走廊，自然生态环境优美，是城郊外围的绿化隔离带地区，也是中央美院辐射的艺术产业集聚地带，周边受到奥北商业区、空港工业区、新国家展览中心等城市组团的影响，有机场高速、京承高速及地铁15号线等，交通十分便利。园区规划面积约1.8万平方千米，目前已使用的园区占地约3667平方米，由原北京市京广铝业联合公司的废旧厂房改造而成，在充分挖掘工业厂房高大、明亮的建筑特点上进行积极改造，成为具有包豪斯建筑风格的当代艺术展示中心，2008年由北京市朝阳区人民政府批准立项定位为“朝阳区文化创意产业集聚区”。

（二）定位：开放性国际艺术社区

依托基址独特的区位条件，在原有厂房改造基础上，园区吸引了叶锦添工作室、顾长卫工作室、红砖美术馆、铸造美术馆等国际上上百家艺术投资机构、画廊和艺术家进驻，增加了餐饮、酒吧、咖啡馆等配套设施服务，并组织了各类特色展览、文化活动，园区周边的果园西餐厅、紫云轩茶事、赛特奥莱世界名品折扣店等高端项目也相继落成，使区域成为高收入、高消费群体聚集的艺术休闲场所。经过近年来的精心打造，一号地D区已经发展成为集“艺术品制作、交易、

展示，影视拍摄与后期制作，装饰设计，品牌新闻发布会，餐饮娱乐”等功能于一体的多元化、全方位艺术服务平台。一号地的成功体现了艺术与地产、艺术与商业以及艺术与区域产业结构互动所形成的活力与魅力。

（三）路径：政府引导的区域产业升级

与798艺术园区不同，一号地国际艺术区由于位于更为偏远的城郊区域，一直是政府有目的推动的区域更新改造，是产业结构调整、就地城市化的重要举措。园区在整体规划前提下，在探索土地使用性质转型的基础上，采用多元化的公众参与，通过公私合作的方式分块逐步开发改造。同时，区域文化产业集聚以及用地环境的优势，使得园区功能转型与定位指向明确，按照规划，未来的一号地艺术园区将囊括几乎所有的艺术空间类型，A区以艺术主题公园为载体，将是中国当代艺术的交流中心，以及国际艺术品展示交易、国际顶级艺术机构的基地总部；B区为中国传统文化艺术与中华绝学荟萃之地；C区为现代都市农业风光园中的艺术区；D区为包豪斯建筑风格的当代艺术展示中心；E区是具有农业生态走廊的艺术区；O区是具有四合院风格的艺术村落，最终将建成“极具特色、独具魅力的开放性国际化艺术社区”，从而推动此区域城市化进程。

三、居住区旅游功能转型探索：成都宽窄巷子

（一）基址：城市中心区的历史老街坊

成都宽窄巷子历史文化街区是成都重要的三大国家级历史保护区之一，是清代满城的遗留部分，位于老城区青羊区，紧邻CBD中央商务区和天府广场，周边分布有省委、市委等机关团体，与盐市口、春熙路商圈构成黄金三角，区位优越。保护区总用地面积319342平方米，其中核心区面积66590平方米，建设控制区范围25272平方米。区域更新前的用地是老城区的混杂居住区，包括居住、商业、办公、军产及其他，主要功能以居住为主。2003年，成都市政府牵头开始对宽窄巷子历史文化街区进行保护与更新。2008年6月14日（第三个中国文化遗产日），宽窄巷子作为震后成都旅游恢复的标志性事件向公众开放。

（二）定位：凸显地方文化传承的城市RBD

宽窄巷子历经几百年的演变过程，清朝时期是八旗士兵的营房，清末民初时期成为公馆大院，后来成为普通民居，中华人民共和国成立以后成为人口密集的居住住所，脉络清晰可辨，空间遗存完整。街道呈兵营式布局，由三条平行的东

西向巷子组成，两侧鳞次栉比地分布着四合院或三合院。空间层次完整而丰富，由街到巷，再由巷到门厅、院落，肌理结构清晰流畅。宽窄巷子的改造即以院落场景式体验为基础，实施战略即为功能更新与置换，以此适应城市中心区的使用需求。

在对老城区文化吸引物统筹考虑的基础上，宽窄巷子从市场的角度做出了差异化经营的旅游定位，即在保护老成都建筑的基础上，秉承成都少城、满城、川西民居历史的文化精髓，以中西精品休闲娱乐、餐饮服务、休闲服饰、精品零售、时尚化酒店等多元化高端服务为一体的综合性时尚休闲旅游商业中心，形成以旅游休闲为主、具有鲜明地域特色和浓郁巴蜀文化氛围的复合型文化商业街，最终打造成具有“老成都底片，新都市客厅”内涵的“天府少城”，旨在满足成都中高端消费者以及到访成都的游客多元化的消费需求。

（三）路径：政府主导的地产型旧城改造

宽窄巷子的开发改造是成都市政府制定的城市经营战略，利用老旧居住区的更新改造，通过公司化运作的模式，搭建投融资平台，组建文旅集团作为全市文化和旅游资源的开发与运营机构，实施旅游资源所有权与经营权的分离模式。公司化的运作模式希望按照市场经济规律，改变历史街区的用地功能，盘活文化资产，激发宽窄巷子的造血功能，使其良性运转。

宽窄巷子将原有居住区打造成为消费者量身定制的城市开放景区，并因此获得了国家2A级旅游景区、中国特色商业步行街、四川省级历史文化名街、成都新十景等荣誉称号，成为成都新的城市名品。作为政府盘活资本的整体运作，宽窄巷子在资金、用地、政策的保障下，收回房屋所有权、迁徙当地居民、对社区进行整体包装，成为遗产展示的舞台前台、接待游客的精品景区，提供了场景消费者想要的真实体验与愉悦，而保护区中老成都的当地居民生活则在周边的街巷留存，并受到核心商圈的辐射，以点带面实施对城市中心区的功能治理。

四、商居混杂区的旅游提升改造：北京大栅栏

（一）基址：城市中心的历史文化商街

大栅栏位于北京古城中轴线上，是离北京天安门最近、遗存遗迹最丰富、保护最完整的历史文化街区，在很长一段时间里一直是北京最繁华的商业、文化和娱乐中心，区位优势突出。大栅栏保留了历史延续最长的城市肌理及街区风貌，

具有宜人的步行尺度空间，是明清北京城最重要的市井商业中心，也是京城文化的缩影、精华和起源。目前，区域占地面积约1.26平方千米，以商业为主，商居混杂，人口密度极高，由于公共设施不完善，区域风貌不断恶化，产业结构亟待调整。2010年大栅栏启动更新计划，开始小尺度渐进更新，2011年大栅栏被授予全国首个“中华老字号集聚区”的称号，2015年入选中国首批历史文化街区。

（二）定位：文化商业旅游体验区与古朴宜居生活社区的共生体

大栅栏采取的更新计划是一个“有机更新、软性生长”的过程，也是一种创新的旧城更新方式，从组织架构、目标设定，到试点探索、宣贯推广都体现出案例的独特性与探索性。

从组织架构看，大栅栏更新计划在启动初期就成立了一个开放工作平台——大栅栏跨界中心（Dashilar Platform），作为政府与市场的对接平台，通过与城市规划师、建筑师、艺术家、设计师以及商业机构合作，探索并实践历史文化街区城市有机更新的新模式。将不同利益主体联结在一起，在不同发展阶段以不同角色进入，承担不同职责，同时为社会不同资源群体打开了一个开放的平台渠道，改变了历史文化街区单一规划、单一产业策划、单一文化保护、单一建筑设计与改造的模式，形成跨学科的融合发展。

从目标设定看，大栅栏的更新摒弃了明确的量化目标，设定了多类群体共同参与和本地互动再生的软性发展中有机地规划不同阶段的目标。通过前期的试点地区的尝试探索与示范，从而展开社区共建，最终达到全面发展的目标。

从试点探索看，杨梅竹斜街作为2010年北京市发改委选取的探索创新旧城改造新模式的四个试点项目之一，实施遵循“系统思考、整体规划、划小单位、分步实施、动态调整、统筹推进”的基本原则，以“小范围、渐进式、分片、分类推进”为实施策略，按照“政府引导、市场运作、公众参与”的运作模式，探索城市“软性生长、有机更新”的改造模式，以“节点引入、簇状辐射、适度引导、自然生长”的产业发展路径进行保护性修缮，从早期的补偿腾退、定向安置，到现在尝试的平移置换、两权分离等各种合作方式，积极与产权人共同进行合作改造，实现环境改善及业态提升，培养新的当代文化、空间、经济互动关系，从而形成内生、渐进式、有机生长的城市发展，实现大栅栏区域可持续发展。

从宣传推广看，大栅栏结合北京国际设计周活动，以“设计复兴老街区”为主题，通过设计的力量更新活化老街区，以设计独特的视角解决老城区规划建筑、公共设施及区域环境难题，以设计的力量集结艺术、文化、创意、建筑、时尚、媒体、游客、居民等多方力量，在老街区更新及设计之旅中实现公众参与，充分将强大的设计资源和以民为本、有机更新、多元主体、共同参与的街区保护更新理念相结合，设计与老街区的新鲜碰撞吸引了整个北京的目光，引发了关于该地区转变为公共领域的讨论和沉思。

（三）路径：政府主导、多方参与的社区有机更新

大栅栏更新计划是在北京市文化历史保护区政策的指导和西城区区政府的支持下，由北京大栅栏投资有限责任公司作为区域保护与复兴的实施主体，创新实践政府主导、市场化运作、多方参与的基于微循环改造的旧城城市更新计划。

大栅栏更新计划基于存量更新的复杂现实，改变了以往“成片整体搬迁，重新规划建设”的刚性方式，转变为“区域系统考虑，微循环有机更新”的方式进行更加灵活、更具弹性的节点和网络式软性规划，视大栅栏为互相关联的社会、历史、文化与城市空间脉络。针对逐步腾退收回的分散院落、街巷，按照系统规划、社区共建的方式进行有效的节点簇式改造，并产生网络化触发效应，不同节点的改造形成节点簇，逐步再连成片。这样不仅可以尊重现有胡同机理和风貌，灵活利用空间，更重要的是，将“单一主体实施全部区域改造”的被动状态，化为“当地居民商家合作共建，社会资源共同参与”的主动改造前景，将大栅栏建设成新老居民、传统与新兴业态相互混合，不断更新、和合共生的社区，复兴大栅栏的繁荣景象。

五、城市旅游创新的发展趋势

城市旅游功能区是基于城市存量对现有资源的盘活、利用，与中国城市发展及新时期经济转型紧密相关，目前中国的城市涉及最多的是上述工业用地更新、存量居住更新、三旧改造等三个方面。

作为城市转型时期的触媒与抓手，城市旅游的发展建立在城市产业结构、用地基础上，是建立在城市存量基础上的柔性转型手段。从用地看，工业用地将是未来城市旅游乃至整个城市发展用地的物质支撑，居住用地或混合区的转型或提升将变得更为复杂，需要注重对各方利益的协调共赢；从时序看，旅游产业的介入，可以解决早期因体制固化而无法解决土地使用的问题，起到先锋产业生态群落的改造作用；从运营模式上，多元利益体、广泛的公众参与是前提，小尺度、

渐进式的更新将是漫长的实现过程，要注重对现实中人的关注，特别是当地居民的态度，社区营建将成为一个常用的手段；从发展动力上看，文化重构、地方精神的重塑将成为社区乃至城市更新的原动力，基于已有“地方感”特色，并具有联系未来“时代感”，这是文化主导更新成功的关键。

城市旅游功能区是一个综合系统工程，其建设涉及了多个利益主体之间的复杂关系，如何在城市旅游的范畴内，研究不同更新策略，以及产权制度影响下的开发商、原居民、城市低收入群体等各不同社会利益集团、社会阶层之间的行为关系，对于指导城市旅游健康发展具有重要的实践意义，而对于微观个体的案例研究，则对中国城市旅游在个性化、品质化、人性化等方面的发展都颇有裨益。

第五节　旅游景区制度创新

景区管理制度长期以来一直是影响中国景区发展的重要因素。中国品质最高的旅游吸引物——5A级景区、各类国家级保护区或公园等遗产型景区几乎尽数掌握在以各级政府为代表的国有体制手中。这种管理权属关系有利于实现对珍稀资源的严格保护与实质监督，但同时体制所带来的弊病也非常突出。近年来，在国家政策的推动下，中国遗产型景区在经营与管理上做了诸多大胆的探索，云南的国家公园在借鉴国际上先进经验的基础上进行了体制探索；各地的城郊型森林公园在公益性方面进行了有益尝试；以故宫为代表的世界遗产类景区在文化传承与推广方面进行了服务创新；投融资方面，PPP模式则给遗产型景区提供了各种公私合作运营的可能性，凡此种种，都为中国遗产型景区的未来发展指明了方向。①

一、国家公园体制的探索

中国自2013年提出“建立国家公园体制”以来，已相继发布多个相关的重要政策指导文件。其中2015年9月中共中央国务院印发《生态文明体制改革总体方案》中清晰指出，建立国家公园体制。加强对重要生态系统的保护和永续利用，

---

① 周书云，胡秋红，杨丽春 . 旅游景区运营管理 [M]. 广州：广东高等教育出版社，2017.

改革各部门分头设置自然保护区、风景名胜区、文化自然遗产、地质公园、森林公园等的体制，对上述保护地进行功能重组，合理界定国家公园范围。国家公园实行更严格保护，除不损害生态系统的当地居民生活生产设施改造和自然观光科研教育旅游外，禁止其他开发建设，保护自然生态和自然文化遗产原真性、完整性。这说明，国家公园建设已上升为国家战略。

（一）云南国家公园的实践案例

1996年起，云南省就率先开始了基于国家公园建设的新型保护区模式的探索。2004年，省政府推进并成立了国家公园建设领导小组。2006年，以碧塔海省级自然保护区为依托成立了第一个国家公园普达措。2008年，国家林业局批准云南省为国家公园建设试点同意云南以具备条件的自然保护区为依托开展国家公园建设工作，标志着中国建立国家公园从云南开始。随后云南省政府对国家公园建设提出了具体要求，明确了省林业厅作为国家公园的主管部门，并挂牌成立了“云南国家公园管理办公室”，组建了“云南省国家公园专业委员会”，批准了《云南省国家公园发展规划纲要（2009—2020年）》，以此指导建设“云南省国家公园体系”，下发了国家公园申报指南，并经国家质检总局备案，公布了一系列国家公园地方标准。截至2016年年底，先后批建了普达措等13个国家公园。

虽然云南省国家公园试点的起步在很大程度上依托旅游驱动，但通过企业市场运作来获取资金以弥补保护与发展资金的不足，存在经济导向过重、管理体制不顺等问题。同时，云南省也借鉴了先进国家公园的国际经验，在政府高位推动、专业精英参与指导下，规划先行、法规规范指导，使得云南省国家公园在科学化、规范化方面取得了显著成绩，形成了较为成熟的“云南国家公园模式”。

（二）国家公园型景区管理的探索

目前现有成熟国家公园有三大主要管理类型：以美国、挪威为代表的中央集权型，以德国、澳大利亚为代表的地方自治型，以日本、加拿大为代表的综合管理型。在汲取先进经验的基础上，结合实际情况，中国正在探索中国式国家公园的管理模式。目前，中国已选定在北京、吉林、黑龙江、浙江、福建、湖北、湖南、云南、青海等9省市开展国家公园体制试点，试点时间为三年。

（1）管理体制方面：国家公园需要管理责任主体一体化，实现一园一主的目标，保证只有一套管理机构和人员代表国家行使管理职能，彻底改变“一区多主”的混乱局面，国家公园可以采取综合管理型，根据情况分为直属管理和授权管理的模式。

（2）经营机制方面：在管理权和经营权分离基础上，经营机制主要采用特许经营制度，从而形成一套完善的机制，包括经费投入、机构人员、公共服务体系、特许经营、伙伴关系、标准制定等，处理好资源保护与合理利用的关系。

（3）法律框架方面：宏观上需要设立相应的法律保护体系，制定《国家公园法》，修订现有相关法规条例，制定系列规范标准。具体公园需要制定管理条例，实现“一园一法”。

二、森林公园的公益性探索

中国城镇化建设使得城郊森林公园得到快速发展，已成为中国森林公园发展的新方向和新亮点。城郊森林公园为保护、修复城镇森林生态系统，提升城镇生态承载能力，改善城镇人居环境，增加百姓生态福祉，推动绿色城镇发展做出了积极贡献，逐渐成为新型城镇化中有生命的公共基础设施。城郊森林公园是指地处城镇或城镇周边，以森林景观为主体，生态环境良好，休憩健身设施完善，开展公众游览、休憩、健身、科普、文化等活动的户外特定区域，免费或低价门票向公众开放，具有公益性、基础性、社会性等特点。城郊森林公园在大中城市及经济发达地区发展速度尤为迅猛，据初步统计，全国共建成城郊森林公园上千处，全部免费开放，为公众提供了生态休闲健身服务。

（一）城郊型森林公园公益性实践

景区作为准公共产品，公益性属性非常突出，同时也非常容易被忽视。在生态文明建设的战略指导下，林业系统将生态建设与公益服务结合，大力推行公益性城郊梁林公园建设，此举特别值得借鉴，并需要后续不断探索完善。

广东是中国最早建设城郊森林公园的省份，公园建设与城乡生态建设、生态治理、生态修复紧密结合在一起，有效解决了森林公园的用地。城郊森林公园对市民的开放，为市民、游客提供了良好的休闲、健身、观光等生态服务，已成为新一轮绿化广东大行动中的重要组成部分，为推动“美丽幸福广东”建设做出了重要贡献。

山西地处黄土高原，是煤炭资源大省、林业小省、生态弱省，资源利用、经济发展与生态环境之间矛盾尖锐。在政府的高位推动下，山西城郊森林公园伴随“绿化山西、生态兴省”发展战略，实施了“山上治本、身边增绿”生态工程建设。截至目前，全省城郊森林公园全部免费向社会开放，成为山西生态治理、生态建设的主战场，巩固生态绿化成果的重要载体，市民休闲健身的乐园。

（二）公园型景区建设管理的探索

城郊型森林公园的建设发展基本有两类模式，一是政府主导，部门协作。由各地政府牵头，加强组织领导，统一规划、统一部署，协调林业、国土、建设、水利、渔业、环保、旅游、农业等相关部门共同推动森林公园建设，鼓励社会力量（如企业）参与森林公园旅游经营项目的投资，形成政府主导、林业主管、部门合作、社会参与的建设格局。二是政府主导，市场运作。在政府主导、林业主管下，采取市场化运作，由企业建设、开发、经营城郊森林公园。例如，山西多地采取“一矿一企出资，打造一景一园”方式，太原市就有12家企业是市政府进行西山环境综合治理、西山规划建设的17处城郊森林公园中的建设主体。

资金保障方面，需要采取分类管理。基础设施建设投入以地方财政为主，省级财政补贴为辅，并出台政策予以扶持。森林公园管理机构人员经费和日常管护经费，也需要由公共财政予以解决。森林公园内的经营性项目则由企业投资为主。

后期管理与经营方面，城郊森林公园存在后续养护管理资金难以落实的问题，造成一些林业部门不愿管，甚至有意交给别的部门管理。目前，林业部门正积极尝试采取PPP模式通过公私合作的方式来摆脱困境。

三、世界遗产的服务创新

一直以来，中国的世界遗产数量庞大，但是存在管理体制僵化、机构臃肿的问题，亟须变革。随着遗产认识的不断深化与延展，遗产的社会职责凸显，其与当代生活密不可分的关系，使得遗产景区开始重视其公共服务和文化传播的职责。

（一）故宫博物院的改革创新案例

故宫博物院是古都北京的名片，是国家的文化符号。这个曾经有24位明清皇帝居住的地方，也是行政架构中的副部级单位，自2002年以来就一直被从投资、开发、营销，方面所诟病。2012年故宫开始“新政”，放下身段，在传承历史文化、促进社会进步、加强公共文化服务、提高公众科学文化素养等方面做了大量的变革创新。

（1）遗产环境方面。加强古建筑的修缮，使更多的文物建筑保持健康状态，拆除混乱、不适合故宫气氛的商业设施，积极进行文物修复、恢复景观，收回外占空间进行整理利用，扩大布展空间，通过环境改造优化用户体验。

（2）游客管理方面。满足遗产保护与参观需求的平衡，从时空两方面进行合理疏导。空间上逐步开放游览空间，从2002年的30%增加到2016年的76%，2025年将达到85%的开放面积；时间上实施淡旺季调控、开放夜间游览等，通过试行年票、单日内限流、主题日免费参观等限流分流方案，平衡淡旺季观众流量分布，改善观众参观体验。

（3）遗产监管方面。科学有效地开展世界文化遗产监测，对各种影响遗产安全的因素加以防范和控制，对文物本体及其环境实施预防性保护，使文化遗产的突出普遍价值及真实性、完整性得以保存，其中最关键的是观众人流实时监测、安防状态实时监测和古建筑本体的监测。

（4）文化传播方面。致力于将故宫文化进行更深入、广泛的传播，更^地实现博物馆的公众教育职能，让故宫文化走出紫禁城，走进千家万户。除了在对外交流、图书出版、学术研究等传统层面积极推进，更在文创产品、新媒体开发等新兴传播领域创新努力，取得了非常突出的效果。尤其是后者，一改故宫“孤傲刻板”的形象，吸引了更多的年轻人关注和热爱传统文化。

（二）文化遗产型景区管理的探索

文化遗产根植于特定的人文和自然环境，与当地民众有着天然的历史、文化和情感联系，不可能离开周边环境而独立存在。作为全人类的共同遗产，遗产肩负保护、传承、教育的责任，让文化遗产与公众生活对接，能够更好地实现文化遗产保护与当地经济社会融合发展。

（1）管理权属清晰统一，公开透明。遗产必须做好资产清查、摸清家底，通过收回使用权实现统一管理。遗产管理需要透明化，以此督促工作的改进，要与媒体建立良好的信息沟通渠道，鼓励社会监督。

（2）在保证遗产完整真实的基础上，改善公共服务。通过环境容量管理、活动引导与组织、遗产解说与教育、环境维护与整治等手段，提高用户体验，提供多元优质的服务选择。

（3）加大文化推广，创新传播手段。在原有小范围文化传播的基础上，充分发挥新媒体的特性，扩大影响范围，以社会公众需求为导向、以时代前沿科技为依托、以学术研究成果为支撑，采用多种手段推广文化、创新服务。

（4）强化社会教育，做好遗产传承。针对不同的群体，特别是青少年，采取各种方式增加针对性、主题性的社会培训，从而更好地融入中小学课堂的教育项目，让遗产“活”起来，因为遗产的生命力很大程度上取决于懂得它的价值的观众之多寡。

四、遗产型景区经营与管理的发展方向

（一）通过法规标准完善运行管理体制

完备的法律体系、规范的技术标准对遗产景区的建设将起到保护与规范作用，借鉴国际标准和国际上实践，结合景区的实际情况，实施“一园一法”，制定适合遗产景区个性发展的景区管理体制。

建立并完善景区管理机构，赋予其统一组织领导、统一规划设计、统一开发建设、统一宣传促销、统一环境保护等综合职能。通过强有力的管理，统筹保障游客权益，建立公平合理的利益分配制度，形成风险共担、责任共负、利益共享的群体和谐关系。

（二）降低对门票依赖，提高景区综合效益

旅游业已经越来越能够体现其社会福利性质。旅行游览是人的自由权利，旅游门票相应地成为自由权利的象征符号。但是，目前中国景区门票占中国城乡居民人均月收入的比重已经达到19.8%，部分世界遗产门票收入占总收入的比例高达90%以上。景区门票价格上涨问题成为目前中国旅游景区开发与管理中的一大热点。

中国遗产型景区作为公共产品，承载着社会福利方面的非经济功能，不应以盈利为主。门票作为一种行政收费，不是盈利手段，仅仅是一种管理的工具。门票应作为行政专属收费，免票或低价，上缴财政，明确收支两条线。经营管理费用主要以财政拨款为主，同时以特许经营、捐助、基金等方式作为补充。景区在此基础上提供优质的公共服务产品，加强环境教育功能、吸纳社区就业，通过特色项目来挖掘游客消费的潜力、适当规划建设娱乐设施、加强宣传促销力度、提高就业扶持力度。

（三）明确公益角色，健全资金管理机制

遗产型景区是以遗产资源为依托而建立的景区，具有准公共产品的属性，

应保证其公益角色。因此，遗产型景区要保证资金来源，拓展渠道，采取政府投入为主、社会投入为辅的投资模式与运行机制。要突出政策引导作用，鼓励社会资金投入，鼓励转移支付、复合投资、权益融资等PPP公私合作的多元投融资方式。

（四）加强推广，建立监督沟通机制

建立景区遗产教育、文化推广机制，与社会各界合作，全面贯穿遗产主题教育、中小学课外教育、社区文化教育等各个层面，同时利用新媒体的广泛覆盖力，推广文化、沟通信息，将知识寓教于乐传播给受众，将遗产管理透明化展示给公众，号召全社会监督和保护人类共同的遗产。

完善志愿者参与机制，发挥各行各业志愿者的优势。建立志愿者培养管理机制，组织开展志愿者服务，广泛吸收社会有志之士加入，特别是与高校、专业机构建立合作，重视发挥学生志愿者的作用，号召全社会的积极参与。

（五）通过社区培育遗产生态文化圈

同属遗产所在地的当地文化生活圈是遗产景区不可分割的一部分，通过旅游的带动辐射，鼓励公众参与，逐步培育遗产生态文化圈，在经济、文化、环境多方面实现合作共赢。

经济上，遗产型景区应起到区域龙头带动作用，积极与周边小镇、村落等进行关联整合，建立健全社区参与机制。基于遗产型景区的容量限制，将游客所需的“住、购、娱”等方面向社区分离出去，延长游客停留的时间，提供更多的游憩项目，形成优势互补，解决资源保护的问题。通过政策鼓励当地社区居民参与景区的保护和管理，充分考虑社区居民生活和就业，畅通当地社区居民就业渠道，特许经营权经营活动及相关就业岗位安置应优先考虑当地社区。实现旅游扶贫，带动当地经济发展。

文化上，当地居民作为遗产的传承人与守护者，需要与景区建立更为密切的联系。景区需要积极吸纳当地文化及文化传承人，也需要进行大量的文化输出，并给予更多的政策与资金方面的资助。共同开展社区营造，将遗产的保护与传承融入社区的日常生活中。

环境上，景区与社区应共同维护景区大环境的生态安全，对于社区的生态支持应给予适合的生态补贴。

参考文献

一、著作类

[1]郭亚军，曹卓.旅游景区运营管理[M].北京：清华大学出版社，2017.

[2]李志飞，汪绘琴.旅游景区管理：案例、理论与方法[M].武汉：武汉大学出版社，2013.

[3]韦祖庆.传统生态文化馆的教育传承研究[M].北京：光明日报出版社，2018.

[4]张进福，黄福才.景区管理：中国版[M].北京：北京大学出版社，2009.

[5]周书云，胡秋红，杨丽春.旅游景区运营管理[M].广州：广东高等教育出版社，2017.

[6]邹统钎.旅游景区开发与管理[M].北京：清华大学出版社，2017.

二、期刊类

[1]阿司古力·艾百，普拉提·莫合塔尔，居玛·吐尼亚孜等.新疆南疆地区A级旅游景区空间格局演化研究[J].华中师范大学学报（自然科学版），2019，53（2）：290–297.

[2]窦银娣，刘云鹏，李伯华等.旅游风景区旅游交通系统碳足迹评估——以南岳衡山为例[J].生态学报，2012，32（17）：5532–5541.

[3]傅才武，申念衢.注意力稀缺背景下文化旅游景区管理模式的优化策略——基于武当山景区与崆峒山景区的比较[J].兰州大学学报（社会科学版），2018，46（3）：49–58.

[4]高丽红.旅游景区网络营销SWOT分析及基于4P理论的营销策略研究[J].价格月刊，2016，（4）：88–90.

[5]高玄，徐坚.绿树格景区旅游资源评价及开发策略研究[J].安徽农业科学，

2018，46（31）：119–123.

[6]华文.旅游景区深度绿色营销策略探讨[J].中国商论，2017，（20）：6–7.

[7]黄燕.试论旅游景区市场化运营完善建议[J].中国商贸，2011，（26）：193–194，201.

[8]蒋尚坤.景区依托型新城产城融合的发展策略研究[J].中国商论，2019，（5）：219–220.

[9]李恒，崔婷婷.安徽省旅游景区游客情绪体验影响因素研究[J].中国商论，2018，（33）：64–66.

[10]李姣，赵素馨，邓徐燕等.乌镇旅游开发运营模式研究[J].中国商论，2017，（13）：45–47.

[11]李倩娜，姚娟，古丽娜尔·加纳尔别克.旅游专业合作社在喀纳斯景区中的运营问题分析[J].北方园艺，2017，（9）：194–198.

[12]李绍芃，于斌.文旅融合下的泰山文化遗产景区自导式解说系统优化研究[J].山东农业大学学报（自然科学版），2019，50（2）：342–345.

[13]李思，白英卿.基于结构方程模型的智慧景区游客感知研究[J].中国商论，2018，（31）：65–69.

[14]李晓琴，银元.低碳旅游景区概念模型及评价指标体系构建[J].旅游学刊，2012，27（3）：84–89.

[15]李晓琴.西部地区旅游景区低碳转型动力机制及驱动模式探讨[J].西南民族大学学报（人文社科版），2013，（8）：128–131.

[16]刘耕，王晓明，张均强等.基于信令数据的旅游景区智能管控研究[J].电子科技大学学报，2015，（5）：769–777.

[17]刘少和，桂拉旦.西部地区5A级景区旅游产业融合集聚研究[J].甘肃社会科学，2018，（5）：213–219.

[18]刘笑明，丁玉宇.云台山风景区国内旅游营销策略研究[J].中国经贸导刊，2019，（2）：80–81.

[19]刘云.大城市近郊旅游地产运营模式实证分析--以昆明市为例[J].学术探索，2014，（6）：70–74.

[20]清帅，赵高送.基于4I理论的重渡沟移动互联网营销策略研究[J].中国商论，2018，（28）：44–46.

[21]孙健慧，张海波.旅游景区低碳运营过程和影响因素探析[J].企业经济，2019，（2）：13–19.

[22]王惠.基于自媒体的旅游景区营销策略研究——以常州天目湖景区为例[J].安徽农业科学，2017，45（31）：182–184，229.

[23]王婧，陈觉.基于服务共享中心的乡村旅游景区运营优化[J].江苏商论，2010，（8）：128–130.

[24]王葵，彭韶辉，王子斌等.景区大跨径人行桥运营安全管控研究[J].公路，2016，61（7）：177–182.

[25]王丽华，刘晓蕾.景区网络营销与传统营销协同发展研究——以大连圣亚海洋世界为例[J].生产力研究，2018，（8）：127–131.

[26]王秋玉.旅游景区淡季营销现状及策略探讨[J].商业经济研究，2018，（19）：185–186.

[27]王玉成.我国旅游景区管理体制问题与改革对策[J].河北大学学报（哲学社会科学版），2017，42（3）：143–148.

[28]王震，庞赞，张建国.乡村生态养生旅游景区开发适宜性评价研究[J].中国农业资源与区划，2018，39（11）：225–233.

[29]吴志才，袁奇峰，陈淑莲.广州增城景区型绿道运营管理机制[J].经济地理，2018，38（1）：218–224.

[30]燕贵成，胡永盛.农业生态旅游景区开放式运营模式探究[J].农业经济，2014，（12）：24–25.

[31]余杰.旅游景区开发与经营的案例评析技巧探究——评《旅游景区开发与经营经典案例》[J].中国教育学刊，2018，（6）：17.

[32]苑春林，王嘉惠，喻晓蕾， 等.网络口碑在旅游景区营销中的应用研究综述[J].江苏商论，2018，（1）：43–44，47.

[33]张秋芳.苏州大如意圣境景区旅游开发路径探析[J].商业研究，2018，（11）：81–82.

[34]张玉.新媒体下5A级旅游景区市场格局演变及营销创新[J].商业经济研究，2019，（6）：183–185.

[35]仲鑫，杨阿莉.基于游客体验的智慧景区建设评价研究——以南京中山陵景区为例[J].中国经贸导刊，2017，（2）：63–66.